Bayer. Gesetz vom 29. April 1869

die

# privatrechtliche Stellung von Vereinen

betr.

mit specieller Berücksichtigung

des

Sächsischen Gesetzes vom 15. Juni 1868

sowie des

künftigen Reichscivilrechts.

Erläutert

von

Dr. Max Rump,

k. Amtsrichter in München.

München.

J. Schweitzer Verlag

(Jos. Eichbichler.)

1895.

# Systematisches Register.*)

1) **Einleitung** . . . . . . . . . . . . . . . . . . . S. 1— 34
2) **Gesetz, die privatrechtliche Stellung von Vereinen betr.** „ 35—157

I. Abschnitt:

Von Errichtung der Vereine . , . . . . . . „ 51— 99

II. Abschnitt:

Von den Rechtsverhältnissen der Vereine und ihrer Mitglieder unter sich, sowie gegen Dritte . . „ 100—110

III. Abschnitt:

Von den Organen der Vereine . . . . . . . . „ 110—140

IV. Abschnitt:

Von der Auflösung des Vereins, dem Konkurs über das Vereinsvermögen und Ausscheiden einzelner Mitglieder . . . . . . . . . . . „ 141—153

V. Abschnitt:

Schlußbestimmungen . . . . . . . . . . . „ 154—157

3) **Beilagen** . . . . . . . . . . . . . . . . . . „ 158—210

Nr. I: II. Entwurf eines Bürgerlichen Gesetzbuches für das Deutsche Reich . . . . . . . . . „ 158—171

Nr. Ia: I. Entwurf eines Bürgerlichen Gesetzbuches für das Deutsche Reich . . . . . . . . . „ 172—177

Nr. II: Sächsisches Gesetz, die juristischen Personen betr. vom 15. Juni 1868 . . . . . . . . „ 177—190

Nr. III: Zu Art. 37, Bestimmungen aus Beilage II Titel IV, § 9 der bayerischen Verfassungsurkunde „ 190—192

Nr. IV: a—e, verschiedene gesetzliche Bestimmungen „ 192—196

Nr. V: Satzungen des Vereins für freiwillige Armenpflege, A. V. in München . . . . . . . . „ 197—201

Nr. VI: Statuten des Kaufmännischen Vereines. A. V., München . . . . . . . . . . „ 202—210

Alphabetisches Register . . . . . . . . . . „ 211—215

---

*) Die Abkürzungen sind die allgemein üblichen.

# Einleitung.

## I. Über die Vereine im Allgemeinen.

Zu den Grundrechten des deutschen Volkes, welche im Jahre 1848 proklamiert wurden, zählt das sog. Vereinsrecht, d. h. die Befugnis der Staatsbürger, sich zu bestimmten, gesetzlich erlaubten Zwecken zu vereinigen und zu verbinden.

Als Ausfluß der persönlichen Freiheit soll und darf dieses Recht der freien Association nur insoweit Beschränkungen durch die Staatsgewalt unterworfen werden, als es die Rücksicht auf die Erhaltung des Staates und der staatlichen Ordnung unbedingt erheischt.

Ein solches Eingreifen des Staates läßt sich von einem zweifachen Standpunkte denken:

1) vom Standpunkte des öffentlichen Rechtes, insofern der Staat als Polizeiorgan im Interesse der staatlichen Sicherheit thätig wird,

2) vom Standpunkte des Privatrechtes, insofern der Staat, als oberste juristische Person zur Wahrung der vermögensrechtlichen Interessen im Staate bei der Bildung und Entstehung von Vereinen als neuen Trägern von Rechten und Verbindlichkeiten, sog. Körperschaften, lebhaft interessiert ist.

Auf diesen beiden Gebieten die richtige Grenze zu finden, ist für den Gesetzgeber eine keineswegs leichte Aufgabe.

Einerseits soll die Freiheit der Staatsbürger möglichst gewahrt werden, andererseits dem Staate in einer Weise, welche dieser Freiheit keine zu lästigen Grenzen auferlegt, die Möglichkeit geboten werden, jederzeit einen Einblick in das innere Leben, die Ziele und Bestrebungen der Vereine, als organisiertem Ganzen zu erhalten.

Es liegt daher in der Natur der Sache, daß die jeweiligen sozialen und politischen Zustände bei der Regelung der Vereinsfrage von wesentlichem Einfluß sind.

Von welcher Wichtigkeit die Vereinsfrage ist, dafür gibt die Entwickelung des Vereinswesens in den letzten Decennien und in der allerneuesten Zeit den schlagendsten Beweis.

Die Zahl der Vereine, die, kann man sagen, fast täglich gegründet werden, ist geradezu erstaunlich.[1]) Es gibt kaum einen Zweig der menschlichen Thätigkeit, in den das Vereinsleben nicht eingegriffen hat und ist es nicht zu leugnen, daß für die Beurteilung eines Volkes das Studium des Vereinslebens, welches von demselben entfaltet wird, von hervorragender kulturhistorischer Bedeutung ist. Abgesehen von mancherlei Auswüchsen, die sich bei allen menschlichen Institutionen finden, kann mit Fug und Recht behauptet werden, daß das Vereinswesen sich in der gedeihlichsten Weise zum Wohle des Volkes entwickelt. Allenthalben führen vereinte Kräfte den Kampf ums Dasein und nachdem eine große Anzahl von Vereinen sich Aufgaben stellen, welche mit den Zwecken des Staates in unmittelbarer Verbindung stehen und die Erfüllung seiner Aufgaben erleichtern, kommt die Gesetzgebung den Vereinen auf diesem Gebiete mit Recht fördernd und helfend entgegen. Ein nicht zu unterschätzender Anteil an den Erfolgen auf dem Gebiete des Vereinslebens darf daher zweifellos den bestehenden praktischen gesetzlichen Bestimmungen zugeschrieben werden, welche vom Prinzipe der Freiheit ausgehend, in der Beschränkung dieser Freiheit die richtige Grenze eingehalten haben und welche die Richtigkeit des Satzes bestätigen, daß Freiheit und gewisse Schranken zwei Begriffe sind, die sich in vernünftiger Weise wohl verbinden lassen.

Die nach den obenerwähnten Gesichtspunkten hier in Betracht kommenden Gesetze sind für Bayern:[2])

---

[1]) In München allein existieren über 2000, darunter rund 200 anerkannte Vereine.

[2]) Vgl. zum Folgenden auch die systematische Darstellung in H. Becher, bayer. Landeszivilrecht und Landeszivilprozeßrecht §§ 41, 51, 53.

1) das Gesetz über die Versammlungen und Vereine vom 26. Februar 1850 [1]) (Ges.-Bl. S. 53.)

2) das Gesetz die privatrechtliche Stellung von Vereinen betr. vom 29. April 1869. (Gesetz-Blatt für das Königreich Bayern S. 1198, Verhandlungen der Kammer der Abgeordneten 1869, S. 351.)

Ersteres hat nur die polizeiliche, letzteres die civilrechtliche Seite der Association zum Gegenstand und lassen sich hiernach zwei Hauptgruppen von Vereinen unterscheiden:

I. politische und nicht politische Vereine,

II. Vereine mit und ohne juristische Persönlichkeit.

Abgesehen von den hier nicht in Betracht kommenden Spezialgesetzen und verfassungsrechtlichen Bestimmungen[2]), regelt sich die civilrechtliche Beurteilung der Vereine mit juristischer Persönlichkeit nach dem erwähnten, hier speziell zu erläuternden Gesetz vom 29. April 1869, jener ohne juristische Persönlichkeit nach den einschlägigen civilrechtlichen Bestimmungen. Selbstverständlich können die unter II erwähnten Vereine politische oder nicht politische sein. Art. 37 des Gesetzes vom 29. April 1869 bestimmt ausdrücklich, daß an dem Gesetze vom 26. Febr. 1850 über Versammlungen und Vereine nichts geändert wird, d. h. insoweit letzteres nicht selbst Ausnahmen enthält.[3]) Ein Beisatz, wonach „den zurecht bestehenden Korporationen oder Innungen innerhalb ihres bestimmten Kreises ihre dafür gesetzlichen Befugnisse bleiben und an ihnen durch die folgenden

---

[1]) S. hierzu die Vollzugs-Instruktion v. 3. März 1850, Krais, Handbuch der innern Verwaltung i. diesrhein. Bayern 2. Aufl. Bd. II S. 249, Commentar von J. Pözl, Dr. H. A. Mascher das Versammlungs- und Vereinsrecht Deutschlands 1892, Sartor, das bayr. Vereinsgesetz v. 25./II. 1850, endlich das Vereins- und Versammlungsrecht in Deutschland mit einer Übersicht des Vereins- und Versammlungsrechtes nach den reichs- und landesrechtlichen Vorschriften, Berlin 1892, das preußische Versamml.- u. Vereinsrecht systemat. dargestellt v. Dr. Paul Caspar 1894; vergl. auch v. Seydel, bayr. Staatsrecht Bd. V, § 4. 1891.

[2]) S. Näheres unten S. 15.

[3]) Vergl. v. Seydel V. S. 97 u. Art. 26 Ges. v. 26. II. 1850.

Vereinsbestimmungen nichts geändert wird" sollte dem Art. 12 des Gesetzes vom 26. Februar 1850 beigefügt werden, was jedoch als selbstverständlich unterblieb.[1]) Die beiden genannten Gesetze sind sonach, insoweit durch das eine lediglich die sicherheitspolizeilichen, durch das andere Normen getroffen sind, welche sich auf die Entstehung und die rechtliche Natur der Vereine beziehen, voneinander unabhängig. Eine andere Frage ist es, ob die Bestimmungen des Ges. v. J. 1850 auf alle Vereine Anwendung finden. Diese Frage ist für jene Vereine zu verneinen, bei denen ein Eingreifen vom sicherheitspolizeilichen Standpunkte überflüssig erscheint. Es ist dies aber der Fall bei den Vereinen, deren Zweck sich ausschließlich auf den vermögensrechtlichen Verkehr erstreckt.[2]) Hierunter fallen aber nicht nur die Vereinigungen des Handelsgesetzbuches, sowie die Erwerbs- und Wirtschaftsgenossenschaften, deren Zweck ausschließlich auf Erwerb und Gewinn oder eigentlichen Geschäftsbetrieb gerichtet ist, sondern auch diejenigen Vereine, die unter das Gesetz vom 29. April 1869 insofern fallen, als ihre Erwerbsthätigkeit nicht unmittelbarer und einziger Vereinszweck ist.[3]) Solche Vereine bedürfen daher keiner polizeilichen Genehmigung bezw. Anzeigeerstattung.

So einleuchtend es uns heutzutage erscheint, daß der Staat berechtigt ist, die Vereine polizeilichen Schranken zu unterwerfen, so gingen von jeher die Ansichten darüber auseinander, ob und inwieweit eine staatliche Mitwirkung zur Entstehung eines Vereines als Korporation, als juristische Person erforderlich ist. Es erscheint daher zweckmäßig, hier einige allgemeine Bemerkungen über die juristischen Personen vorauszuschicken, zumal diese Frage mit der geschichtlichen Entwickelung der Vereine im engsten Zusammenhange steht und zum Verständnis unserer modernen Auffassung wesentlich beiträgt.

---

[1]) Vgl Pözl a. a. O § 6.
[2]) Vgl v. Seydel bayr Staats-R V. S 96 Anm. 2
[3]) Vgl Parisius und Crüger, Genossenschaftsgesetz zu § 1 Anm. 3

## II. a) Über die Vereine als juristische Personen.
## b) Geschichtlicher Überblick.

a) So verschieden und bestritten der Begriff der juristischen Person ist,[1]) so darf doch als zweifellos angenommen werden, daß sie eine notwendige, unentbehrliche Rechtsfigur ist. Ihr Wesen besteht für das bürgerliche Recht darin, daß Vermögensfähigkeit mehreren Personen als Gesamtheit oder einem Vermögensinbegriffe beigelegt wird. Nachdem die Frage, ob die juristische Person als Personenverein ihre Entstehung einer althergebrachten Auffassung (z. B. Staat, Gemeinden), einem Privilegium (z. B. die Privatkirchengesellschaften) oder einer positiven Gesetzesbestimmung (z. B. Innungen, eingeschriebene Hilfskassen ꝛc.) verdankt, im Prinzip nicht als wesentlich erachtet werden kann, so unterscheidet das moderne Recht nur 2 Hauptgruppen der juristischen Personen, nämlich Körperschaften und Stiftungen.[2])

Wenn es sich im Folgenden darum handelt, die prinzipielle Frage zu entscheiden, ob und welche Anforderungen der Staat an die Entstehung einer Körperschaft zu stellen berechtigt ist, so konnte dies nicht besser geschehen als durch einen kurzen geschichtlichen Rückblick:

b) nach römischem Recht besaßen nur die speziell konzessionierten Vereine (societas, collegium, corpus) juristische Persönlichkeit und fiel polizeiliche Konzession und Erwerb der Korporationsrechte zusammen.[3])

In Deutschland begegnen wir im Mittelalter den verschiedensten Vereinen in der Gestalt zahlreicher Verbände, Genossenschaften, Gilden, Brüderschaften, geselliger und sozialer

---

[1]) Vgl. die lehrreichen Ausführungen Dr. Völk's, Verh. d. K. d. Abgeord. 1866—69, Beil. Bd. V. S. 335.

[2]) Vgl. Motive zum Entwurfe des deutschen bürgerlichen Gesetzbuches Bd. I. Allg. Teil. Amtliche Ausgabe 1888, § 41 ff.

[3]) Vgl. l. 1 D III, 4. Dernburg Pand. § 63, Windscheid § 60, Anm. 2; Letzterer steht auf dem Standpunkt, daß auch heute Personeneinheiten ohne spezielle Verleihung der Rechtsfähigkeit als juristische Personen anzuerkennen seien.

Vereinigungen zur Verfolgung gleichartiger sozialer Interessen mit fester Verfassung. Sie waren vom Staate weder genehmigt, noch verboten. (Für Bayern vgl. Roth, bayr. Civil-Recht § 34 Anm. 14.)

Eine große Umwälzung brachte die Zeit des Polizeistaates mit sich, in welcher Vereine nur mit obrigkeitlicher Genehmigung zulässig waren. (vgl. kurfürstliches bayr. Mandat vom 22. Juni 1784.[1])

Eine kurfürstliche Entschließung vom 4. November 1799 verbot lediglich die geheimen Gesellschaften, d. h. solche, „welche sich zu irgend einem politischen, religiösen oder angeblich wissenschaftlichen Zwecke verbindet und solchen Zweck dem Staate entweder verhehlt, oder einen andern angibt, als sie wirklich beziełt.“[2])

In Wirklichkeit wurde obiges Verbot weit strenger gehandhabt, wie dies in einer königlichen Entschließung vom 1. März 1832[3]) mit folgenden Worten zum Ausdruck gebracht ist: „Die bayerische Verfassung räumt den Staatsbürgern nirgends das Recht ein, politische Associationen in willkürlicher Weise einzugehen, und neben den bestehenden Staatsbehörden, Kommunalbehörden und Repräsentativkörpern einen gegliederten Organismus für politische Zwecke mit förmlichen Geldbeiträgen und leitenden Komitees über ganze Kreise oder über die Gesamtmonarchie zu verbreiten, vielmehr ist vor wie nach dem Erscheinen der Verfassung die Bildung jedes Vereines[4]) ohne Ausnahme von vorgängiger Überreichung der Statuten und von der Genehmigung der Staatsregierung abhängig geblieben.“

Ähnlich wie im römischen Rechte ist auch hier die privatrechtliche Natur der Vereine in den polizeilichen Bestimmungen des öffentlichen Rechtes vollständig untergegangen: ein polizei-

---

[1]) Döllinger XIII S 713.
[2]) ebendaselbst S 718, v. Seydel, bayr Staatsrecht I, S 87.
[3]) Döllinger XIII, S 722.
[4]) Auch der nichtpolitischen Vereine, was die Ministerialentschließung v. 29. Aug 1835 ausdrücklich bestimmt, vgl. Döllinger XIII, S 724.

lich erlaubter Verein hatte auch Korporationsrechte, oder machte solche wenigstens geltend.[1])

Das Preußische A. L.-R. knüpft den Erwerb der juristischen Persönlichkeit an das Erfordernis der staatlichen Genehmigung und setzte voraus, daß Gesellschaften sich zu einem fortdauernden; gemeinnützigen Zwecke verbunden haben (II, 6 § 25). Ein Mittelding zwischen Universitas und Societas sind die II, 6, §§ 1—24 a. a. O. genannten sog. „erlaubten Privatgesellschaften“. Voraussetzung waren Vereine mit größerer Mitgliederzahl, wechselndem Mitgliederbestand, korporativer Organisation und einem Zweck, der nicht ausschließlich und unmittelbar auf Erzielung und Verteilung von Gewinn berechnet ist. Eine solche Gesellschaft stellt keine juristische Person vor, sie bedarf der staatlichen Genehmigung nicht, hat aber die inneren Rechte der Korporationen und Gemeinen. Dritten gegenüber werden die Mitglieder als Teilnehmer „gemeinsamer“ Rechte und Pflichten erachtet.

Die preußische Verfassungsurkunde Art. 31 hatte eine gesetzliche Regelung für die Erteilung von Korporationsrechten in Aussicht genommen, jedoch ist ein diesbezügliches Gesetz nicht ergangen.

Das bayr. Landrecht, der Code civil und das badische Landrecht enthalten keine Bestimmungen über die Entstehung von Körperschaften. Die französische Jurisprudenz verlangt ausdrückliche oder stillschweigende staatliche Genehmigung.[2]) Das bad. II. Konstitutionsedikt vom 14. Juli 1807 faßt (§ 11) die Gemeinden, Körperschaften und Staatsanstalten unter der Bezeichnung Staatspersonen zusammen und nennt die Körperschaften ewige Staatsgesellschaften, welche durch ausdrück-

---

[1]) Mit Recht bemerkt Regelsberger (Syst. Handb. der deutschen Rechtswissenschaft, Band I S. 309): „das Urteil über die Entstehung der Korporationen wurde von jeher und wird fort und fort getrübt durch die Vermengung der staatlichen Mitwirkung bei der Vereinsgründung mit der Verleihung der juristischen Persönlichkeit“. s. auch S. 310 a. a. O.

[2]) Vgl. Aubry et Rau, Cours de droit civil français; für die Schweiz vergl. Schweizer Obl.-Recht Art. 716, 717.

liche oder stillschweigende landesherrliche Bestätigung das Recht der Persönlichkeit erlangen. In Österreich ist die Erteilung von Korporationsrechten an Personenvereine weder vorgeschrieben, noch üblich. Unger, Östr. Privat-R. § 42, 33.

Umgekehrt brachte die Aufhebung der polizeilichen Schranken im Jahre 1848 auch den Vereinen Freiheit vom Standpunkte des Civilrechtes:

In den Grundrechten des deutschen Volkes, die von der Nationalversammlung am 21. Dezember 1848 endgültig festgestellt worden waren, ist im Art. VIII unter Ziffer 3 der Satz aufgestellt:

„Die Deutschen haben das Recht, Vereine zu bilden. Dieses Recht soll durch keine vorbeugende Maßregel beschränkt werden."

Dieses Prinzip der unbegrenzten Freiheit hatte die Ausartung in maßlose Willkür zur notwendigen Folge. Die entstehenden Vereine nahmen ohne Weiteres die Rechte juristischer Personen in Anspruch und der Staat, getragen von den Tendenzen der Freiheit, ließ sie gewähren, ja es kam soweit, daß nicht nur in der Praxis, sondern auch in der Doktrin gewichtige Zweifel entstanden, ob denn der Staat bei der Organisation eines Vereins als juristische Person ein Wort mitzureden habe. Diese, lange Zeit unentschiedene gemeinrechtliche Streitfrage ist nunmehr zu Gunsten des Staates entschieden.[1])

Wenn wir, wie Eingangs erwähnt, auch auf diesem Gebiete vom Prinzipe der größten Freiheit ausgehen, so schließt diese Auffassung nicht in sich, daß der Staat alle erlaubten Vereine als juristische Personen anerkennen muß. Mit Recht sagt daher Stobbe:[2])

[1]) Vgl. Regelsberger Pand. a. a. O S. 311: Die bestimmte Forderung einer lex specialis für die juristische Persönlichkeit der nach Vereinsrecht erlaubten Vereine mit den wenigen Ausnahmen von Staat und Gemeinde u. a. ist erst ein Erzeugnis der Doktrin unseres Jahrhunderts und geht nicht über das Jahr 1828 (Mühlenbruchs Schrift, Beurteilung des Städel'schen Beerbungsfalles) zurück.

[2]) Handbuch des deutschen Privatrechtes, 3. Aufl., § 52 S. 466.

„Wäre die Bildung von Korporationen dem freien Ermessen des Einzelnen überlassen, so würde, da es an allgemeinen Grundsätzen fehlt, welche die äußerliche Erkennbarkeit einer juristischen Person bestimmen, in der That eine unheilvolle Unsicherheit eintreten, in welchen Fällen ein Verein nach den Grundsätzen der Societas und in welchen nach denen der Universitas zu beurteilen sei."

Abgesehen von dieser Rechtsunsicherheit fällt das Interesse des Staates selbst an einem gesunden, blühenden Vereinsleben in die Wagschale.

Wenn man erwägt, daß durch unser Vereinswesen der Sinn für das Gemeinwohl geweckt, materielle Wohlfahrt und geistige Ausbildung gefördert und so manche Aufgabe gelöst wird, an die der Staat nicht selbst und unmittelbar herantreten kann, so muß man notwendig zu dem Schlusse kommen, daß hier der Staat nicht die Hände in den Schoß legen darf, sondern daß er berechtigt und verpflichtet ist, zur Meidung der Ungewißheit im Verkehr, die Frage, ob eine Gesellschaft, oder ob eine juristische Person zu stande gekommen, in irgend einer Form äußerlich zu sanktionieren.

Hiemit Hand in Hand ging das Bestreben, die bisherige Vermengung der polizeilichen und privatrechtlichen Schranken zu vermeiden. Abgesehen von dem bayer. Gesetz vom 26. Februar 1850 kommen hier in Betracht die nachbenannten Vereins-Polizei-Gesetze resp. Verordnungen:

Sächsisches Gesetz vom 22. November 1850, Preußische Verordnung vom 11. März 1850, badisches Gesetz vom 21. November 1867.[1]) Gegenwärtig haben sämtliche Bundesstaaten Deutschlands im Interesse der öffentlichen Ruhe, Sicherheit und Ordnung Polizeigesetze erlassen, welche das freie Versammlungs- und Vereinsrecht regeln. Dagegen hat außer Bayern nur noch ein Staat, nämlich Sachsen die allgemeine

---

[1]) Vergl. Anhang zu dem Werkchen: Das Vereins- und Versammlungsrecht in Deutschland 1892, S. 103, woselbst der Text der erwähnten Gesetze zusammengestellt, abgedruckt ist.

Regelung der Vereinsfrage in Beziehung auf die Voraussetzungen zur Verleihung der juristischen Persönlichkeit an Personenvereine in neuerer Zeit durch Gesetz bethätigt: sächsisches Gesetz, die juristischen Personen betr., 15./VI. 1868 (Ges.=Bl. 1868 S. 110) mit Nachtrag 25./III. 1874 (Ges.=Bl. 1874 S. 31) und Ausführungsverordnung 15./VI. 1868 (Ges.=Bl. 1868 S. 178).

Ehe wir auf die Gesetzgebung selbst übergehen, erübrigt die Erörterung der wichtigen Frage, in welcher Weise die Verleihung der juristischen Persönlichkeit vor sich gehen soll. Dies läßt sich in zweifacher Weise denken:

1) der Staat prüft von Fall zu Fall, ob er bei einem Vereine, der gewillt ist, die Rechte einer juristischen Person zu erwerben, die Voraussetzungen für gegeben erachtet, oder nicht. — Konzessionssystem.

2) Der Staat stellt bestimmte, eine geordnete innere Organisation und die Sicherheit des Verkehrs mit Dritten bezweckende Normen auf, bei deren Vorhandensein der darum nachsuchende Personenverein nach Feststellung der Erfüllung der Erfordernisse durch einen behördlichen Akt juristische Person wird. — System der Normativbestimmungen.

Nachdem das erstgenannte System bei der großen Entwickelung der Vereine als umständlich und zeitraubend erachtet werden muß, ferner bei der Wichtigkeit der Frage dem Ermessen der Behörde ein zu weiter Spielraum gelassen ist, welcher eine ungleiche Behandlung befürchten läßt, so dürfte das zweite System weitaus den Vorzug verdienen, zumal dasselbe von der Reichs= und Landesgesetzgebung nicht ohne Erfolg bei der Regelung nachfolgender juristischer Personen angewendet wurde:

Erwerbs= und Wirtschaftsgenossenschaften, Gesellschaften mit beschränkter Haftpflicht, eingeschriebene Hilfskassen, Innungen, Krankenkassen, Berufsgenossenschaften zum Zwecke der Unfallversicherung.

a) Erwerbs= und Wirtschaftsgenossenschaften erlangen die ihnen vom Gesetze eingeräumte selbständige Stellung durch die richterliche Eintragung der Statuten sowie der Mitglieder des Vorstands in das Genossenschaftsregister (R.-Gesetz vom 1. Mai 1889, in Kraft seit 1. Oktober 1889 § 10 ff. im Zusammenhalt mit der Bekanntmachung des Reichskanzleramtes vom 1. Juli 1889; bezüglich des früheren Gesetzes vom 4. Juli 1868 betitelt: „Genossenschaftsgesetz: die privatrechtliche Stellung der Erwerbs- und Wirtschaftsgenossenschaften vom 4. Juli 1868, B.-G.-Bl. S. 415 vergl. §§ 2 bis 5 des letztgenannten Gesetzes u. § 155 des neuen Gesetzes.)[1])

b) In ähnlicher Weise die Gesellschaften mit beschränkter Haftpflicht § 7 und 11 Ges. 20./IV. 1892 (R.-G.-Bl. S. 477).

c) Hilfskassen durch die Zulassung seitens der höheren Verwaltungsbehörde und durch die der letzteren obliegende Eintragung des Namens der zugelassenen Kasse in das zu diesem Behufe geführte Kassenregister (Ges. vom 7. April 1876, R.-G.-Bl. S. 125 und Ges. vom 1. Juni 1884, R.-G.-Bl. S. 54, dazu Verordnung vom 1. November 1884, Ges.- und V.-Bl. S. 487).[2])

d) Innungen durch die Genehmigung des Innungsstatutes seitens der höhern Verwaltungsbehörde (Ges. 18. Juli 1881, Gew.-Ord. §§ 98a ff. Fassung nach Art. 5 der Novelle von 1891, Verordnung vom 1. August 1881); Innungsverbänden kann durch den Bundesrat juristische Persönlichkeit verliehen werden, die Verleihung kann auch durch den Staat geschehen. (Gew.-Ord. § 104 h.)[3])

e) Orts-, Betriebs- (Fabrik-), Bau-Krankenkassen durch die Genehmigung des Kassenstatutes seitens der höheren Verwaltungsbehörde (Ges. 15. Juni 1883 in der Fassung vom 10. April 1892, R.-G.-Bl. S. 379, § 24.)[4])

---

[1]) Vgl. v. Seydel bayer. Staatsrecht Bd. V. S. 566.
[2]) Litteratur vgl. daselbst S. 565 Anm. 4.
[3]) daselbst S. 664.
[4]) Näheres s. v. Seydel a. a. O. S. 251 ff., S. 278 ff.

f) Berufsgenossenschaften durch Genehmigung des Statutes seitens des Reichsversicherungsamtes (Ges. vom 6. Juli 1884, R.-G.-Bl. S. 69, §§ 17, 20, Ges. vom 5. Mai 1886, R.-G.-Bl. S. 132, §§ 22, 24, Ges. vom 11. Juni 1887, R.-G.-Bl. S. 287, §§ 18, 20, Ges. vom 13. Juli 1887, R.-G.-Bl. S. 329, §§ 24, 26.[1]) — Die Eigenschaft der juristischen Persönlichkeit ist in den meisten Gesetzen in die Worte gekleidet:

„Die Kasse resp. Genossenschaft ꝛc. kann unter ihrem Namen Rechte erwerben und Verbindlichkeiten eingehen, vor Gericht klagen und verklagt werden. Für alle Verbindlichkeiten der Kasse haftet den Kassengläubigern nur das Vermögen der Kasse."

Landesgesetzlich geregelt sind die Bewässerungsgenossenschaften, die Gewerkschaften und Knappschaftsvereine.

So können nach dem bayer. Gesetz über Bewässerungs- und Entwässerungsunternehmungen 28./V. 1852, ergänzt durch Gesetz vom 15. April 1875,[2]) Bewässerungsgenossenschaften sich freiwillig bilden bzw. zwangsweise gebildet werden; denselben kommt nach Genehmigung ihrer Statuten juristische Persönlichkeit zu.[3]) (Art. 3 des Ges. vom 28./V. 1852.)

Nach dem Berggesetz, 20./III. 1869 (Ges.-Bl. S. 673), bilden die mehreren Beteiligten eines Bergwerkes, welche ihr Rechtsverhältnis nicht durch Disposition anders geregelt haben, eine Gewerkschaft des neueren Rechtes, welche mit ihrer Bildung das Recht der juristischen Person hat und deren Verhältnisse nach den Bestimmungen des Bergrechtes sich richten.[4]) (Art. § 85—123.)

---

[1]) Vgl. v. Seydel, bayer Staatsrecht Bd V. S. 314, 251

[2]) G.-Bl. 1851/52 S. 489, 545, 577, dazu Landtagsabschied v. gl. Tage Abschn. I §§ 4—6, G.-Bl S 189, ferner G.-V.-Bl. 1875, S. 360; Roth § 254 bayer Civ.-Recht.

[3]) v. Seydel a. a. O. S. 443 streitet die juristische Persönlichkeit ohne hinreichenden Grund ab

[4]) Roth a a. O. § 237, Stobbe, deutsches Privat-Recht § 59, 23.

Auch die Knappschaftsvereine, deren Verhältnisse nach dem vorgenannten Gesetze (Art. 167, vgl. Roth, bayer. Civ.-Recht § 240) geregelt sind, erhalten durch Bestätigung ihrer Statuten die Rechte juristischer Personen.[1])

Das Wesen dieser sämtlichen gesetzlich als juristische Personen geregelten Vereine besteht, wie wir sehen, darin, daß ihre Gründung in der Regel in der Willkür der Interessenten gelegen ist, daß sich dieselben an einzelne Rechtsinstitute anschließen, daß Zweck und innere Einrichtung und zwar nicht ausschließlich von der rechtlichen Seite allein betrachtet, vorgezeichnet und gesetzlich geregelt ist. Die juristische Person ist gegeben, so bald die betreffende Vereinigung bei ihrem Zusammentreten die im Gesetze gegebenen Vorschriften erfüllt hat.

Hieher gehören zweifellos auch die Aktiengesellschaften, deren Eigenschaft als juristische Person mit Unrecht bestritten wird.[2]) Ein deutliches Argument scheint mir der Satz in Art. 213 des H.-G.-B.: „die Aktiengesellschaft als solche hat selbständig ihre Rechte und Pflichten; sie kann Eigenthum und andere dingliche Rechte an Grundstücken erwerben; sie kann vor Gericht klagen und verklagt werden."

Hiemit dürften im Wesentlichen die juristischen Personen, welche diese ihre Eigenschaft der Anlehnung an Spezialgesetze verdanken, erschöpft sein, ohne daß diese Aufzählung den Anspruch auf Vollzähligkeit macht. Wenn nun auch bezüglich einzelner dieser gesetzlich geregelten Vereine trotz alledem Zweifel über deren rechtlichen Charakter fortbestehen und der Kreis dieser, durch Normativbestimmungen geregelten juristischen Per-

---

[1]) Vergl. für Preußen u. a. Gesetz v. 6. Juli 1875, betr. die Schutzwaldungen und Wald-Genossenschaften §§ 23, 26, 31, 38, 42, Ges. v. 1. April 1879, betr. die Bildung von Wassergenossenschaften; für Baden Gesetz vom 25. August 1876, die Benutzung und Instandhaltung der Gewässer betr. Art. 31, 39, 41, 66 in Verbindung mit dem ergänzenden Gesetze vom 12. Mai 1882.

[2]) Litteratur für und gegen s. Gierke „die Staats- und Korporationslehre des Altertums und des Mittelalters und ihre Aufnahme in Deutschland" Bd. III seines Genossenschaftsrechtes; Bd. I S. 1005 ff.; ferner Stobbe P.-R. § 58, 12. Vgl. auch Regelsberger a. a. O. S. 317

sonen täglich durch neue Gesetze erweitert und auf andere Gebiete ausgedehnt werden kann, so zeigt die Aufzählung zur Genüge, daß die Zahl der auf diese Weise geregelten Vereinigungen keineswegs unbedeutend genannt werden muß; gleichzeitig lassen sie uns die Grenzen und Schranken erkennen, welche der Staat bei der Regelung von Vereinen als juristische Personen beansprucht und beobachtet wissen will: er verlangt in der Regel ein Statut, durch welches Zweck, Sitz und Name des betreffenden Vereins, die Zeitdauer des Bestandes, die Bedingungen des Ein- und Austrittes der Mitglieder, die Natur und der Umfang der ihnen obliegenden Leistungen, die Bestellung und Kompetenz des Vorstandes und das Verhältnis der Mitglieder des Personenvereins bezüglich ihrer Teilnahme an der Verwaltung der Angelegenheiten desselben bestimmt wird. Sind diese Voraussetzungen gegeben, so hat der Verein kraft Gesetzes ein Recht auf Erlangung der juristischen Persönlichkeit.

Vom Gesichtspunkte ihrer Entstehung lassen sich nach dem Gesagten die Vereine in zwei Gruppen scheiden:

1) Vereine mit juristischer Persönlichkeit auf Grund Anlehnung an ein Spezialgesetz mit Normativbestimmungen.

2) Vereine mit juristischer Persönlichkeit auf Grund besonderer Verleihung

a) nach herkömmlichen Normen,

b) nach einem General-Gesetz mit Normativbestimmungen.

Während, wie erwähnt, Gruppe 1 die juristische Persönlichkeit gewisser Rechtsinstitute regelt, ist nach Gruppe 2 denjenigen Personenvereinen, die nicht unter die Bestimmungen der Spezialgesetze unter 1 und 2a fallen und die in Verfolgung anderer erlaubte Zwecke, politischer, religiöser, geistiger, sittlicher oder sozialer Natur, falls sie dazu gewillt sind, die Rechte der juristischen Person durch Erfüllung der herkömmlichen[1]) oder gesetzlich generaliter normierten Voraussetzungen zu erlangen, hiezu Gelegenheit gegeben.

Nach Art. 1 des bayer. Gesetzes betr. die privatrechtliche Stellung von Vereinen vom 29. April 1869 erlangen Vereinigungen dieser Art unter den im Gesetze angegebenen Bedingungen die Rechte eines „anerkannten Vereines" und werden solche Vereine mit juristischer Persönlichkeit kurzweg anerkannte Vereine genannt, die bloßen Sozietäten hingegen, welche auch nicht unter ein Spezialgesetz fallen, werden vielfach als nicht anerkannte Vereine bezeichnet. Nach dem sächsischen Gesetze, die juristischen Personen betr. vom 15. Juni 1868,[2]) welches sich auf alle juristischen Personen mit Ausnahme der dem öffentlichen Rechte angehörigen oder durch besondere Gesetze bereits geregelten juristischen Personen (Gemeinden, Kreis- und Provinzialstände, Berggewerkschaften, Innungen, Unterstützungskassen, hinsichtlich deren eine gesetzliche Pflicht zu Beisteuern besteht 2c. 2c.) bezieht — erlangen Personenvereine unter dem Namen „Genossenschaft" die juristische Persönlichkeit durch die Eintragung in das Genossenschaftsregister.

Die Mehrzahl der Theoretiker erwähnen bei der letztgenannten Einteilung der Vereine als juristische Personen in erster Linie die Vereinigungen des öffentlichen Rechtes, die staatlichen Gemeinden, die staatlich anerkannten Konfessionen.

Das Wesen der Korporationen des öffentlichen Rechtes besteht darin, daß ihre Entstehung auf ein Gebot des öffentlichen Rechtes zurückzuführen ist, daß ihnen wie dem Staate selbst die juristische Persönlichkeit schon an sich infolge eines Rechtssatzes zukommt, daß mit einem Wort ihre Begründung

---

[1]) Eine Vergleichung der Übung in den einzelnen Bundesstaaten ergibt, daß fast in allen einzelnen Rechtsgebieten Korporationsrechte an Personenvereine besonders übertragen werden. S. Roth, deutsch. Privatrechts-Syst. S. 412, Anm. 20.

[2]) Sächs. Gesetzb. § 52, Ges. v. 15. Juni 1868, §§ 6, 72; Sächs. Ges.- u. Verord.-Bl. S. 315; vgl. auch Sächs. Ges. vom 22. November 1850 § 18.

nicht in der Willkür der Interessenten liegt. Dieselben nehmen daher eine Sonderstellung ein: wenn derselben hier nichtsdestoweniger gedacht wird, so geschieht dies aus dem Grunde, daß Art. 1 des Gesetzes über die anerkannten Vereine bestimmt, daß Vereinigungen ꝛc., soferne sie nicht zu den öffentlichen Korporationen ꝛc. gehören, unter das Gesetz fallen und Art. 37 desselben Gesetzes ausspricht, daß an den Bestimmungen der II. Beilage zur Verfassungsurkunde[1]) nichts geändert wird.

Abgesehen vom Fiskus[2]) mit seinen Privilegien, sind hieher zu rechnen die Orts-, Distrikts- und Kreisgemeinden[3]) mit ihren geordneten, unter staatlicher Aufsicht stehenden Budgeteinrichtungen, die öffentlichen Kirchengesellschaften, nämlich die drei anerkannten christlichen Konfessionen, ferner die Privatkirchen-Gesellschaften, soweit ihnen Korporationsrechte verliehen sind.

Die nichtöffentlichen Kirchengesellschaften haben Korporationsrechte nur, wenn ihnen diese ausdrücklich verliehen sind, außerdem sind sie civilrechtlich als societates anzusehen. (Vgl. Verf.-Urk. Beil. II, 32,[4]) bezüglich der Judenkorporationen Judenedikt 10./VI 1813 § 21 und Näheres Roth, bayer. Civilrecht § 44, Seydel, bayer. Staatsrecht VI 1. Abtl., Becher, a. a. O. §§ 49, 55, 56.) Es empfiehlt sich den Begriff öffentlicher Korporationen im weitesten Sinne zu verstehen: alle Vereinigungen, deren Verfassung und Verwaltung nach Normen des öffentlichen Rechtes feststeht.

---

[1]) S. Anhang.

[2]) Vgl. bayer. L.-R. I, 7, 36 4—8.

[3]) Für Bayern vgl. für früher die beiden Verord. 17./V. 1818 über die Verfassung und Verwaltung der Gemeinden, ferner das revidierte Gemeindeedikt vom Jahre 1834, jetzt Gemeindeordnungen vom 29. April 1869 und Gesetze vom 28. Mai 1852 über die Distrikts- und Landräte.

[4]) Vgl. Anhang.

## III. Das Gesetz vom 29. April 1869.

**a) Die Geschichte seiner Entstehung. b) Inhalt des Gesetzes.**

a) Das Gesetz vom 29./IV. 1869 ist einem Entwurfe nachgebildet, welchen Schulze-Delitzsch für den norddeutschen Bund ausgearbeitet hatte und den er nach Erlassung jenes Gesetzes unterm 4. Mai 1869 bei dem Reichstage einbrachte. Nach diesem Entwurfe sollte „Vereinigungen von nicht geschlossener Mitgliederzahl zu einem in den Gesetzen nicht verbotenen Zwecke, sofern sie nicht zu den im Handelsgesetzbuche aufgeführten Handels- oder zu den Versicherungsgesellschaften oder den Erwerbs- und Wirtschaftsgenossenschaften gehören und nicht auf Erwerb, Gewinn oder einen eigentlichen Geschäftsbetrieb abzielen" die Rechtsfähigkeit auf Grund des mehrerwähnten Systems der Normativbestimmungen gewährt werden.

Von den Grundzügen heben wir hervor:

Zur Gründung des Vereines bedarf es der Abfassung von Statuten; diese müssen Namen, Sitz und Zweck des Vereines feststellen und muß der Gesamtname, welcher dem Zwecke des Vereines entnommen sein soll, die zusätzliche Bezeichnung enthalten: „Anerkannt laut Gesetz vom . . ."

Erforderlich sind ferner Festsetzungen über Zeitdauer, Ein- und Austritt der Mitglieder, Vorstandschaft und dessen Vertretungsvollmachten nach innen und außen. Die Statuten müssen bei dem ordentlichen Gerichte, in dessen Bezirke der Verein seinen Sitz hat, eingereicht werden; vor Rückgabe der mit dem gerichtlichen Vermerke versehenen Statuten hat der Verein die Qualifikation eines im Sinne des Gesetzes anerkannten Vereines nicht. Der anerkannte Verein kann auf seinen Gesamtnamen Rechte, im besonderen Eigentum und andere dingliche Rechte an Grundstücken erwerben und Verbindlichkeiten eingehen, vor Gericht klagen und verklagt werden; für die Verbindlichkeiten des Vereines haftet den Vereinsgläubigern nur das Vereinsvermögen. —

Dieser Entwurf wurde vom Reichstage in dritter Lesung

angenommen.[1]) Eine Zustimmung des Bundesrates erfolgte nicht. Trotz wiederholter Versuche in den Jahren 1871 und 1872 gelang es nicht, den Entwurf zum Gesetz zu erheben, da die Regierung Bedenken dagegen erhob, die religiösen und politischen Vereine hereinzuziehen und korporative Rechte an die sog. Gewerksvereine zu verleihen.

Für Bayern bestand ein Anlaß zu derartigen sozialpolitischen Bedenken nicht, vielmehr kam der I. Ausschuß der Kammer der Abgeordneten anläßlich der Beratung über den Entwurf eines Gesetzes „die Privatrechtsverhältnisse der Genossenschaften betr." am 21. Februar 1869 in seiner Mehrheit zu der Ansicht, es sei „ein Bedürfnis zu sofortigen Regelungen der privatrechtlichen Stellung auch derjenigen Vereine gegeben, welche nicht unter die Erwerbs- und Wirtschaftsgenossenschaften, unter die im Handelsgesetzbuche vorgesehenen Gesellschaften gehören und welche auch nicht öffentliche Korporationen sind."[2]) Infolge dieses Beschlusses unterbreitete Abgeordneter Dr. Josef Völk, als Referent des I. Ausschusses, noch am gleichen Tage der Kammer den Entwurf eines Gesetzes, „die privatrechtliche Stellung von Vereinen betr.", welcher mit ganz geringen Modifikationen unterm 29. April 1869 zum Gesetz erhoben wurde.[3]) Referent hebt in seinem Vortrage her-

---

[1]) Stenogr. Berichte 1869, S. 957, 1315—1332, 1336, Anlagen Nr. 164, 273, 277, 278, 280, 281.

[2]) Verh. d. K. d. Abg. 1866—69, Beil. Bd. V, S. 322 u. 351.

[3]) Das Gesetz wurde in der 134. öffentlichen Sitzung der Kammer der Abgeordneten am 11. März 1869 zur Beratung gebracht und mit sehr großer Majorität (105 von 119 Stimmen) angenommen. (Verh. d. K. d. A. 1866—69, Sten. Ber. VI, 21—32.) Referent der Kammer der Reichsräte war Generalstaatsanwalt Haubenschmied; seine Anträge, bestehend in ganz geringen Änderungen, wurden von dem I. Ausschusse der Kammer der Reichsräte in der Sitzung vom 12. April, von der Kammer der Reichsräte selbst in der Sitzung vom 15. April 1869 angenommen. (Verh. der Kammer der R.-Räte 1868/69, Bd. VII, S. 450 ff., Beil. Bd. VI, S. 532 ff., 566 ff.) und fanden am 20. April auch die Zustimmung der Kammer der Abgeordneten bis auf einen

vor, daß das Bedürfnis einer gesetzlichen Regelung für die Verhältnisse der darin bezeichneten Vereine hauptsächlich in dem Umstande lag, die Formen festzustellen, in welchen die Vereine bindend nach außen handeln konnten. „Es lag das Bedürfnis vor, derlei Vereinen ein von der Bevollmächtigung der wechselnden Mitglieder unabhängig berechtigtes Organ zu schaffen, durch welches sie, nach außen rechtlich bindend, in den Verkehr treten, Rechte erwerben und Verpflichtungen eingehen, sowie vor Gericht, Amt und Notar auftreten konnten."

Absichtlich wurde auch hier betont, daß es bedenklich erschien, den juristisch-technischen Ausdruck „juristische Person" in dem Gesetze selbst zu gebrauchen und daß dies ebenso wie bei dem Gesetzentwurf „über die privatrechtliche Stellung der Erwerbs- und Wirtschaftsgenossenschaften" um so mehr bei diesen Vereinigungen unterlassen werden könne, als den Bedürfnissen derselben dadurch vollkommen abgeholfen werde, wenn ihnen ohne technische Bezeichnung lediglich dem Inhalte nach jene Rechte zugeteilt werden, welche sie im Rechts- und Verkehrsleben zur Erreichung ihrer Vereinszwecke brauchen. Es ist interessant, an der Hand des von dem genannten Referenten bei der Besprechung des bayerischen Gesetzentwurfes über die privatrechtliche Stellung der Erwerbs- und Wirtschaftsgenossenschaften am 21. Februar 1869 gehaltenen Kammerreferates, zu ersehen, daß der ursprüngliche Plan dahin ging, die nunmehr unter das Gesetz vom 29. April 1869 fallenden Vereinigungen gleichzeitig mit den Erwerbs- und Wirtschafts-Genossenschaften zu regeln.[1])

---

Punkt, über welchen erst am 26. April in der Kammer der Reichsräte Gesamtbeschluß erzielt worden ist.

Die königliche Sanktion erhielt das Gesetz am 29. April 1869 es wurde dem Landtagsabschiede als Beil. XI angefügt. Publiziert wurde das Gesetz im Gesetzblatt am 31. Mai 1869, Nr. 59, S. 1197 bis 1216 und trat am gleichen Tage für das diesseitige Bayern in Kraft.

[1]) Der Kammerausschuß beschloß unterm 25. April 1865, an die Regierung die Bitte zu stellen, „dem Landtage sobald als möglich einen

Mit Recht hob der damalige Referent Dr. Völk in dem mehrerwähnten Vortrage vom 21. Februar 1869 hervor, daß Gesellschaften, welche Förderung des Erwerbes, des Kredites oder der Wirtschaft ihrer Mitglieder zum Gegenstand haben, unter ganz anderen Lebens- und Thätigkeitsbedingungen stehen, als Gesellschaften, wie sie Art. 1 des Entwurfes benennt und worunter alle möglichen Vereinigungen fallen, wie Vincentius-, Pius-, Johannes-, Missions-, Gesellen-, Lese-, Kunst-, Sing-, Turn-, Schützen-, Naturforscher-, Stenographen-, Juristen-, Landwirtschafts-, Gewerbe-, Gartenbau-, politechnische, Kasino-, Frohsinns-, Erheiterungs-, Gemütlichkeits-, Museumsvereine, Studentenverbindungen und viele andere. Die letztgenannten Vereine verfolgen keine Erwerbszwecke, überhaupt vorherrschend keine vermögensrechtlichen Zwecke, wenn sie aber einen Erwerb bezwecken, so erstreckt sich derselbe nur auf den privatrechtlichen Vermögensverkehr, ohne ein geschäftsmäßiger zu sein.[1]) Nichtsdestoweniger wird anerkannt, daß auch für solche Gesellschaften die Erwerbung der Rechte juristischer Personen wünschenswert, wenn auch nicht zur Erfüllung des Zweckes notwendig erscheint.

b) Was den Inhalt des Gesetzes vom 29. April 1869 anbelangt, so darf vor allem hervorgehoben werden, daß dasselbe sich auf vier Grundprinzipien aufbaut:

1) In die inneren Verhältnisse der unter das Gesetz fallenden Vereinigungen ist nicht mehr einzugreifen, als zur Er-

---

Gesetzentwurf vorlegen zu lassen, wodurch die privatrechtliche Stellung der Genossenschaften und Vereine geregelt werde". Die Kammer der Reichsräte stimmte dem am 1. Mai 1865 ergangenen Beschluß der Kammer der Abgeordneten am 24. Mai 1865 zu. Der vorgelegte bayer. Entwurf vom 24. Januar 1868 (Art. 1) zog in seinen Bereich „Vereinigungen zu wirtschaftlichen, Wohlthätigkeits-, Bildungs-, religiösen und geselligen oder sonstigen erlaubten Zwecken" und schafft für diesen Umfang von Vereinigungen ebenfalls den technischen Ausdruck „Genossenschaften". Verh. d. K. d. A. 1866—69, Beil. Bd. V, S. 322.

[1]) Vgl. v. Dollmann, Gesetzgebung des Königreichs Bayern I, Bd. IV Genossenschaftsges. S 614.

reichung des Hauptzweckes, nämlich der Legitimation, der Stellung nach außen und dem Publikum gegenüber notwendig ist.

2) Unberührt bleiben die bestehenden Normen des Privat- und des öffentlichen Rechtes, sowie die Rechte Dritter, seien dies Privatpersonen, Familienglieder, öffentliche Korporationen, Stiftungen oder Staat.

3) Das Gesetz beruht auf dem System der Normativbestimmungen, wonach bestehende oder rechtlich zulässige Vereinigungen, die, kurz gesagt, nicht bereits auf Grund irgend sonstiger allgemeiner oder spezieller Normen juristische Personen sind, die Rechte eines „anerkannten Vereines" dadurch erlangen können, daß sie einen Gesamtnamen annehmen und gemäß den gesetzlichen Erfordernissen ein Statut aufstellen. (Art. 1, 2, 4 genannten Ges.)

4) „Der anerkannte Verein kann auf seinen Gesamtnamen Rechte erwerben und Verbindlichkeiten eingehen, Eigentum und andere dingliche Rechte erwerben, vor Gericht klagen und verklagt werden" (Art. 10), ist sonach juristische Person.[1])

Im besonderen bestimmt das Gesetz, welches in fünf Abschnitte eingeteilt ist, wesentlich folgendes:

I. Von der Errichtung der Vereine.

Als erstes Erfordernis wird die Abfassung eines Gesellschaftsvertrages, Statutes, vorgeschrieben. Das Statut muß Zweck, Namen und Sitz der Korporation bestimmen, dann die Bedingungen des Ein- und Austrittes der Mitglieder, Natur und Umfang der ihnen obliegenden Leistungen, Bestellung und Kompetenz des Vorstandes und die Rechte der Mitglieder bezüglich der Teilnahme an der Verwaltung der gemeinsamen Angelegenheiten regeln.

---

[1]) Vergl. im Allgemeinen über die Rechtsfähigkeit der Korporationen, die Korporationsorgane, Handlungs- und Deliktsfähigkeit, innere Verhältnisse, korporative Rechte und Pflichten, Veränderung und Untergang der Korporationen und Vermögensschicksal: die Ausführungen bei Regelsberger, Pand. § 81—86 a. a. O.

Auch hat der Verein einen Gesamtnamen anzunehmen, der in der Regel von dem Zwecke des Vereines hergenommen sein muß; er unterliegt der Anzeigepflicht nach dem Gesetze vom 26. Februar 1850, sowie der staatlichen Genehmigung, soweit solche nach bestehenden Normen des öffentlichen Rechtes[1]) erforderlich ist; Anzeige ist aber, wie bereits erwähnt, aus polizeilichen Gründen bei allen anerkannten Vereinen, außer denjenigen, die ausschließlich privatrechtlichen Vermögensverkehr pflegen könnten, erforderlich.[2])

Die Statuten müssen bei dem Bezirksgerichte, nun Landgerichte,[3]) in dessen Bezirke der Verein seinen Sitz hat, nebst dem Mitgliederverzeichnisse durch den Vorstand in Person oder mittels beglaubigten Aktes im Original eingereicht und Abschrift oder Abdruck derselben beigefügt werden. Sind die gesetzlichen Voraussetzungen gegeben, so erhält der Vorstand das Original mit der Vermerkung: „Anerkannt nach dem Gesetze vom 29. April 1869“ zurück, die Abschrift bleibt bei den Gerichtsakten und wird hierauf die Anerkennung konstatiert.

Gelangt das Gericht zu der Anschauung, daß sich eine Vereinigung nicht dazu eigne, die Rechte eines anerkannten Vereines zu erwerben, was selbstredend unter Hervorhebung der gesetzlich vorgeschriebenen Mängel der Voraussetzungen begründet sein muß, so erhält der Vorstand die eingereichten Schriftstücke zurück.

Bei der Wichtigkeit des Statuteninhaltes für die Frage der Existenz als anerkannter Verein ist es begreiflich, daß das Gericht auch von jeder Abänderung der Statuten, die in der Generalversammlung der Mitglieder eines Vereines beschlossen sein muß, Kenntnis zu erhalten hat. Es müssen daher auch die in solcher Weise abgeänderten Statuten in der oben erwähnten Weise bei Gericht eingereicht werden. Die Abschrift bleibt bei den Akten, das Original geht im Falle der

[1]) S. unten S. 29.
[2]) Vergl. S. 4.
[3]) S. Art 28 Ausf.-Ges. z. R.-G.-B.-Ges vom 23 II. 79.

Genehmigung mit dem diesbezüglichen Vermerke an den Vorsteher zurück.

Erst mit dem Momente, wo die genehmigten, mit der Vermerkung: „Anerkannt nach dem Gesetze vom 29. April 1869“ versehenen Statuten in die Hand des Vorstandes zurückgelangt sind, hat der Verein die Eigenschaft eines „Anerkannten Vereines“ (A. V.) im Sinne des Ges. vom 29./IV. 69.

Nachdem Art. 7 jedermann gestattet, von allen von anerkannten Vereinen bei Gericht auf Grund des Gesetzes vom 29./IV. 69 eingereichten Schriftstücken, Anmeldungen und Anzeigen Einsicht zu nehmen, so unterliegt es keinem Zweifel, daß nicht nur gegen Beschlüsse des Gerichtes, wonach ein Verein oder eine Statutenänderung nicht genehmigt, vom Vorstande oder einem Dritten, sondern auch im Falle der Genehmigung einer Statutenänderung oder der Zulassung eines Vereines als anerkannter Verein von einem Dritten Beschwerde an die höheren Instanzen[1]) gegen solche Beschlüsse zulässig ist. Eine solche Beschwerde dritter Personen setzt den Nachweis eines rechtlichen Interesses wohl als selbstverständlich voraus. Eine solche Beschwerde ist zweifellos auch dem Vertreter der Staatsbehörde einzuräumen, falls das Gericht eine unzuläſsige Eintragung bewirkt haben sollte. Vgl. H. Becher a. a. O. § 53 Anm. 6.

II. Von den Rechtsverhältnissen der Vereine und ihrer Mitglieder unter sich sowie gegen Dritte.

Der wichtige Art. 10 dieses Abschnittes bestimmt:

„Der anerkannte Verein kann auf seinen Gesamtnamen Rechte erwerben und Verbindlichkeiten eingehen, Eigentum und andere dingliche Rechte an Grundstücken erwerben, vor Gericht klagen und verklagt werden.“

Wenn auch in den Motiven hervorgehoben wurde, daß es wegen der Meinungsverschiedenheiten über den Begriff der juristischen Person nicht zweckmäßig sei, diesen Ausdruck zu ge-

---

[1]) Also zum Oberlandesgericht; vgl. Art. 56 ff. Ausf.-Ges. z. R.-Civ.-P.-O. u. K.-O. 13./II. 79.

brauchen, so darf in Verbindung mit Art. 11, wonach für die Verbindlichkeiten des Vereines den Vereinsgläubigern nur das Vereinsvermögen haftet, sowie unter Bezugnahme auf das oben Ausgeführte (II, a, S. 5 ff.) der Satz ausgesprochen werden:

Anerkannte Vereine sind juristische Personen, d. h. sie haben Vermögensfähigkeit, Art. 10 enthält lediglich eine Umschreibung des Begriffes der juristischen Person, wie solche in einer ganzen Reihe von Gesetzen Verwendung gefunden hat.[1])

Die Statuten bestimmen die Rechtsverhältnisse der Vereinsmitglieder, soweit nicht das Gesetz selbst Bestimmtes vorschreibt, nach freiem Ermessen; Organ der Mitglieder zur Ausübung der Vereinsrechte ist die Generalversammlung; ob und inwieweit die Mitglieder zu Beiträgen verpflichtet sind, ist innere Angelegenheit des Vereines; nach positiver Vorschrift müssen die Statuten darüber Aufschluß geben (Art. 3, Nr. 4), ebenso über die Zahl der Stimmen des Einzelnen in der Generalversammlung. Die Bestimmung des Art. 11: „Jedes Mitglied hat hiebei eine Stimme, insoweit die Statuten nichts anderes bestimmen" fasse ich im Zusammenhalt mit § 10 des Reichsgesetzes vom 4. Juli 1868, die privatrechtliche Stellung der Erwerbs- und Wirtschaftsgenossenschaften, § 41 des R.-G. vom 1. Mai 1889, betr. die Erwerbs- und Wirtschaftsgenossenschaften und besonders Art. 10 des bayer. Gesetzes, die privatrechtliche Stellung der Erwerbs- und Wirtschaftsgenossenschaften vom 29. April 1869 dahin auf, daß regelmäßig jedes Mitglied ein Recht auf wenigstens eine Stimme hat; selbstredend ist hiemit nicht ausgeschlossen, daß statutengemäß einzelne oder einer mehr als eine Stimme haben können und daß aus be-

---

[1]) Z. B. lautete § 5 Abs. 1 des dem Reichstage vorgelegten Entwurfes eines Gesetzes über die eingeschriebenen Hülfskassen: „Die gegenseitige Hülfskasse hat die Rechte einer juristischen Person". Dieser Satz wurde dahin geändert, daß, wie es im Kommissionsbericht heißt, der Inhalt des Begriffes der juristischen Persönlichkeit an die Stelle des technischen Ausdruckes gesetzt wurde, da dies für das Publikum verständlicher sei und auf diese Weise Mißverständnisse vermieden würden. Vgl Motive zum bürgerl. Ges.-Buch Bd. I S. 79 Anm.

stimmten Gründen (z. B. Aberkennung der bürgerlichen Ehrenrechte 2c.) das Stimmrecht verloren geht, bezw. cessiert. Es soll hiebei nicht verkannt werden, daß bei der in Frage kommenden Haftung und den Geschäftsanteilen die Genossenschaftsmitglieder und die Mitglieder eines anerkannten Vereins verschieden zu beurteilen sind, allein der Gleichlaut des Textes und die geschichtliche Entwickelung zwingt zu dieser Auffassung.[1])

III. Von den Organen der Vereine.

Erfordernis für jeden anerkannten Verein ist ein aus der Zahl der Mitglieder bestellter Vorstand; ob dieser Vorstand aus einem oder mehreren Mitgliedern, die besoldet oder unbesoldet sein können, besteht, ist dem Ermessen anheimgestellt; dagegen ist nach positiver Vorschrift die Bestellung jederzeit unbeschadet der Entschädigungsansprüche aus bestehenden Verträgen widerruflich. Die Geschäftsleitung steht ausschließlich dem Vorstande zu und richtet sich dessen Kompetenz nach dem Statut; ist ihm in dieser keine Beschränkung auferlegt, so hat der Vorstand die volle Vertretung des Vereins in allen gerichtlichen und außergerichtlichen Angelegenheiten. Er ist verpflichtet, die Mitglieder des Vorstandes, die Stellvertreter, sowie jede Veränderung im Personal, endlich alljährlich im Monate Januar ein vollständiges alphabetisch geordnetes Verzeichnis der Mitglieder in Person oder in beglaubigter Form unter Einreichung der Legitimation dem Gerichte bekanntzugeben. Für einzelne Geschäfte und Geschäftszweige können besondere Bevollmächtigte aufgestellt werden; die Kompetenz derselben richtet sich nach der Vollmacht. Durch die innerhalb der Grenzen der Vollmacht im Namen der Korporation von dem Vorstande oder den Bevollmächtigten abgeschlossenen Rechtsgeschäfte wird die Korporation berechtigt und verpflichtet. Falls darüber nichts bestimmt ist, ist die Zeichnung durch sämtliche Mitglieder des Vorstandes erforderlich; dieselbe

[1]) Vgl. v. Sicherer bei v. Dollmann, die Gesetzgebung des Königreichs Bayern, I, 4. S. 680 zu § 10 des Genossenschaftsgesetzes vom 4. Juli 1868. Parisius u. Crüger R.-G. v. 1. Mai 1889 Anm. 6 zu Abs. II des § 41 S. 182. R. Höinghaus, R.-G. v. 1. Mai 1889 Anm. zu § 41.

geschieht in der Weise, daß die Zeichnenden zu dem Gesamtnamen des Vereins ihre Unterschrift nebst ihrer Eigenschaft als Vorsteher hinzufügen. Nach Art. 20 kann durch die Statuten bestimmt werden, daß dem Vorstande ein Aufsichtsrat (Ausschuß) von mindestens 3 Mitgliedern zur Überwachung der Geschäftsführung des Vorstandes an die Seite gesetzt wird; derselbe konstituiert sich selbständig unter einem aus seiner Mitte gewählten Vorsitzenden; derselbe ist befugt, falls er es für notwendig erachtet, eine Generalversammlung der Mitglieder einzuberufen; seine übrigen Befugnisse regelt das Statut nach freiem Ermessen.

Schließlich enthält dieser Abschnitt die Vorschriften über die Generalversammlung. Von wem, wann und in welcher Weise die Berufung zu geschehen hat, bestimmen die Statuten. Dagegen bedarf es stets der Ankündigung des Zweckes, die Beschlüsse sind in ein Protokollbuch, das vom Vorstand und Schriftführer zu unterzeichnen ist, einzutragen. Die sofortige Berufung der Generalversammlung ist gesetzlich vorgeschrieben, wenn mindestens der 10. Teil der Vereinsmitglieder oder eine anderweit in den Statuten bestimmte Zahl von Mitgliedern schriftlich unter Angabe des Zweckes und der Gründe darauf anträgt.

IV. Von der Auflösung des Vereins, der Gant über das Vereinsmögen und dem Ausscheiden einzelner Mitglieder.

Die Auflösung erfolgt mit Zeitablauf, wenn der Bestand des Vereins nach den Statuten zeitlich begrenzt ist; ferner durch den Beschluß des Vereins in der Generalversammlung. Von manchen wird in diesem Falle, vorausgesetzt, daß die Statuten nicht besondere Bestimmungen darüber enthalten, verlangt, daß der Auflösungsbeschluß mit Einstimmigkeit gefaßt wurde, da andernfalls die mit der Auflösung nicht einverstandenen Mitglieder gegen ihren Willen aus der Vereinigung herausgedrängt und ihrer Rechte beraubt würden.[1]) Nach richtiger Ansicht genügt Stimmenmehrheit.

---

[1]) Vgl. Stobbe, deutsches Privatrecht § 54 S. 495, v. Sicherer a. a. O. zu § 30 des R.-G. v. 4. Juli 1868.

Als dritten Auflösungsgrund führt das Gesetz die in Gemäßheit der gesetzlichen Bestimmungen über Versammlungen und Vereine erfolgte Schließung an. Die polizeiliche Schließung tritt nach dem Gesetz vom 26. Februar 1850 Art. 19 Abs. I Z. 6 ein, wenn die Zwecke oder Beschlüsse des Vereins den Strafgesetzen zuwiderlaufen, vorausgesetzt, daß es sich dabei um Verbrechen oder Vergehen handelt. Die Schließung von Vereinen im Verwaltungsrechtswege kann gegen politische Vereine erfolgen, wenn dieselben die Bestimmungen der Art. 7, 14, 16—18 erwähnten Gesetzes verletzen, gegen alle Vereine, wenn sie „die religiösen, sittlichen, gesellschaftlichen Grundlagen des Staates zu untergraben drohen." (Art. 19 Abs. I Z. 1—5 erwähnten Ges.) Die strafrichterliche Schließung von Vereinen kann eintreten, wenn wegen Übertretung des Vereinsgesetzes oder wegen Verbrechen oder Vergehen, welche aus Veranlassung der Verhandlungen eines Vereines verübt oder versucht worden sind, die öffentliche Klage erhoben ist; in dem betr. Endurteile kann das Strafgericht die Schließung des Vereines für immer aussprechen (erwähntes Ges. von 1850 Art. 24 Abs. I und II in der Fassung des Ausf.-Ges. vom 18. Aug. 1879 Art. 84), vorausgesetzt, daß die Verurteilung wegen einer solchen strafbaren Handlung erfolgt, wegen welcher auch die polizeiliche oder verwaltungsgerichtliche Schließung des Vereins hätte erfolgen können.[1])

Kraft positiver Rechtsvorschrift hört mit der Schließung der Verein auch als juristische Person zu existieren auf, d. h. für die Zukunft, für neue Rechtsverhältnisse. Bis zur vollständigen Abwickelung der noch nicht erledigten Rechtsverhältnisse dauert der Verein, der in ein besonderes Stadium der Geschäftsbehandlung — Liquidation — tritt, mit dem gleichen Gerichtsstande (Art. 30) fort, und zwar in ganz ähnlicher Weise wie in dem Falle der Auflösung durch Eröffnung der Gant (Konkurs) über das Vereinsvermögen.[2])

---

[1]) Vgl. v. Seydel, bayer. Staats-Recht V S. 106.

[2]) Vgl. v. Dollmann, Gesetzgebung des Königr. Bayern I, 4 S. 754. Bemerkung des Abgeordneten Dr. Völk in seinem Referat zu Art. 27. (26). Verh. d. K. d. A. 1866—69 Beil. Bd. V S. 351.

Wie die Gründung, so muß auch die Auflösung vom Vorstande dem Gerichte angezeigt werden. Bei dieser Gelegenheit fordert das Gericht alle auf die Gründung des Vereins, Abänderung der Statuten rc. bezüglichen Papiere vom Vorstande zurück; sollte diesem, einem eventuellen Mißbrauche vorbeugenden Verlangen nicht binnen der gesteckten Frist nachgekommen werden, so spricht das Gericht gleichzeitig mit der Publikation der Auflösung eines Vereins die Ungiltigkeit der in Frage kommenden Dokumente aus.

Spätestens 8 Tage nach der Auflösung ist der Vorstand verpflichtet eine Vermögensbilanz bei Gericht einzureichen. Ergibt sich eine Überschuldung, die nicht gedeckt werden kann, so muß der Konkurs eröffnet werden. Voraussetzung und Verfahren regelt sich nun selbstverständlich nach der Reichs-Konkursordnung. Ist dagegen ein Aktivüberschuß am Vermögen vorhanden, so erfolgt nach Ablauf eines Jahres seit der gerichtlichen Publikation der Auflösung eines Vereines, die Verteilung unter sämtliche dermaligen Vereinsmitglieder nach der Kopfzahl, falls die Statuten in letzter Hinsicht nichts anderes bestimmt haben. Der aufgelöste Verein befindet sich auch nach der Auflösung bis zur völligen Abwickelung der Vermögensverhältnisse im Stadium der Liquidation. Art. 32 bestimmt daß jedes Mitglied das Recht hat, unter den statutenmäßigen Voraussetzungen auszutreten, selbst wenn der Verein nur auf bestimmte Zeit gegründet ist; dagegen bleiben dem Vereine Regreßansprüche und das Recht, Mitglieder aus bestimmten Gründen nach den Statutsbestimmungen auszuschließen. An die Stelle des St.-G.-B.'s vom 10. November 1861 ist selbstverständlich das Reichsstrafgesetzbuch getreten.

Die Schlußbestimmungen enthalten außer dem bereits früher erörterten Art. 37 nichts Wichtiges und wird bezüglich der Artikel 34—37 auf das Gesetz selbst hiemit verwiesen. Es mag nur noch bemerkt werden, daß das Gesetz über die anerkannten Vereine auch sonst noch bestehende öffentlich rechtliche Normen, inhaltlich deren aus anderen als polizeilichen Gründen, zur Entstehung von Vereinen positive Staatsgenehmigung verlangt wird, nicht berührt.

So bedürfen nach § 4 der Allerh. Verordnung vom 4./I. 1872 Sterbekassenvereine der Genehmigung der Kreisregierung K. d. J., gleicher Genehmigung die religiösen Bruderschaften; vergl. § 76 Abs. 2 c. der II. Verf.-Beilage.[1])

IVa. Über Vereine ohne juristische Persönlichkeit. b. Privilegierte Vereine.

a. Es gibt zahlreiche Vereine, welche in korporativer Weise organisiert sind, aber doch nicht zu den juristischen Personen rechnen, weil sie weder den Vereinigungen des öffentlichen Rechtes angehören, noch unter eines der Spezialgesetze mit Normativbestimmungen fallen, endlich auch nicht einem solchen Generalgesetze angehören wollen oder können. Diejenigen, welche die staatliche Genehmigung als nicht erforderlich für die Entstehung einer juristischen Person ansehen, erklären solche Vereine einfach als juristische Personen.[2]) Diese Anschauung ist unrichtig. Solche Vereine werden zwar prozessualisch als Einheit behandelt, in der Art, daß sie unter ihren Gesamtnamen klagen und beklagt werden können, daß sie also prozeßfähig sind, allein sie haben nicht die Eigenschaft als juristische Person anzusprechen, ihre Rechtsverhältnisse unterliegen den Grundsätzen der Sozietät[3]) resp. des Civilrechtes.[4])

---

[1]) Vgl. Strafen: § 369, Z. 9 R.-St.-G.-B., Art. 2 Z. 2 Pol.-St.-G.-B.; vgl. auch die Anmerkungen zu Art. 6 des Vereinsgesetzes; hier ist auch die Frage erörtert, ob Vereine, bei denen die obenerwähnte Genehmigung nicht erholt und denen trotzdem die Eigenschaft als anerkannte Vereine erteilt wurde, zu Recht bestehen.

[2]) Vgl. Stobbe, deutsches Privatrecht I § 52 und Regelsberger Pand. I S. 302 ff. § 80.

[3]) Erk. des Obersten Gerichtshofes 20./X. 1874 Samml. V 75; 28./IV. 1877 Samml. VI 332; 16./IV. 1878 Samml. VII 1889 u. 5./VII. 1874 Bl. f. Rechtsanwendung XL 317.

[4]) Sehr treffend bemerkt Regelsberger a. a. O.: „Man muß hiebei die Gesamterscheinung ins Auge fassen und aus dem Zusammenwirken der Merkmale sich das Urteil bilden, ob als Träger der Rechte und Verbindlichkeiten die einzelnen, wenn auch verbundenen Mitglieder anzusehen sind, oder ein davon verschiedenes Wesen. Dabei ist die Durchschnittserscheinung der Gattung maßgebend, nicht die bloß zulässige Besonderheit.“

Der bayer. Oberste Gerichtshof hat sich in einem Erkenntnis mit Recht dahin ausgesprochen, daß nicht eingetragene Vereine, obwohl ihnen die prozessualische Handlungsfähigkeit auf Grund ihrer Statuten zugestanden wurde, die Eigenschaft als juristische Person nicht zukomme und daß damit die zivilrechtlichen Grundlagen der Sozietät, durch welche die Verhältnisse dieser Vereinigungen in ihrer rechtlichen Grundlage, namentlich in Bezug auf Vermögenserwerb und Haftung beherrscht werden, nicht bei Seite gesetzt seien und daß, soweit die Statuten Lücken enthalten, die römisch-rechtlichen Grundsätze über die societas subsidiär anwendbar seien.

Selbstverständlich können solche Vereine nicht nur wissenschaftliche, künstlerische, wohlthätige, gesellige, politische, sondern auch gewerbliche Zwecke verfolgen.[1] Als nicht politische Vereine unterliegen sie, wenn sie Vorsteher und Satzungen haben, der polizeilichen Anzeigepflicht nach Art. 12 des Gesetzes vom 26. Februar 1850, als politische Vereine dem Art. 14 des genannten Gesetzes.

Gar keinen gesetzlichen Bestimmungen, auch nicht jenen des Polizeigesetzes von 1850 unterliegen demnach nichtpolitische Vereine, die entweder nur Vorsteher, oder nur Satzungen (Statuten) haben, oder ausschließlich Zwecke des vermögensrechtlichen Verkehrs verfolgen und nicht unter das Handelsgesetzbuch fallen (Art. 26 des Ges. v. 1850), es müßte denn sein, daß solche Vereine den Bestimmungen des Art. 19 des Gesetzes von 1850 gemäß geschlossen werden müßten.

Grundgesetz für derartige Vereine ohne juristische Persönlichkeit ist das Vereinsstatut, dem jeder Neueintretende durch den Akt des Eintrittes mit den im Laufe der Zeit hinzugefügten Normen zustimmt; als positiv gesetzliche Schranken des Statutes dürfen jedoch die Bestimmungen des erwähnten Art. 19, Z. 5 und 6 aufgestellt und aufgefaßt werden, wonach die Statuten nicht einen solchen Inhalt haben dürfen, daß sie die religiösen, sittlichen und gesellschaftlichen Grundlagen des Staates zu unter-

[1]) Vgl. auch Stobbe, deutsches Priv.-R. § 61.

graben drohen, ferner, daß die in den Statuten ausgesprochenen Vereinszwecke oder die gefaßten Vereinsbeschlüsse den Strafgesetzen zuwiderlaufen. Im übrigen gibt es keine Schranken, wie sie z. B. das Gesetz über die anerkannten Vereine enthält; dies schließt natürlich nicht aus, daß eine große Anzahl von Vereinen aus Zweckmäßigkeitsgründen sich freiwillig solchen Schranken unterwerfen, ohne die Erwerbung der dadurch gewährten Rechte zu beantragen und beanspruchen zu können; die Beachtung der betreffenden Gesetzesvorschriften ist für neu zu gründende Vereine immerhin empfehlenswert.

b) Das Recht des Staates, durch einen besonderen Akt einem Vereine das Privilegium der juristischen Persönlichkeit zu verleihen, wird allgemein anerkannt. Sowenig das Gesetz über die anerkannten Vereine die Specialgesetzgebung für bestimmte Gattungen von Korporationen alteriert, indem tagtäglich durch Specialgesetze der Kreis derselben erweitert werden könnte, ebensowenig ist die Form des Privilegiums, in der ursprünglich der Staat der Regel nach Korporationsrechte verlieh, ausgeschlossen.[1]) Es bleibt also einem Personenvereine auch heute noch unbenommen, die Rechte der juristischen Person nach der hier in Frage kommenden Formations-Verordnung für Bayern vom 17. Dezember 1825, § 17 b[2]) und der Allerhöchsten Entschließung vom 10. August 1848 bei der einschlägigen Kreisregierung, K. d. J., zu beantragen; selbstverständlich müssen hiefür ganz besondere Gründe vorliegen und wird dieses Privilegium wohl kaum dann erteilt werden, wenn in gleicher Weise auf Grund der bestehenden Gesetze dasselbe Ziel erreicht werden kann; ebensowenig, wie einem Vereine die Rechte der juristischen Person nach dem Gesetze über die anerkannten Vereine erteilt werden, wenn für die geplante Vereinigung ein Specialgesetz vorhanden ist.

---

[1]) S. Erk. des bayer. obersten Gerichtshofes 29./V. 1876, Samml. VI, 1; Erk. 23./III 1871, Blätter f. Rechtsanwendung XXXVI 412; Roth, bayer. Civilrecht § 43.

[2]) Weber, Gesetzes-Samml. II S. 283.

V. Das zukünftige Reichscivilrecht.

Art. 4 der deutschen Reichsverfassung hat das Vereinswesen in den Kompetenzkreis der Reichsgesetzgebung gezogen; gleichwohl ist die Erlassung eines Reichsvereinsgesetzes bisher nicht erfolgt.

Auch in den Motiven zum Entwurfe eines bürgerlichen Gesetzbuches für das deutsche Reich wurde im I. Entwurf von einer reichsrechtlichen Regelung Umgang genommen. Es wird zwar einerseits anerkannt, daß das in unserem bayerischen, sowie im sächsischen Gesetze zur Anwendung gebrachte System der Normativbestimmungen im Gegensatz zum Konzessionssystem für die Verleihung der juristischen Persönlichkeit wohl geeignet sei, indem es die öffentliche Feststellung des Entstehens der juristischen Person in sich schließt und der Verkehrssicherheit voll Rechnung trage, auch den Interessenstandpunkt der Vereine in hervorragendem Maße wahre, endlich dem Vereinswesen einen gesicherten, gesetzlich formulierten Boden auf privatrechtlichem Gebiete verleihe, andererseits werden gegen die Annahme dieses Systems schwere Bedenken erhoben: allen gegenwärtigen und künftigen Vereinen, die nicht offensichtig unerlaubte Zwecke verfolgen, sei ein Freibrief auf eine selbständige Vermögenssphäre ausgestellt, solche Vereine stünden in einer unmittelbaren Berührung mit dem Gemeinwohl, dem sie ebensowohl schädlich als auch förderlich sein könnten, die Vermögensfähigkeit solcher Vereine sei von großer Bedeutung; abgesehen von diesen sozialpolitischen Bedenken wird darauf hingewiesen, daß es bei der Verschiedenheit der Zwecke und Ziele der Vereine zu schwierig sei, durch allgemeine Normativbestimmungen in sachgemäßer Weise die gesetzliche Regelung der Rechtsverhältnisse dieser Associationen nach ihrer inneren und äußeren Seite zu verbinden.

Aus diesen Erwägungen und von dem Gedanken ausgehend, daß die Forderung der Einzelinteressen nur insoweit das Ziel der Gesetzgebung sein könne, als das Gesamtwohl es gestatte, gelangte die Kommission zu dem Resultate, daß es den Vorzug verdiene, von einem Reichsvereinsgesetze abzusehen und die Normierung den Landesgesetzen zu belassen, soweit nicht reichsrechtliche Körperschaften in Frage kommen. Hiefür spreche der enge Zusammenhang mit dem öffentlichen Vereinsrechte und die zur Zeit noch verschiedene Gestaltung des letzteren in den Einzelstaaten.

Zu einem entgegengesetzten Resultate gelangte die Redaktionskommission bei der zweiten Lesung[1]) des Entwurfes, indem in der 73. Sitzung vom 17. Dezember 1891 mit 14 gegen 9 Stimmen beschlossen wurde, daß die Regelung der Rechtsstellung privatrechtlicher Körperschaften im bürgerlichen Gesetzbuche für das deutsche Reich erfolgen solle: es sei dies ein Erfordernis der Rechtssicherheit, es handle sich um eine privatrechtliche Frage, deren gedeihliche Lösung auf einem wichtigen Gebiete zur Rechtseinheit führen, in weiten Kreisen das Rechtsbewußtsein stärken, ein gesundes Vereinswesen und damit das Gemeinwohl fördern werde, die politischen Bedenken seien durch die Vorschriften über den Einspruch gegen die Eintragung im Vereinsregister und über die Auflösung der Vereine (§ 40, § 55 der II. Lesung, Anlage) beseitigt, die Regelung des privaten Vereinsrechtes im Wege der Reichsgesetzgebung lasse sich wohl durchführen, ohne notwendiger Weise das öffentliche Vereinsrecht zu regeln. Die Gegner berufen sich auf die bereits früher dargelegten Gründe.

Wenn es nun auch zweifelhaft erscheint, ob in der reichsrechtlichen Einführung des Konzessionssystemes für Vereine mit wirtschaftlichem Geschäftsbetriebe, in der Teilung der Prüfung der Eintragungsgesuche zwischen dem Amtsgerichte und der Verwaltungsbehörde, sowie in der Hereinziehung des Verwaltungsstreitverfahrens bei der ablehnenden Haltung der Bundesregierungen, die früheren Bedenken mit einem Male beseitigt sind, so muß es doch als höchst wünschenswert erachtet werden, daß der so wichtige Gegenstand der Vereinsfrage für das ganze Reich einheitlich normiert wird.

---

[1]) Protokolle S. 1153—1157.

Eine Vergleichung des Entwurfes II. Lesung ergibt, daß neben dem sächsischen Gesetze eine Reihe von Bestimmungen des bayerischen Gesetzes vom 29./IV. 1869 aufgenommen wurden. Dieses Gesetz erhält sonach eine erhöhte Bedeutung: wie bereits erwähnt, bestehen für Bayern solche Bedenken sozial-politischer Natur nicht und kann mit vollem Recht behauptet werden, daß das in dem bayerischen Gesetze normierte Maß staatlicher Schranken als richtig und bei seiner Dehnungsfähigkeit auch ohne Schwierigkeit für die verschiedensten Vereine anwendbar bezeichnet werden kann; auch sonst haben sich bei der Anwendung des Gesetzes besondere Mängel nicht ergeben und so wünschenswert die einheitliche Regelung für das Reich ist, so könnte der Fortbestand des Gesetzes für Bayern in diesem Sinne mit Freuden begrüßt werden.

Möge schließlich dem Wunsche und der Hoffnung Ausdruck verliehen werden, daß dieser Kommentar bei Neugründungen von Vereinen und den Vorständen bestehender Vereine als praktischer Wegweiser und Berater sich zweckmäßig und dienlich erweise.[1])

---

[1]) In dieser Hinsicht verweise ich insbesondere auf meine Ausführungen zu Art. 1, Note 3.

# Gesetz

## die privatrechtliche Stellung von Vereinen betr.*)**)

### Ludwig II.

von Gottes Gnaden König von Bayern, Pfalzgraf bei Rhein, Herzog von Bayern, Franken und in Schwaben etc. etc.

Wir haben nach Vernehmung Unseres Staatsrates, mit Beirat und Zustimmung der Kammer der Reichsräte und der Kammer der Abgeordneten beschlossen und verordnen was folgt:

Artikel 1.***)

Rechtlich bestehende oder rechtlich zulässige Vereinigungen,[1]) welche nicht auf einzelne bestimmte Mitglieder beschränkt sind, denen vielmehr unter den in den Satzungen bestimmten Voraussetzungen jeder beitreten kann,[2]) soferne[3]) sie nicht zu

---

*) Verhandl. der Kammer der Abgeordneten 1866—1869 Sten. Ber. VI, 21—32, Verhandl. der Kammer der Reichsräte 1868—1869 Bd. VII S. 450 ff., Beil. Bd. VI S. 532 ff., 566 ff.; Beilage XI des Landtagsabschiedes; publiziert im Gesetzblatt für das Königreich Bayern am 31. Mai 1869 Nr. 59 S. 1197—1216, für die Pfalz im Kreisamtsblatt am 11. Juni 1869, Nr. 50 S. 1069—1082.

**) Das Gesetz ist datiert vom 29. April 1869 und ist seit dem Tage der Publikation in Kraft. Der ursprüngliche Plan ging dahin, die durch dieses Gesetz geregelten Vereine gleichzeitig mit dem Gesetze vom nämlichen Tage „die privatrechtliche Stellung der Erwerbs- und Wirtschaftsgenossenschaften" zu regeln. Wegen der Verschiedenartigkeit nach Natur und Inhalt erschien die besondere Regelung zweckmäßig und einem bestehenden Bedürfnisse entsprechend. S. Einleitung S. 18 und Anm. S. 20.

***) Art. 1 will den Kreis derjenigen Vereinigungen, welche die Rechte anerkannter Vereine ihrem Zwecke nach erwerben können, normieren. Um der hier in Frage kommenden Mannigfaltigkeit in keiner

den öffentlichen Korporationen,[4]) zu den im Handelsgesetzbuche[5]) aufgeführten Handels- oder den Versicherungsgesellschaften,[6]) sowie ihrem Zwecke nach zu den im Gesetz vom 29. April 1869 behandelten Erwerbs- und Wirtschaftsgenossenschaften gehören,[7]) auch sonst nicht auf Erwerb, Gewinn oder eigentlichen Geschäftsbetrieb abzielen,[8]) erhalten die Rechte eines „anerkannten Vereins" unter den nachstehend angegebenen Bedingungen.[9])

1) Rechtlich bestehende oder rechtlich zulässige Vereinigungen:

Nur Vereine von staatspolizeilich zulässiger Beschaffenheit können Träger einer Rechtspersönlichkeit sein, niemals Vereinigungen, die nicht gesetzlich erlaubte Zwecke verfolgen; eine Vereinigung ist aber nicht schon aus dem Grunde eine unerlaubte, weil sie vom Gewerbe- oder kirchenpolizeilichen Standpunkte oder aus sonstigen Gründen zu ihrer Errichtung besonderer Genehmigung bedarf. Vgl. H. Becher, a. a. O. S. 351 Anm. 32 a. E. Der seinerzeitige Kammerreferent Dr. J. Völk äußert sich in diesem Punkte wie folgt:

„Soferne ein Verein Anspruch auf die Rechte des Gesetzes macht, muß er rechtlich bestehen, oder rechtlich zulässig sein. Ist dies nach den Normen des öffentlichen oder des Privatrechtes nicht der Fall, so kann aus ihm auch kein anerkannter Verein mit den sich daran knüpfenden Rechten werden." (Vrh. d. K. d. Abg. 1866—69 Beil. Bd. V S. 351.)

---

Weise durch eine zu enge Definition hinderlich zu werden und zu Streitfragen Anlaß zu geben, hat der Gesetzgeber die Form der Negative gewählt. Alle nach Ausschluß der 4 Gruppen: öffentliche Korporationen, Handels- oder Versicherungsgesellschaften, Genossenschaften und reinen Erwerbsgesellschaften übrigbleibenden Vereinigungen können anerkannte Vereine werden, vergl. § 23 Entwurf eines bürgerl. Gesetzbuches für das Deutsche Reich II. Lesung: Vereine zu gemeinnützigen, wohlthätigen, geselligen, wissenschaftlichen, künstlerischen, oder anderen nicht auf einen wirtschaftlichen Geschäftsbetrieb gerichteten Zwecken ꝛc. Ob diese Fassung den Vorzug verdient, ist sehr fraglich: der Kreis selbst ist zweifellos derselbe, kurz gesagt: die sog. ethischen Gesellschaften, Vereinigungen, die auf immaterielle Güter gerichtet sind. Wegen der Vereine mit politischem, sozialpolitischem, religiösem Zweck s. § 55 des Entwurfes. Der erste Teil der Definition des bayerischen Gesetzes spricht von den allgemeinen Voraussetzungen: staatspolizeiliche Zulässigkeit, nicht geschlossene Mitgliederzahl.

2) welche nicht auf einzelne bestimmte Mitglieder beschränkt sind, denen vielmehr unter den in den Satzungen bestimmten Voraussetzungen jeder beitreten kann,

Der Sinn dieser Worte ist kein anderer, als der, welcher in verwandte Materien behandelnden Gesetzen in der Fassung: „Gesellschaften von nicht geschlossener Mitgliederzahl" ausgedrückt sein soll. Vergl. z. B. Art. 1 des Ges. betr. die privatrechtliche Stellung der Erwerbs- und Wirtschafts-Genossenschaften vom 29. IV. 69 (bayer. Gesetzbl. S. 1153) und § 1 des Reichsges. betr. die Erwerbs- und Wirtschafts-Genossenschaften vom 1. Mai 1889. (R.-G.-Bl. S. 55.) Siehe Kommentare von Pröbst, Maurer, Parisius-Crüger 2c. Daß es sich hier nur um einen redaktionellen Unterschied handelt, geht schon daraus hervor, daß das gegenwärtige Gesetz ursprünglich einheitlich mit dem Gesetze vom gleichen Tage über die Erwerbs- und Wirtschafts-Genossenschaften geregelt werden sollte; es finden daher die Auslegungsmaterialien des letztgenannten Gesetzes auch auf das gegenwärtige Gesetz Anwendung. (Vergl. v. Sicherer Genossenschafts-Gesetz S. 546.)

Die Voraussetzungen, welche das jeweilige Statut für den Eintritt und auch Austritt der Mitglieder bestimmen kann, sind dem freien Ermessen anheimgegeben. So können beispielsweise bestimmte Anforderungen gestellt werden in Bezug auf: Geschlecht (z. B. nur Männer oder nur Frauen), Alter, Stand, Ruf, Vermögen, Religion, Gesundheit, Fähigkeiten, Nationalität u. s. w.; auch kann der Eintritt von der Bezahlung bestimmter Beiträge, Nichtzugehörigkeit zu anderen Vereinen, oder dem Gegenteil und selbst bei Vorhandensein aller Voraussetzungen von einer Ballotage abhängig gemacht werden. Es ist endlich keineswegs ausgeschlossen, daß die Mitgliederzahl in Bezug auf das Maximum und Minimum beschränkt wird, oder daß turnus-weise, beziehungsweise durch das Los der Eintritt aus einem bestimmten Personenkreis stattfindet. Dagegen ist es nach der Tendenz des Gesetzes unzulässig, wenn das Statut die Zahl der Mitglieder in der Weise fixiert, daß nur eine bestimmte Zahl, beschränkt auf die bei der Gründung vorhandenen oder später hinzugekommenen individuellen Personen, vorhanden sein darf. Es wäre z. B. denkbar, daß 20 Personen sich zu geselligen Zwecken verbinden mit der statutarischen Bestimmung: Der Verein besteht aus nachgenannten 20 Personen; weitere Mitglieder dürfen nicht aufgenommen werden. Eine solche Vereinigung kann nicht die Rechte eines anerkannten Vereines erwerben, wohl aber wäre dies möglich, wenn 2 Personen sich zu gleichem Anlasse verbinden und sie statutengemäß die Aufnahme weiterer Personen bis zu einer bestimmten Anzahl gestatten würden. Auch erscheint es mir zulässig, daß die Zahl der Gesellschaftsmitglieder auf die bei der Gründung vorhandene Anzahl beschränkt wird, daß aber nach Ablauf einer bestimmten Zeit eine durch das Los bestimmte Person ausscheidet und ein Dritter, der die Statutbedingungen erfüllt, eintritt.

Vergl. Parisius und Crüger Genossenschaftsgesetz S. 6 — v. Sicherer a. a. O. S. 612 und 613.

Die Tendenz des Gesetzes geht also dahin, daß die Verbindung nicht ausschließlich für die gegenwärtigen Mitglieder geschlossen, sondern auf den Eintritt noch unbestimmter Personen berechnet ist.

Nach § 4 des Reichsgesetzes betr. die Erwerbs- und Wirtschaftsgenossenschaften vom 1. Mai 1889 ist ein bestimmtes Minimum vorgeschrieben: „Die Zahl der Genossen muß mindestens 7 betragen." (Über die Auflösung §§ 78 u. 160 daselbst.)

Über die Befugnis, durch Statut den Eintritt der Mitglieder von einer Ballotage abhängig zu machen, vergl. die Abhandlung „zum bayerischen Privatvereinsrechte" von Dr. Gareis in Seuffert Bl. f. R.-A. Bd. 36 S. 289, ferner Hauser in Goldschmidt's Zeitschrift f. d. gesamte Handelsrecht Bd. XIV, S. 342, 344, endlich Dr. Gareis „Modernes Genossenschafts- und Gesellschaftsrecht" in Behrend's Zeitschrift für Gesetzgebung und Rechtspflege. Die anerkannten Vereine können auch juristische Personen zu Mitgliedern zählen und sogar nur aus juristischen Personen bestehen. Vergl. hierüber die Abhandl. in Bl. f. R.-A. XI Erg.-Bd. S. 97, 113 ff., hiezu auch juristische Monatsschrift Jahrg. 1893 Nr. 3 S. 95, sowie H. Becher, bayer. Landescivilrecht S. 352, 353. Dort ist auch die Frage erörtert, ob solche Vereine „anerkannt" werden dürfen, denen beizutreten gewisse Kategorien von Personen verpflichtet sind.

3) soferne

In den folgenden Nachsätzen scheidet Art. 1 von der Beeinflussung des Gesetzes 3 Hauptgruppen aus:

1) die öffentlichen Korporationen,
2) Vereinigungen für welche Spezialgesetze bindende Vorschriften enthalten,
3) Vereinigungen, welche auf Erwerb, Gewinn oder eigentlichen Geschäftsbetrieb abzielen.

Alle Vereinigungen, die also nicht unter die genannten 3 Gruppen fallen, können „anerkannte Vereine" im Sinne des gegenwärtigen Gesetzes werden; zwar können Vereinigungen, welche z. B. unter Gruppe 2 oder 3 zu subsumieren wären, nicht gezwungen werden, sich unter die Formen der einschlägigen Spezialgesetze zu stellen, sie können sich aber auch dieses Gesetzes nicht bedienen; hierin läge eine Umgehung des Spezialgesetzes und der darin vorgeschriebenen besonderen Normativbestimmungen. Abgesehen von der bereits erörterten allgemeinen Voraussetzung, daß eine Vereinigung nicht bloß unter den sie gründenden Personen und bloß für diese abgeschlossen, mithin von vorneherein und begriffsmäßig nur auf einzelne bestimmte Mitglieder beschränkt sein darf, ist also für eine Vereinigung, welche die Rechte eines anerkannten Vereins erwerben will, als erste Frage die aufzuwerfen: Existiert nicht bereits ein Spezialgesetz, nach dessen Normen sich die Vereinigung zu regeln hat? Erst nach Verneinung dieser Frage tritt unter den sonstigen Voraussetzungen das vorliegende Generalgesetz in den Vordergrund der Debatte. Eine zweite, nicht minder wichtige Frage geht dahin: ist es überhaupt zweckmäßig, resp. notwendig, die Rechte eines anerkannten Vereins zu erwerben? Bei Beantwortung dieser Frage ist in erster Linie der eigentliche Zweck des Gesetzes ins Auge zu fassen: „es sollten die Formen festgestellt werden, in welchen die Vereine bindend nach außen handeln können; es lag das Bedürfnis vor, derlei Vereinen ein von der Bevollmächtigung der wechselnden Mitglieder unabhängig berechtigtes Organ zu schaffen, durch welches sie, nach außen rechtlich bindend, in den Verkehr treten, Rechte erwerben und Verpflichtungen eingehen, sowie vor Gericht, Amt und Notar auftreten könnten." Vergl. Dr. J. Völk Verh. d. K. d. A. 1866—69 Beil. Bd. V S. 351 u. Einleitung S. 19. Anerkannte Vereine haben mit einem Wort die Rechte einer juristischen Person, d. h. sie erlangen Vermögensfähigkeit gleich einer physischen Person, was Artikel 10 resp. 11 des Gesetzes mit den Worten ausdrücken will: „Der anerkannte Verein kann auf seinen Gesamtnamen Rechte erwerben und Verbindlichkeiten eingehen, Eigentum und andere dingliche Rechte an Grundstücken erwerben, vor Gericht klagen und verklagt werden, für die Verbindlichkeiten des Vereins haftet den Vereinsgläubigern nur das Vereinsvermögen, die Mitglieder sind lediglich zur Entrichtung der in den Statuten festgesetzten Beiträge dem Verein gegenüber verpflichtet."

In der Regel sind nun die heutigen Vereine „nicht bloß für einzelne bestimmte Personen berechnet, sie verfolgen Zwecke, welche über die Individualität der Begründer hinausreichen, sie nehmen einen dauernden, von dem Wechsel der Mitglieder unabhängigen Bestand in Aussicht, der Austritt der Mitglieder soll nicht lösen, der Zugang neuer nicht ausgeschlossen sein; vor allem aber bezwecken sie, daß das vorhandene Vermögen dem Vereine als solchem zugeschrieben wird und was das Wichtigste ist, die Mitglieder wollen keinen Teil am Vermögen haben, sie wollen nicht Miteigentümer, Mitgläubiger, Mitschuldner sein; es liegt dem Einzelnen fern, für die Erreichung der Vereinszwecke eine über die Entrichtung der Beiträge zur Vereinskasse hinausgehende Verbindlichkeit zu übernehmen, mit dem Ausscheiden wollen die Mitglieder jeder Haftung ledig sein, andererseits aber auch jedes Anspruches an das Vereinsvermögen sich begeben." Vgl. Motive zum Entwurfe des deutschen bürgerlichen Gesetzbuches Bd. I allg. Teil S. 88. Mit Recht fahren die Motive fort: „Solchergestalt angelegte Vereine sind völlig geeignet, Träger einer selbständigen Rechtsfähigkeit zu werden. Dieselben bedürfen auch zu einem gewissen Teile der Rechtsfähigkeit, wenn sie auf dem vermögensrechtlichen Gebiete diejenige Stellung einnehmen sollen, die sich für dieses Gebiet als Konsequenz ihres Wesens ergibt.

Ein Verein der fraglichen Art, dem die Persönlichkeit versagt ist, gerät im Privatrechtsverkehr leicht in eine mißliche Lage, welche in der die Verhältnisse begleitenden Unsicherheit, in der Behinderung bei der Schlichtung von Rechtsgeschäften, in Schwierigkeiten bei der Prozeßführung zu Tage tritt." Mit Recht könnte nun eingewendet werden, daß eine große Anzahl von Vereinen, ja weitaus die Mehrzahl korporativ in ähnlicher Weise wie die anerkannten Vereine organisiert sind und in gedeihlicher Weise bestehen, ohne die Rechte anerkannter Vereine erworben zu haben. Hiezu mag folgendes bemerkt werden:

Dadurch, daß ein Verein die Rechte als „Anerkannter Verein" erwirbt, erhält derselbe vom Staate nach außen die Sanktion resp. Anerkennung als Vermögenssubjekt, als Träger von Rechten und Verbindlichkeiten. Lange Zeit hindurch war die Frage, ob der Staat bei der Entstehung dieser juristischen Personen, sei es in Form der Genehmigung, der Bestätigung oder durch Eintragung in ein öffentliches Register mitzuwirken habe, in der Theorie bestritten. In der Praxis ist heute allgemein anerkannt, daß Privatkorporationen erst durch staatliche Mitwirkung die Rechte als „juristische Personen" erlangen Dieser Standpunkt ist durchaus gerechtfertigt Im Interesse der Rechtssicherheit muß klargestellt werden, ob eine Gesellschaft, eine societas, nach deren Natur alle Mitglieder in gleicher Weise haften, oder ob eine juristische Person, bei welcher der Verein als solcher, das Vereinsvermögen, nicht die einzelnen Mitglieder der Regel nach haften, entstanden ist Es wird deshalb auch von jenen Juristen, welche den Gründerwillen für ausreichend erachten, zugegeben, daß eine Mitwirkung des Staates, eine Sanktionierung der juristischen Person durch den Staat zweckmäßig sei

Diesen Erwägungen verdankt auch das gegenwärtige Gesetz seine Entstehung und die rechtliche Stellung, die nach der heutigen Anschauung die nicht anerkannten Vereine einnehmen: sie sind keine juristischen Personen; nach der heutigen Praxis können aber solche Privatvereine mit veränderlicher Mitgliedschaft und korporativer Verfassung, welche staatlich nicht als Korporationen, als juristische Personen anerkannt sind, als Einheit klagen und verklagt werden, es ist also in prozessualer Hinsicht die Rechtsfähigkeit solcher Vereine anerkannt Vergl E. d R.-G in Civil-Sachen Bd. IV S. 56, Bd. VIII S. 156, Erk. des bayer Obersten L.-G. 20./X. 74 Samml. V, 75, 28./IV 77 Samml. VI, 332, 16./IV. 78 Samml. VII, 189, Bl. f. R.-A. XXXVII, 220, XXXVIII, 229, XLII, 22; s. auch Einleitung S. 31. — Über die rechtliche Natur moderner Vereine vergl. ferner: Roth bayer Civilrecht I § 46, Samml der Entsch. des Obersten L.-G. V, 203, 533, VIII, 507, XII, 150, ferner Bl. f. Rechtsanwendung XXXX, 317, XXXXII, 231, XXXXIII, 202, XXXXVII, 174, LI, 72, LIV, 26.

Über das Erfordernis der ausdrücklichen Verleihung der Rechtspersönlichkeit durch die Staatsgewalt s. Entsch. des b. Obersten L.-G.:

Samml. III, 225, V, 1, VI, 1, 590, VII (960), IX, 227, vgl. ferner: Bl. für Rechtsanwendung: XXXVIII, 88, XL, 11, XLI, 298, XI, 190, XXXXIV, 230, XXXXVI, 337, sowie Seufferts Archiv I, 54, XIII, 206, XLIII, 191, XII, 58, XIII, 57, XXXVII, 207.

Staatliche Genehmigung verlangen für die Vereine nicht:

Windscheid Pand. I § 60, Regelsberger Pand. I § 80, Beseler deutsches Privatrecht, § 67, Arndts Pand § 44 2c. Vergl. auch die frühere Praxis in Bayern Seuffert Archiv XXXIII, 103. Litteratur: s. Windscheid Pand. § 60, Stobbe deutsches Privatrecht § 52.

Vergl. auch Entsch. des Reichsgerichts: Bd. 4, S. 155, Bd. 7, S. 168, Bd. 8, S 121, Bd. 12, S. 233, Bd. 22, S. 212, Bd. 18, S. 346, welche Ausführungen über die Rechts-Handlungs-Partei- und Prozeßfähigkeit von Vereinen mit veränderlicher Mitgliederzahl ohne Korporationsrechte, enthalten.

Nach dem Gesagten dürfte die Frage, ob die Erwerbung der Rechte eines anerkannten Vereines nach dem gegenwärtigen Gesetze für einen Verein notwendig resp. zweckmäßig erscheint, dahin zu beantworten sein, daß sich dies für Vereinigungen mit dauerndem Zwecke und wechselnder Mitgliederzahl, wo z. B. aktive und passive Mitglieder ohne sonstige Haftung sich nur zu Beiträgen verpflichten wollen, aus Gründen der Rechtssicherheit allzeit wohl empfiehlt; weniger notwendig, aber immerhin zweckmäßig dürfte es auch für solche Vereinigungen sein, deren Zweck nur ein vorübergehender ist und deren Mitglieder die eventuelle Haftung mit ihrer Person im voraus ausschließen wollen. Der Grund, warum viele Vereinigungen von dem Gesetze keinen Gebrauch machen, dürfte zweifellos darin zu suchen sein, daß sie Weitläufigkeiten, vor allem den Einblick und die Kontrolle des Gerichtes scheuen. Allein diese Anschauung beruht vielfach auf einem Irrtum, einer Unkenntnis der gesetzlichen Vorschriften, deren Vorzug eben darin besteht, daß sie bei ihrer praktischen Einfachheit den Vereinen in der Gestaltung der Statuten die erdenklich größte Freiheit gewähren.

Die Schwierigkeiten, in welche Vereine dadurch geraten, daß sie von dem Gesetze keinen Gebrauch machen, stehen zu den gesetzlichen Anforderungen in gar keinem Verhältnis.

Vielfach ist auch die irrige Anschauung verbreitet, daß die Erwerbung der Rechte eines anerkannten Vereines mit Kosten verbunden sei; in dieser Hinsicht verweise ich auf Art. 36 des Gesetzes vom 24. IV. 1869, wo gesagt ist:

„Die Vormerkungen auf die nach dem genannten Gesetze eingereichten Statuten und Änderungen derselben, die Anmeldungen der bestellten Vorstände und die hiedurch veranlaßten Beschlüsse sind tax- und stempelfrei. — Vergl. Art. 3 der bayer. Ges. über das Gebührenwesen v. 18. Aug. 1879, wo ausgesprochen ist: „Gebühren werden nicht erhoben .... — 3) wenn die Tax- und Stempel- oder Gebührenfreiheit durch Gesetze, Verordnungen oder Staatsverträge ausgesprochen ist." Es werden sonach nur Auslagen, wie Portis ꝛc. berechnet; jedoch haben juristische Personen nach Art. 218 des genannten Gesetzes, falls sie nicht „ständig und ausschließlich einem frommen, milden, gemeinnützigen oder Unterrichtszwecke oder dem Bergbau dienen," ab 1. Jan. 1880 alle 20 Jahre 1 % Gebürenäquivalent für den Wert ihres Immobiliarbesitzes ohne Abzug der Schulden zu bezahlen und haben die Vorstände hievon 3 Monate vor Ablauf des 20 jährigen Zeitraumes an das Rentamt, in dessen Bezirk die Immobilien liegen, Mitteilung zu machen. Vergl. Art. 219—222 des genanntes Gesetzes.

4) öffentliche Korporationen:

Hieher zählt in erster Linie der Staat, in seiner Eigenschaft als Vermögensträger Fiskus, Staatsärar genannt; ferner die politischen Gemeinden in ihren verschiedenen Abstufungen, endlich die Kirche.

Das Wesen der Korporationen des öffentlichen Rechtes besteht darin, daß ihre Bildung durch einen Rechtssatz vorgeschrieben und das Rechtsverhältnis gesetzlich geregelt ist. Über den Fiskus s. Roth I § 35—37. Als politische Gemeinden kommen für Bayern die Orts-, Distrikts- und Kreisgemeinden in Betracht; s. Art. 1 und 11 des Gesetzes v. 28. Mai 1852 über die Distrikts- und Landräte, ferner die bayer. Gemeindeordnung vom 29./IV. 1869; Kommentar von Weber, Lindner-Hauck, Kahr, letzterer im Erscheinen begriffen, Roth bayer. Civilrecht I § 39 ff. Für die Kirche siehe die Bestimmungen in der II. Beilage Titel X der Verfassungsurkunde des Königreichs Bayern (s. Anlage Nr. 3), an welchen durch das Gesetz vom 28.|IV. 1869 (Art. 37) nichts geändert wird. Vergl. auch Landtagsabschied vom 28. März 1892 (Ges.- u. Verord.-Bl. S. 130 ff.). Hienach genießen die in dem Königreiche bestehenden 3 christlichen Glaubenskonfessionen als öffentliche Kirchengesellschaften die Rechte einer juristischen Person, die nichtöffentlichen Kirchengesellschaften haben Korporationsrechte nur, wenn ihnen diese ausdrücklich verliehen sind. Vergl. §§ 24, 26, 28, 32, 44, 45 des Religionsediktes. Nach Art. 1 des Gesetzes vom 1. Juli 1834 zu Titel IV § 9 der Verf.-Urk. genießen die Bekenner der unierten sowohl, als der nicht unierten griechischen Kirche mit den Bekennern der in dem Königreiche bereits verfassungsmäßig bestehenden 3 christlichen Kirchengesellschaften gleiche bürgerliche und politische Rechte. Nach Seydel zählt die griechische Kirche nicht zu den öffentlichen, sondern zu den Privatkirchengesellschaften. (Bd. VI, S. 121, I.)

Über die Verhältnisse der jüdischen Glaubensgenossen vergl. Judenedikt vom 10./VI. 1813 § 21 zu Titel IV § 9 der Verfassungsurkunde mit § 32 und 37 und 45 II Verf.-Beil., zum Teil (§ 1—22) aufgehoben durch Gesetz vom 29. Juni 1851 betr. die bürgerlichen Rechte der israelitischen Glaubensgenossen und Reichs-Gesetz v. 3. Juli 1869 betr. die konfessionelle Gleichberechtigung ɪc.

Ob die jüdischen Kirchengemeinden nur juristische Personen des Privatrechtes oder auch des öffentlichen Rechtes sind, ist bestritten. Vergl. Seydel bayer. Staatsrecht VI, 1 S. 335 und v. Roth bayer. Civilrecht § 44, Heimberger, „die staatskirchenrechtliche Stellung der Israeliten in Bayern" 1893.

Über die Innungsverbände und die deutschen Kolonialgesellschaften, welche durch den Bundesrat die Rechte juristischer Personen erlangen s. § 104h R.-G.-O. und § 8 des Reichsg. v. 15. März 1888.

5) zu den im Handelsgesetzbuche aufgeführten Handelsgesellschaften:

Es sind dies:

a) Die offene Handelsgesellschaft Art. 85—149 des Allg. deutschen Handelsgesetzbuches.
b) Die Kommanditgesellschaft Art. 150—172 daselbst.
c) Die Kommanditgesellschaft auf Aktien Art. 173—206a daselbst.
d) Die stille Gesellschaft Art. 250—265 daselbst.
e) Die Gelegenheitsgesellschaft Art. 266—270 daselbst.
f) Die Aktiengesellschaft Art. 207—249g daselbst.
g) Die Rhederei Art. 456—476 daselbst.

6) oder Versicherungsgesellschaften:

Vergl. hierüber Allg. deutsches H.-G.-B. Art. 271, 782, 180h. Nach § 4 der Allerhöchsten Verordnung vom 4./I. 1872 bedürfen Versicherungsanstalten der Genehmigung des k. Staatsministeriums der Justiz, Mobiliarfeuerversicherungs-Gesellschaften nach Allh. Verordnung vom 11. Sept. 1872 der Genehmigung des Königs. Für Deutschland ist die Bildung von Genossenschaften, um mittels gemeinschaftlichen Betriebes des Versicherungsgewerbes den Erwerb ihrer Mitglieder zu fördern, nach dem Reichsgesetz vom 1. Mai 1889 betr. die Erwerbs- und Wirtschaftsgenossenschaften unzweifelhaft gestattet. Vergl. Urteil des Reichsgerichtes, Entsch. IV S. 394 und Motive des 1. Entwurfes zu diesem Gesetz S. 87, ferner Dr. Maurer Komm. zu genanntem Gesetz Anm. 6. Mit Recht wird hervorgehoben, daß die staatlich verlangte Genehmigung nicht durch die Genossenschaftsform umgangen werden kann. Vergl. auch Parisius und Crüger S. 10. Letzter schließt die Lebensversicherung auf Gegenseitigkeit in Form der eingetragenen Genossenschaft aus. Anderer Ansicht Maurer Anm. 4 zu § 1 des Gen.-Ges. v. 1. Mai 1889.

7) sowie ihrem Zwecke nach zu den im Gesetz vom 29. April 1869 behandelten Erwerbs- und Wirtschaftsgenossenschaften gehören.

An die Stelle dieses Gesetzes ist nunmehr das Reichsgesetz, betreffend die Erwerbs- und Wirtschaftsgenossenschaften v. 1. Mai 1889, in Kraft seit 1. Okt. 1889 getreten. Nach § 153 dieses Gesetzes wird das Gesetz, betr. die privatrechtliche Stellung der Erwerbs- und Wirtschaftsgenossenschaften vom 4. Juli 1868 (Bundesgesetzblatt S. 415) mit der Deklaration vom 19. Mai 1871 (R.-G.-Bl. S. 101), sowie die Vorschriften in §§ 195 bis 197 der Konkursordnung und im § 3 Abs. 4 des Einführungsgesetzes zu derselben aufgehoben. Unberührt bleibt die Vorschrift im § 6 des letzteren Gesetzes.

§ 6 des Einf.-Ges. zur R.-K.-O. erklärt die Vorschriften der R.-K.-O. über Konkurseröffnung für Aktiengesellschaften, über das Verbot des Zwangsvergleichs für eingetragene Genossenschaften und über Bestrafung der Vorstandsmitglieder und für Liquidation für entsprechend anwendbar auf die registrierten Gesellschaften des bayer. Gesetzes vom 29. April 1869. Das Reichsgesetz ändert hierin nichts: Es bleiben sonach die nach Art. 70 bis 81 des bayer. Gesetzes bestehenden Gesellschaften mit beschränkter Haftpflicht nach diesem Spezialrecht fortan bestehen, sofern sie sich nicht freiwillig den Bestimmungen des Reichsgesetzes unterwerfen. Vergl. Parisius und Crüger Genossenschaftsgesetz zu § 153. Pröbst Gen.-Ges. § 1 Anm. 5.

Es mag hier erwähnt werden, daß das bayerische Gesetz vom 29./IV. 1869 betr. die privatrechtliche Stellung der Erwerbs- und Wirtschaftsgenossenschaften bis zum 1. Aug. 1873 ohne Rücksicht auf das norddeutsche Gesetz vom 4. Juli 1868, welches mit 1. Jan. 1871 in Südhessen, Baden und im Königreiche Württemberg Reichsgesetz wurde, für Bayern gesondert in Geltung blieb. Das bayerische Gesetz ist für die Auslegung des Gesetzes über die anerkannten Vereine im Hinblick auf die Geschichte seiner Entstehung von besonderer Bedeutung. Es unterliegt aber keinem Zweifel, daß alle Vereinigungen, welche ihrem Zwecke nach unter § 1 des nun geltenden Reichsgenossenschaftsgesetzes fallen, die Rechte eines anerkannten Vereins nicht auf Grund des Vereinsgesetzes vom 29./IV. 1869 erlangen können. Art. 1 des bayer. Genossenschaftsgesetzes vom 29./IV. 1869 ist bis auf eine geringfügige Abweichung dem norddeutschen Gesetze vom 4. Juli 1868, welches wiederum auf dem preußischen Gesetze vom 27. März 1867, die privatrechtliche Stellung der Erwerbs- und Wirtschaftsgenossenschaften basiert, nachgebildet.

Der Begriff der Erwerbs- und Wirtschaftsgenossenschaften, welche das Gesetz vom 1. Mai 1889 behandelt, ist daher im § 1 fast gleichlautend mit Art. 1 des bayer. Gesetzes „die privatrechtliche Stellung von Erwerbs- und Wirtschaftsgenossenschaften betreffend".

Derselbe lautet: „Gesellschaften von nicht geschlossener Mitgliederzahl, welche die Förderung des Erwerbes oder der Wirtschaft ihrer Mitglieder mittels gemeinschaftlichen Geschäftsbetriebes bezwecken (Genossenschaften), namentlich:

1) Vorschuß- und Kreditvereine,

2) Rohstoffvereine,

3) Vereine zum gemeinschaftlichen Verkaufe landwirtschaftlicher oder gewerblicher Erzeugnisse (Absatz-Genossenschaften, Magazinvereine),

4) Vereine zur Herstellung von Gegenständen und zum Verkaufe derselben auf gemeinschaftliche Rechnung (Produktivgenossenschaften),

5) Vereine zum gemeinschaftlichen Einkaufe von Lebens- oder Wirtschaftsbedürfnissen im Großen und Ablaß im Kleinen (Konsumvereine),

6) Vereine zur Beschaffung von Gegenständen des landwirtschaftlichen oder gewerblichen Betriebes und zur Benützung derselben auf gemeinschaftliche Rechnung,

7) Vereine zur Herstellung von Wohnungen,

erwerben die Rechte einer „eingetragenen Genossenschaft" nach Maßgabe dieses Gesetzes."

Das bayerische Gesetz vom 29./IV. 1869 lautet (Art. 1): „Gesellschaften von nicht geschlossener Mitgliederzahl, welche die Förderung des Kredits, des Erwerbes rc. bezwecken . . ."

Es hat also, abgesehen von den nachfolgenden unwesentlichen redaktionellen Änderungen mit dem nunmehrigen Reichsgesetz fast gleichen Wortlaut, nur daß die Förderung des Kredits als Selbstzweck nicht mehr aufgeführt ist. „Die Kreditgewährung," heißt es in den Motiven S. 86, „darf einen Gegenstand des genossenschaftlichen Geschäftsbetriebes nur insoweit bilden, als sie zur Förderung der Erwerbsthätigkeit oder Wirtschaft der Genossen dient; sie ist also schon von diesen beiden Hauptzwecken der Genossenschaft umfaßt und zugleich begrenzt. Motive II Entwurf S. 59. Auf diesen logischen Fehler weist bereits v. Sicherer im Kommentar zum Reichsgesetze vom 4. Juli 1868 S. 619 hin, indem er sagt: Der allgemeine Zweck aller Erwerbs- und Wirtschaftsgenossenschaften ist die Verbesserung der materiellen Lage der Mitglieder, somit die Förderung der Wirtschaft im weiteren Sinne dieses Wortes. Dieser allgemeine Zweck kann auf doppeltem Wege erreicht werden, durch Vermehrung der Einnahmen — Förderung des Erwerbes – und durch Verminderung der Ausgaben — Förderung der Wirtschaft im engeren Sinne, der Hauswirtschaft insbesondere. Daher sind nur zwei Hauptarten der Erwerbs- und Wirtschaftsgenossenschaften zu unterscheiden: Gesellschaften zum Zwecke der Produktion und Gesellschaften zum Zwecke der Konsumtion, produktive und distributive Genossenschaften rc. Der Kredit, welcher im Gesetze neben Erwerb und Wirtschaft als ein zu förderndes Drittes genannt wird, kommt somit nur als Mittel des Erwerbs oder der Wirtschaft in Betracht.

Die Begriffsbestimmung der Genossenschaft in richtiger Weise zu fixieren, ist in Bezug auf gegenwärtiges Gesetz von ganz besonderer Wichtigkeit, indem alle Vereinigungen, welche die Merkmale: Förderung des Erwerbes oder der Wirtschaft der Mitglieder mittels gemeinschaftlichen Geschäftsbetriebes zum unmittelbaren Zweck haben, nicht die Rechte nach dem Gesetze vom 29. April 1869 über die anerkannten Vereine erwerben können. Umgekehrt können Vereinigungen, denen auch nur eines obiger Merkmale fehlt, die aber auch sonst nicht auf Erwerb, Gewinn oder eigentlichen Geschäftsbetrieb abzielen (s. Anm. 8), sich des gegenwärtigen Gesetzes bedienen. So z. B. haben in neuerer Zeit Vereine zur Förderung des Exports die Rechte anerkannter Vereine erworben, vergl. H. Becher S. 351 Note 32.

Über den Begriff der Genossenschaft vergl. die Kommentare von Pröbst, Maurer, Parisius-Crüger, Höinghaus zum Gesetz vom 1. Mai 1889 § 1, ferner v. Sicherer, die Genossenschaftsgesetzgebung in Deutschland, Erlangen 1872, S. 139, Note 4. Ausgeschlossen sind deßhalb als Genossenschaften die lediglich auf die Erreichung immaterieller Güter gerichteten Vereine, mögen sie auch mittelbar zur Hebung der wirtschaftlichen Lage ihrer Mitglieder beitragen (v. Sicherer S. 144). Alle Bildungs-, Unterhaltungs- Wohlthätigkeitsvereine gehören nicht in den Kreis der Genossenschaften, fallen vielmehr als sog. ethische Gesellschaften in den Kreis der als anerkannte Vereine zulässigen Vereinigungen. Hiermit soll aber nicht gesagt sein, daß es Genossenschaften untersagt wäre, neben den wirtschaftlichen auch ideale Zwecke der Bildung, Unterhaltung, Wohlthätigkeit 2c. zu verfolgen; nur dürfen diese Zwecke nicht Hauptzwecke sein und müssen mit einem Hauptzweck in Verbindung stehen. Dies dürfte zur Genüge aus dem Wortlaute des § 6, 2 des Ges. vom 1. Mai 1889 hervorgehen, wonach nicht der Zweck, sondern nur der Gegenstand des Unternehmens im Statut anzugeben ist. Es ist Sache des Richters im Einzelfalle zu entscheiden, ob der Zweck den gesetzlichen Erfordernissen entspricht, oder nicht. Gekünstelt ist die Unterscheidung bei Parisius-Crüger Anm. 6, wonach es unbedenklich zulässig sei, daß eine eingetragene Genossenschaft den durch rein geschäftliche Zwecke zusammengeführten Mitgliedern, ohne daß sie ein statutarisches Recht darauf haben, Nebenleistungen gewährt (Unterhaltung, Bildung), die außerhalb der Gesellschaftszwecke lägen, aber in Gesellschaften jeder Art vorkommen könnten, während der Richter nicht verpflichtet und berechtigt sein soll, eine Gesellschaft, welche nach ausdrücklichen Bestimmungen ihres Statutes als Gesellschaft neben den wirtschaftlichen Zwecken noch andere Zwecke verfolgt, in das Genossenschaftsregister einzutragen. (Arg. § 79 Gen.-Ges.)

8) auch sonst nicht auf Erwerb, Gewinn oder eigentlichen Geschäftsbetrieb abzielen:

Durch dieses Merkmal sollen, abgesehen von Vereinigungen, die unter Spezialgesetze fallen, aus dem Kreise des Gesetzes alle Vereinigungen, die gleich wie ein Geschäftsmann auf Erwerb abzielen, auf Gewinn des Gewinnes wegen ausgehn, ausgeschlossen sein. Der Schwerpunkt liegt auf dem Worte abzielen: ausschließliches unmittelbares Ziel, direkter einziger Zweck der Vereinigung darf nicht der Erwerb, Gewinn oder eigentliche Geschäftsbetrieb sein, aber keineswegs sind sie als Mittel zum Zweck ausgeschlossen. Ein Verein zum Ankaufe eines Corpshauses geht wohl auch auf Erwerb und insofern auf Gewinn aus, indem er wie jedermann günstige Chancen ins Auge faßt, allein nicht um des Erwerbes und Gewinnes selbst wegen, sondern um zur Förderung der Vereinszwecke ein eigenes Heim zu besitzen. Hauptzweck eines anerkannten Vereines ist und bleibt die Vereinigung zu ethischen Zwecken, wie sie der Kammerreferent Dr. J. Bölk in der erdenklichsten Mannigfaltigkeit aufzählt. Vergl. oben Einl. S. 20. Das schließt nicht aus, daß anerkannte Vereine als Mittel zum Zweck vermögensrechtlichen Privatverkehr beabsichtigen und pflegen, ebensowenig wie eine Genossenschaft dadurch, daß sie neben dem wirtschaftlichen Hauptzweck ethische Zwecke verfolgt ihren gesetzlichen Charakter verliert.

Es ist Sache des Richters, im Einzelfalle zu prüfen, ob eine Vereinigung nicht auf Erwerb, Gewinn oder eigentlichen Geschäftsbetrieb abzielt und daher geeignet ist, die Rechte eines anerkannten Vereins zu erwerben; daß diese Frage unter Umständen nicht leicht zu beantworten ist, unterliegt keinem Zweifel.

Grundkriterium ist: der anerkannte Verein darf keine Erwerbszwecke, überhaupt vorherrschend keine vermögensrechtlichen Zwecke verfolgen. Ein Verein zur Pflege der Musik kann recht wohl nebenbei Unterstützung der Mitglieder durch Beschaffung billiger Instrumente und Musikalien durch Statut bezwecken. Dagegen kann eine Vereinigung von Musikern, welche lediglich den Ankauf billiger Instrumente und Musikalien für ihre Mitglieder bezweckt, nicht die Rechte eines anerkannten Vereines erwerben, sich aber eventuell zur Eintragung als Genossenschaft eignen.

Bestritten ist, ob die sog. freien gewerblichen Vereinigungen die Rechte „anerkannter Vereine" erwerben können resp. müssen.

Nach Art. 25 des Ges. das Gewerbewesen betr. vom 30. Jan. 1868 (Ges.-Bl. S. 309) haben „die Gewerbetreibenden, vorbehaltlich der Bestimmungen des Vereinsgesetzes, das Recht, zur Förderung gemeinsamer, gewerblicher Interessen freie Vereine zu bilden.

Dergleichen Vereine verwalten ihre Angelegenheiten selbständig und erlangen, wenn sie die Bestätigung ihrer Satzungen von Seite der Regierung erwirken, die juristische Persönlichkeit."

Nach der Verordnung vom 7. Mai 1868 betr. den Vollzug des Art. 25 Abs. 2 des Gewerbegesetzes (Reg.-Bl. S. 793) stand „die Bestätigung der Statuten freier Vereine zur Förderung gemeinsamer gewerblicher Interessen, welche die juristische Persönlichkeit erlangen wollen, der einschlägigen Kreisregierung K. d. J. zu."

Nachdem ein Innungszwang im Sinne der Gewerbeordnung nicht besteht, die freien gewerblichen Vereinigungen auch nicht durch Art. 3 der Novelle zur Gewerbeordnung vom 18. Juli 1881 berührt sind, — wonach die bei Erlaß dieses Gesetzes bestehenden Innungen, welche bis zum Ablauf des Jahres 1885 ihre Verfassung den Bestimmungen des Art. 1 entsprechend (derselbe setzt an Stelle der §§ 97—104 neue Bestimmungen) nicht umgestaltet haben, durch die Centralbehörde aufgefordert werden können, diese Umgestaltung innerhalb bestimmter Frist zu bewirken, — so besteht kein Anlaß zu der Annahme, daß derartige freie gewerbliche Vereinigungen nicht auch fernerhin im Sinne des Art. 25 Abs. 2 mit der juristischen Person bekleidet werden können; gleicher Ansicht H. Becher Landes-Civil-Recht S. 355 Note 6 nun auch R. Landmann Kommentar zur Gewerbe-Ordnung § 81 II. Aufl.. S. 563.

Fraglich ist, ob derartige Vereine die Rechte juristischer Personen auch in Form anerkannter Vereine erwerben können; dies ist meiner Ansicht nach zu bejahen, da ja die Verordnung vom 7. Mai 1868 nicht als ein Spezialgesetz, sondern nur als eine Form des staatlichen Privilegiums, die Rechte juristischer Personen zu verleihen, in Betracht kommt.

Derartige Vereinigungen können also eventuell in 3facher Form die Rechte einer juristischen Person erwerben:

a) nach der Allh. Verord. vom 7. Mai 1868 (Spezialprivilegium),
b) nach dem Gesetz vom 29./IV. 1869 über die anerkannten Vereine,
c) als moderne Innung nach der Gewerbeordnung.

9) erhalten die Rechte eines „anerkannten Vereines" unter den nachstehend angegebenen Bedingungen:

Dieser Passus besagt nichts anderes, als daß diejenigen Vereinigungen, welche sich den Bedingungen des Gesetzes unterwerfen, die Rechte einer juristischen Person erlangen. Ein Zwang existiert nicht, es ist vielmehr den Gesellschaften, welche unter die Begriffsbestimmung des vorliegenden Gesetzes fallen, freigestellt, ob sie sich durch Erfüllung der vorgeschriebenen Bedingungen den Bestimmungen desselben unterwerfen wollen, oder nicht. Vergl. § 1 des Ges. v. 4. Juli 1868 die privatrechtliche Stellung der Erwerbs- und Wirtschaftsgenossenschaften, ferner § 1 des Ges. vom 1. Mai 1889, betr. die Erwerbs- und Wirtschaftsgenossenschaften, Art. 1 und 10 des bayer. Gesetzes vom 29. April 1869 „die privatrechtliche Stellung der Erwerbs- und Wirtschaftsgenossenschaften betr."

Mit Absicht wurde der Ausdruck, daß solchen Vereinen die Rechte „juristischer Personen" verliehen werden, vermieden. Einleitung S. 19 und Vortrag des Referenten Dr. J. Völk, Verh. d. Kammer d. Abg. 1866—1869 Beil. Bd. V S. 335, 338, 351, Motive zum I. Entwurf eines Bürgl. Gesetzbuches für das Deutsche Reich Bd. I Allg. Teil S. 78, wo die Formen, durch welche nach den verschiedenen Gesetzen der Ausdruck juristische Person ersetzt wird, angeführt sind, vergl. auch § 23, II. Entwurf z. Bürgl. Ges.-Buch f. d. Deutsche Reich, § 1, 6 und 10 des sächsischen Gesetzes vom 15. Juni 1868.

Über den Zeitpunkt, mit welchem obige Rechte erworben werden vergl. Art. 4 u. 6 des gegenwärtigen Gesetzes.

Vereinigungen, welche zwar korporativ organisiert sind, aber nicht die Rechte als anerkannte Vereine erwerben, können zwar als Einheit klagen und verklagt werden; aber im Übrigen werden solche nach den Grundsätzen des bürgerlichen Rechtes behandelt und beurteilt; sie sind nach der allgemeinen Rechtsanschauung keine juristischen Personen. (Vergl. Einleitung S. 29.)

Das sächsische Gesetz die juristischen Personen betreffend vom 15. Juni 1868 (sächs. Gesetz- u. Verordn. Bl. S. 315 bis 330, in Kraft seit 27. Juni 1868) findet nach § 1 Anwendung „auf alle juristischen Personen mit Ausnahme der dem öffentlichen Rechte angehörigen, oder durch besondere Gesetze bereits geregelten juristischen Personen, z. B. Gemeinden, Kreis- und Provinzialstände, Berggewerkschaften, Innungen, Unterstützungskassen, hinsichtlich deren eine gesetzliche Pflicht zu Beisteuern besteht. Für solche bleiben die darauf bezüglichen besonderen Vorschriften maßgebend."

§ 10 bezeichnet Personenvereine, welche die Rechte einer juristischen Person erlangen wollen, mit dem Ausdruck „Genossenschaften". Personenvereine, deren Zweck sich auf öffentliche Angelegenheiten bezieht, dürfen nur dann eingetragen werden, wenn das Ministerium des Innern hierzu ausdrücklich seine Genehmigung erteilt hat (s. § 72 sächs. Gesetz). Das Gesetz gilt gemäß Gesetz vom 25. März 1874 nicht für Aktiengesellschaften und für Erwerbs- und Wirtschaftsgenossenschaften. Die juristische Persönlichkeit wird erst durch Eintrag in das § 70 vorgeschriebene Genossenschaftsregister erworben (§ 6, b). Nach § 7 können für juristische Personen Ausnahmen von bestehenden Gesetzen in Anspruch genommen werden und bedarf es hiezu der Genehmigung des kompetenten Ministeriums (vergl. sächs. Verordnung v. 23. Juni 1868).

Vergl. §§ 1359—1391, 52- 57 des Bürgerlichen Gesetzbuches für das Königreich Sachsen vom 2. Jan. 1863 und über die Entstehung des Gesetzes v. 15. Juni 1868 die Ausführungen bei v. Sicherer, Komm. zum Reichsgesetz vom 4. Juli 1868 betr. die privatrechtl. Stellung der Erwerbs- und Wirtschaftsgenossenschaften in der Dollmannschen Sammlung I. Bd. 4 S. 531.

Die Frage, ob durch das Bürgerliche Gesetzbuch für das Deutsche Reich die Regelung der Vereinsfrage reichs- oder landesrechtlich stattfinden soll, wird die Zukunft entscheiden.

Nach § 42 des Entwurfes I. Lesung bestimmen sich in Ermangelung besonderer reichsgesetzlicher Vorschriften die juristische Persönlichkeit eines Personenvereines und der Verlust dieser Persönlichkeit nach den Landesgesetzen des Ortes, an welchem der Personenverein seinen Sitz hat und ist im § 41 allgemein gesagt: „Personenvereine und Stiftungen können die Fähigkeit haben, als solche selbständig Vermögensrechte und Vermögenspflichten zu haben (juristische Persönlichkeit).“

Die §§ 43—57 enthalten diverse Bestimmungen über den Vorstand, dessen Vertretung, Haftung, Liquidation ꝛc.

Nach Art. 49 Abs. 1 des Entwurfs eines Einführungsgesetzes zum Bürgerlichen Gesetzbuch „bleiben die Vorschriften der Landesgesetze über die Verwaltung und Beaufsichtigung juristischer Personen unberührt“ ꝛc.

In den Motiven wird ausgeführt:

„In die landesgesetzlichen Vorschriften über die Verwaltung und Beaufsichtigung der juristischen Personen kann mit Rücksicht auf die Bedeutung der letzteren für das öffentliche Recht nicht eingegriffen werden. Die entsprechende Vorschrift des Abs. 1 steht mit den Bestimmungen des B. G.-B., daß das Landesrecht für das Zustandekommen und Erlöschen der juristischen Personen maßgebend ist, daß die Verfassung durch die Landesgesetze geregelt ist und daß die Vertretungsmacht des Vorstandes beschränkt werden kann, in so engem Zusammenhange, daß die Befugnisse, welche der Abs. 1 der Landesgesetzgebung vorbehält, auch schon aus jenen Bestimmungen in der einen oder anderen Richtung abgeleitet werden könnten.“ Näheres über die Begründung des in Anlage Nr. 1 beigefügten I. und II. Entwurfes s. Einleitung S. 32 und 33.

In II. Lesung trat ein Umschwung im Sinne der reichsrechtlichen Regelung ein, indem § 23 bestimmt:

„Vereine zu gemeinnützigen, wohlthätigen, geselligen, wissenschaftlichen, künstlerischen oder andern, nicht auf einen wirtschaftlichen Geschäftsbetrieb gerichteten Zwecken erlangen Rechtsfähigkeit durch Eintragung in das Vereinsregister des zuständigen Amtsgerichts oder durch staatliche Verleihung.

Andere Vereine erlangen Rechtsfähigkeit in Ermangelung besonderer reichsgesetzlicher Vorschriften nur durch staatliche Verleihung.

Die Verleihung der Rechtsfähigkeit steht dem Bundesstaate zu, in dessen Gebiete der Verein seinen Sitz hat. — Die Eintragung darf nur erfolgen, wenn die Zahl der Mitglieder mindestens sieben beträgt (§ 50), sinkt sie unter drei, so erfolgt nach § 63 Auflösung.

Als Sitz des Vereins gilt, wenn nicht ein Anderes erhellt, der Ort, an welchem die Verwaltung geführt wird.“ (§ 23 a. E.)

Dem Zwecke nach würden unter das Reichsgesetz im Wesentlichen dieselben Vereinigungen fallen, wie solche Art. 1 des Gesetzes über die anerkannten Vereine umfaßt, also die sog. ethischen Gesellschaften; dagegen ist von der Eintragung der betr. Verwaltungsbehörde Mitteilung zu machen und ist die Eintragung davon abhängig, daß dieselbe binnen sechs Wochen keinen Einspruch erhebt, vergl. § 54, 55, 56. Der Einspruch kann erhoben werden, wenn der Verein nach dem öffentlichen Vereinsrecht unerlaubt ist, oder verboten werden kann, oder wenn er einen politischen, sozialpolitischen oder religiösen Zweck verfolgt; wie bisher wird das Privilegium der staatlichen Verleihung für besondere Fälle nicht alteriert; an die Stelle des Landgerichts tritt das betreffende Amtsgericht.

Das Gesetz vom 29. April 1869 würde durch die neuen Vorschriften über die sog. „eingetragenen Vereine" § 49—69 und durch die allgemeinen Vorschriften § 23—48 (II. Entw.) aufgehoben.

Über das Einführungsgesetz s. Anm. zur Anlage 1a § 63. Eventuell ist folgende Bestimmung vorgesehen:

„Die Rechtsfähigkeit eines Vereines bestimmt sich in Ermangelung reichsgesetzlicher Vorschriften nach den Landesgesetzen des Ortes, an welchem der Verein seinen Sitz hat."

Die Landesgesetze können vorschreiben, daß die Vertretung des Vereins und Änderungen seines Bestandes und seiner Einrichtungen bei einer öffentlichen Behörde angemeldet werden müssen. Sie können die Führung eines öffentlichen Registers über die rechtsfähigen Vereine oder gewisse Arten derselben anordnen und die Wirkung der Eintragung bestimmen. Sie können für den Fall, daß der Mitgliederbestand unter eine bestimmte Zahl herabsinkt, die Auflösung des Vereins anordnen und zur Änderung des Statuts eines Vereines, welcher die Rechtsfähigkeit durch Verleihung von seiten der Staatsgewalt erlangt hat, die staatliche Genehmigung für erforderlich erklären.

---

# I. Abschnitt.*)

## Von Errichtung der Vereine.

### Artikel 2.

Zur Gründung des Vereins bedarf es:[1])

1) der schriftlichen Abfassung des Gesellschaftsvertrags (Statuts);[2])

---

*) Abschnitt I enthält in großen Umrissen die Normativbestimmungen, welche erforderlich sind, damit eine Vereinigung als

2) der staatlichen Genehmigung in denjenigen Fällen, in welchen eine solche gesetzlich erforderlich ist;[3])
3) der Annahme eines Gesamtnamens. Derselbe muß in der Regel von dem Zwecke des Vereins hergenommen sein, die zusätzliche Bezeichnung „anerkannter Verein" enthalten. Der Name von Mitgliedern oder anderen Personen darf in dem Gesamtnamen nicht aufgenommen werden, und es muß dieser von allen andern, innerhalb derselben Gemeinde befindlichen unterschieden sein.[4])

Zum Beitritt der einzelnen Mitglieder genügt die Unterzeichnung der Statuten oder die schriftliche Erklärung.[5])

1) Zur Gründung des Vereins bedarf es:

Analoge Textesfassung findet sich in Art. 2 des bayer. Genossenschaftsgesetzes vom 29. April 1869 und dem Reichsgesetz vom 4. Juli 1868. Mit Recht bemerkt v. Sicherer im Kommentar zu letzterem (S. 629).

„Die Einleitungsworte entsprechen nicht vollkommen dem Gedanken, welchen sie ausdrücken sollen." Gegründet kann ein Verein auch werden, ohne daß er die drei Voraussetzungen erfüllt, dieselben müssen aber erfüllt werden, um die Rechte als anerkannter Verein zu erwerben, sie sind notwendige Voraussetzungen zur gerichtlichen Eintragung.

2) 1) Der schriftlichen Abfassung des Gesellschaftsvertrages (Statuts):

Analoger Text wie oben. Siehe auch § 5 des nun geltenden Reichsgenossenschaftsgesetzes: „das Statut der Genossenschaft bedarf der schriftlichen Form."

Nach Art. 208 Handelsgesetzbuch muß über die Errichtung und den Inhalt des Gesellschaftsvertrages eine gerichtliche oder notarielle Urkunde aufgenommen werden. Vergl. auch Verh. der Kammer der

---

anerkannter Verein eingetragen werden und hiedurch die Rechte als juristische Person erwerben kann: durch den Gebrauch der Worte im Text: „bedarf es", „müssen enthalten" 2c. 2c. im Gegensatz zu der später vielfach angewandten Potestativform ist ausgedrückt, daß es sich hier um gesetzliche Essentialien handelt, die weder durch Willkür der Parteien, noch des Gerichtes abgeändert werden können. Über das Wesen und Zweckmäßigkeit dieses Systems der Normativbestimmungen s. Einleitung S. 10, 14, 21.

Abgeordneten zu Art. 2 des bayer. Ges. die privatrechliche Stellung von Erwerbs- und Wirtschaftsgenossenschaften betr. 1866—1869 Beil. Bd. V S. 326.

Durch den Ausdruck: Gesellschaftsvertrag ist die rechtliche Natur desselben als zweiseitiges Rechtsgeschäft schon an sich deutlich und richtig gekennzeichnet. Hieraus folgt, daß die Gesellschaft vom Abschlusse des Gesellschaftsvertrages bis zur gerichtlichen Eintragung den Normen des landesgesetzlichen Gesellschaftsrechtes untersteht. Manche halten den Gesellschaftsvertrag für einen konstituierenden Akt, eine Anschauung, welche durch v. Sicherer klar und bündig widerlegt ist, vergl. Näheres Kommentar von Sicherer S. 632 und Parisius und Crüger, Genoss.-Ges. Anm. 1 Erläuterungen zu § 5. Aus der Vertragsnatur folgt, daß eine Änderung des Statuts vor der Eintragung, falls nichts anderes festgesetzt ist, nur unter Zustimmung aller Mitglieder und daß ein Rücktritt nur unter den Bedingungen des Statutes stattfinden kann.

Der Gesellschaftsvertrag oder was dasselbe bedeutet Statut (vgl. Aktiengesetz vom 18. Juli 1884 Art. 175, 209) ist sonach im Sinne dieses Gesetzes der zwischen zwei oder Mehreren abgeschlossene Vertrag, inhaltlich dessen dieselben unter Zugrundlegung und Unterwerfung unter die selbstgeschaffenen Normen einen Verein bilden mit der Absicht, für denselben die Rechte eines anerkannten Vereins zu erwerben.

Mit dem Momente der Eintragung, d. h. von dem Augenblicke an, wo die Statuten mit der gerichtlichen Vormerkung: „anerkannt nach dem Gesetze vom 29. April 1869" in die Hand des Vorstandes zurückgelangt sind (s. Art. 4 und 6) wird das ursprüngliche Vertragsverhältnis gelöst: die socii sind Mitglieder der nunmehrigen juristischen Person „des anerkannten Vereines".

Während vorher eine Abänderung des Statutes nach dessen Normen durch die Mitglieder allein möglich war, bedarf es nun der Zustimmung des Gerichtes (Art. 5). Jedes Mitglied ist nicht nur gebunden durch die Bestimmungen des Gesellschaftsvertrages, sondern auch durch die Normen des vorliegenden Gesetzes, zu dem Rechtsverhältnisse der Vereinsmitgieder untereinander im Sinne des Art. 8 kommt das Rechtsverhältnis zum Verein. Vereinssatzungen sind keine Rechtsnorm im Sinne des § 12 Einf.-Ges. R.-C.-P.-O. Es sind Vertragsnormen, auf welche eine Revision nicht gestützt werden kann. Vergl. § 512 R.-C.-P.-O., Bl. f. R.-A. 48 S. 159.

Eine Anleitung zur Abfassung von Vereinsstatuten gibt Dammer, Becksche Ausgabe des Ver.-Ges. (Nördl. 1874).

Die schriftliche Abfassung des Statuts ist die notwendige Voraussetzung für die Existenz der Vereinigung, welche die Eintragung erwirken will. Nach Art. 85 und 150 H.-Ges.-B. genügt zur Begründung einer offenen oder einer Kommanditgesellschaft der mündliche Vertragsabschluß.

Dem Registerrichter gegenüber muß sich das Statut als ein zwischen wenigstens zwei Personen geschlossener Vertrag darstellen. Als Form der Beitrittserklärung genügt die Unterzeichnung der Statuten oder sonstige schriftliche Erklärung. (Art. 2 letzter Absatz.) Gemäß Art. 4 muß außer den Statuten ein Mitgliederverzeichnis bei Gericht eingereicht werden.

Es soll hier nicht versäumt werden, auf die Wichtigkeit hinzuweisen, daß die Mitglieder einer Vereinigung sich gleich von Anfang an über den Inhalt des Statutes klar sind; wenn auch späterhin Abänderungen jederzeit zulässig sind, so kommt es doch nicht selten vor, daß einzelne Mitglieder sich über die Ziele und künftige Gestaltung der Vereinigung im Unklaren sind, daß im Eifer der Sache die Abfassung des Gesellschaftsvertrages überhastet wird und daß die wichtigsten gesetzlichen Vorschriften übersehen werden.

Man läßt außer Acht, daß das Statut das künftige Grundgesetz für den Verein bilden soll, glaubt auch späterhin ohne gerichtliche Genehmigung Abänderungen beliebig vornehmen zu können und die Folge der „Vereinigung" sind nicht selten Zwistigkeiten und Enttäuschungen. Man sollte nicht glauben, wie langwieriger Verhandlungen und Änderungen es zuweilen bedarf, bis endlich die vorgelegten Statuten zur Eintragung geeignet erscheinen. Zur Vermeidung dieser Umständlichkeiten für den betr. Verein, wie für den Richter empfiehlt es sich daher, wenn die Vorstände, oder diejenigen Personen, welche mit der Abfassung der Statuten betraut sind, sich nicht nur zuvor vergewissern, welches die gesetzlichen Erfordernisse sind, sondern sich auch davon überzeugen, ob die Mitglieder selbst sich über die Tragweite und den Inhalt des Statuts klar sind, was durch Beratung und Abstimmung über die einzelnen Paragraphen des Statuts im Zusammenhalt mit dem Gesetze am zweckmäßigsten geschehen dürfte. Vor allem sollte aber darauf hingewiesen werden, daß nach Eintragung durch das Gericht Abänderungen nur mit gerichtlicher Genehmigung nach Beschluß durch die Generalversammlung stattfinden können. Auch kann nicht genug betont werden, daß die Satzungen nicht mehr zu enthalten haben und brauchen, als was im Gesetze selbst vorgeschrieben ist. Eine große Anzahl von Statuten lassen die prägnante Kürze vermissen, insbesondere durch Aufnahme von Bestimmungen, die lediglich Sache der inneren Geschäftsordnung sind.

3) 2) der staatlichen Genehmigung, in denjenigen Fällen, in welchen eine solche gesetzlich erforderlich ist:

Es ist an und für sich sprachlich unrichtig, die durch das Polizeigesetz verlangte Anzeigepflicht unter dem Rubrum „staatliche Genehmigung" zu behandeln; die Vorschriften des Polizeigesetzes vom 26. Febr. 1850 regeln die Art der Ausübung des Associationsrechtes, um den Gefahren der öffentlichen Ruhe und Ordnung möglichst vorzubeugen.

Art. 1 und 11 genannten Gesetzes stellt als leitenden Grundsatz die Freiheit der Association an die Spitze und kann daher wohl von einer Schranke in diesem Sinne, nicht aber von einer staatlichen Genehmigung, wie sie früher vielfach verlangt wurde, die Rede sein; die Behandlung an dieser Stelle ist aber insofern gerechtfertigt, als die Erfüllung der polizeilichen Anzeigepflicht für die hier in Frage stehenden Vereine stets in Betracht kommt.

Die hier einschlägigen Bestimmungen des Gesetzes vom 26. Febr. 1850, die Versammlungen und Vereine betr. (Ges.-Bl. S. 53, Kommentar von Pözl bei C. Fr. von Dollmann, die Gesetzgebung des Königreichs Bayern ꝛc. Theil II Bd. IV S. 425 ff.) sind folgende:

a) Nichtpolitische Vereine sind einer Anzeigepflicht unterworfen, wenn sie Vorsteher und Satzungen haben. Sie haben alsdann ihre Gründung, ihre Vorstandschaft und ihren Zweck (nicht ihre Satzungen), sowie jede Veränderung in den beiden letzteren Beziehungen der Ortspolizeibehörde anzuzeigen.

b) Die politischen Vereine müssen Vorsteher und Satzungen haben und es müssen diese Satzungen Verfassung und Wirksamkeit des Vereines regeln. Die Vorsteher sind verpflichtet, innerhalb 3 Tagen nach Errichtung des Vereins die Satzungen und innerhalb 3 Tagen nach deren Zustandekommen die Änderungen der Satzungen bei der Distriktsverwaltungsbehörde einzureichen. Letzterer ist, wenn sie es verlangt, jede auf die Satzungen bezügliche Auskunft zu erteilen. Art. 12, 14, 20 (Strafbestimmungen). Näheres vergl. v. Seydel bayr. Staatsrecht V S. 105.

Was ein politischer Verein ist, besagt Art. 14 des Gesetzes vom 26. Febr. 1850:

„Vereine, deren Zweck sich auf die öffentlichen Angelegenheiten bezieht." Hiezu bemerkt Pözl a. a. O. S. 472 auch für heutige Verhältnisse noch zutreffend folgendes:

„Dahin gehören vor allem solche Vereine, welche sich's zur Aufgabe machen, auf die Verfassung, Gesetzgebung und Verwaltung des bayer. Staates einzuwirken, sei es zu dem Ende, um die desfalls bestehenden Zustände, Gesetze und Einrichtungen in ihrem dermaligen Stande zu erhalten, oder um selbe umzugestalten oder aufzuheben. Aber nicht bloß die Angelegenheiten des Staates sind öffentliche, sondern auch die seiner organischen Bestandteile, welche ähnlich wie er eine Gemeinschaft bilden und deren Zweck im Leben zu verwirklichen berufen sind, wie die verschiedenen öffentlichen Korporationen — die Gemeinden, die Religionsgesellschaften und die Universitäten. Was insbesondere die Religionsgesellschaften angeht, so fällt unter den Begriff der öffentlichen Angelegenheiten unbestreitbar alles, was ihre Stellung zum Staate und zu anderen Religionsgenossenschaften betrifft, dann aber auch dasjenige, was das Verhältnis zu ihren Mitgliedern in rein weltlichen Dingen angeht ꝛc. ꝛc. — Ebenso gehört nach einer anderen Richtung zu den öffentlichen Angelegenheiten alles das, was sich auf die Verfassung und das äußere und innere Leben des deutschen Bundes — nun des Deutschen Reiches — bezieht." Vergl. auch v. Seydel V S. 98 und Entsch. des bayr. Verwaltungs-Ger.-Hofes VIII S. 229. Pözl definiert daher als politische Vereine: „alle Vereine, deren Zweck entweder ausschließend oder doch zugleich mit anderen Zwecken — sei es ständig oder nur vorübergehend auf die öffentlichen Angelegenheiten sich bezieht."

Die Anzeige ist bei nichtpolitischen Vereinen bei der Ortspolizeibehörde, also in Landgemeinden beim Gemeindevorsteher resp. Bürgermeister, in Orten mit magistratischer Verfassung beim Magistrate, in München bei der Kgl. Polizeidirektion (s. Verord. v. 15. Sept. 1818, Ges.-Bl. S. 581), bei politischen Vereinen bei der Distriktsverwaltungsbehörde, also beim Bezirksamte, resp. dem Stadtmagistrate der unmittelbaren Städte, in München bei der Kgl. Polizeidirektion zu erstatten und zwar bei derjenigen Polizeibehörde, wo nach dem Statut (vergl. Art. 3, Z. 1 des Gesetzes vom 29. April 1869) der Sitz der Vereinigung sein soll, also der Regel nach wohl derjenige Ort, an welchem die Verwaltung geführt wird.

Über die Beschränkungen politischer Vereine (Ausschluß von Personen weiblichen Geschlechtes, Militärpersonen, Minderjähriger, Verbot der Affiliation) siehe Art. 15, 17 des Ges. vom 26. Febr. 1850 und v. Seydel a. a. O. S. 92 und 105.

Nachdem die anerkannten Vereine kraft positiver Bestimmung, Vorsteher und Satzungen (Statuten) haben müssen, so sind die Vorsteher für die Erfüllung im Sinne der sub a und b verlangten Anzeige der Polizei und den Gerichten gegenüber in allen Fällen verpflichtet und auch haftbar, es sei dann, daß die Vereinigung Zwecke verfolgt, auf welche das Polizeigesetz mangels einer Veranlassung, aus Gründen der Sicherheitspolizei einzugreifen, keine Anwendung findet. Dies ist aber nach Art. 26 Abs. II des Polizeigesetzes der Fall bei:

> „Vereinen, welche Kapital durch Aktien aufzubringen, Kreditpapiere in Umlauf zu setzen beabsichtigen, Anstalten für den öffentlichen Verkehr, für Sicherung des Vermögens, für Ersparung und Versorgung, für Auswanderung, endlich Vereine, welche den Betrieb von Erwerbsgeschäften zum Zwecke haben, sowie überhaupt alle diejenigen Vereine, welche unter den Begriff von civilrechtlichen oder Handelsgesellschaften fallen." All' diese Vereine sollen „den hierüber bestehenden Gesetzen und Vorschriften" unterliegen, nicht dem Gesetze vom 26. Febr. 1850.

v. Seydel bemerkt hiezu (Bd. V, S. 96):

„Diese Bestimmung hat nur Bedeutung, insofern es sich um polizeiliche Vorschriften hinsichtlich solcher Vereine handelt; denn daß sie den Vorschriften des bürgerlichen Rechtes nach wie vor unterliegen, versteht sich für diese, wie für alle Vereine von selbst. Enthält das bestehende öffentliche Recht für die genannten Vereine überhaupt keine beschränkenden Bestimmungen, so sind sie völlig freigegeben."

Für das gegenwärtige Gesetz kommen also speziell in Betracht die Vereine, welche „nicht auf Erwerb, Gewinn oder eigentlichen Geschäftsbetrieb abzielen" im Sinne der Anm. 8 zu Art. 1. Dies ist auch die von Seydel richtig aufgefaßte Bedeutung der Worte „civilrechtliche Gesellschaft", s. Anm. 2 S. 96 a. a. O.

Nach dem Gesagten unterliegen also solche Vereinigungen, welche wie v. Seydel bemerkt, „ausschließlich Zwecke des vermögensrechtlichen Verkehrs verfolgen", keiner polizeilichen Anzeigepflicht. Der Grund dieser Bestimmung liegt in der Natur der Sache selbst, denn was hätte z. B. eine solche für einen Sinn bei einem Verein, der den Ankauf eines Corpshauses bezweckt? Im übrigen soll aber durch das gegenwärtige Gesetz nach der ausdrücklichen Bestimmung Art. 37 an dem Gesetze vom 26. Februar 1850 über Versammlungen und Vereine nichts geändert werden.

Hiermit sind aber die Fälle staatlicher Genehmigung nicht erschöpft. Es gibt eine ganze Reihe von Vereinigungen, welche aus besonderen Gesichtspunkten, z. B. vom gewerbe- und kirchenpolizeilichen Standpunkte zur Errichtung oder zur Kontrolle ihrer Geschäftsführung der staatlichen Genehmigung bedürfen. Hieran ändert das Gesetz nichts, ebensowenig wie das Polizeigesetz die diesbezüglich bestehenden Gesetze und Verordnungen alteriert. Dr. Völk äußert sich in diesem Punkte zu Art. 2 wie folgt:

„Was die hier geforderte staatliche Genehmigung anlangt, so ist hierin nichts Neues statuiert. Bei welchen Vereinigungen bisher eine solche Genehmigung erforderlich war, wird sie es auch in Zukunft sein, und Vereine, welche bisher zu ihrer Entstehung keine obrigkeitliche Genehmigung notwendig hatten, brauchen sie auch in Zukunft nicht."

So bedürfen z. B.:

a) die Aussteuer-, Sterbe- und Witwen-Kassen rc. nach § 4 Verord. v. 4. Jan. 1872 (Weber Samml. IX S. 258) der Genehmigung der einschlägigen Kreisregierung K. d. J.

b) Versicherungsanstalten, soweit nicht bezüglich einzelner solcher Anstalten Besonderes bestimmt ist, der Genehmigung des Staatsministeriums des Innern.

c) Mobiliarfeuerversicherungsanstalten nach Verordnung vom 11. Sept. 1872 (Weber Samml. V S. 537) der Genehmigung des Königs.

Strafbestimmungen vergl. § 369, Z. 9 des Reichs-Strafgesetzbuches und Art. 2, Z. 2 des bayer. Polizeistrafgesetzbuches.

Bezüglich der religiösen Gesellschaften vergl. § 76 Abs. 2 lit. c der II. Verf.-Beil. Näheres über die staatliche Genehmigung im allgemeinen s. H. Becher a. a. O. § 51 Anm. 24; als anerkannte Vereine kommen lediglich die sub a genannten Kassen sowie die religiösen Bruderschaften in Betracht, während die unter b und c genannten im Hinblick auf die Bestimmung des Art. 1 (Anm. 6) nicht anerkannte Vereine werden können. Als Beispiel für einen Verein erstgenannter Art möge hier der Sterbekassenverein für Beamte und Bedienstete des Königreichs Bayern (a. V. Sitz in Landshut) angeführt werden.

4) 3. der Annahme eines Gesamtnamens 2c.

Analoger Text: Art. 2 des bayer. Genossenschaftsgesetzes vom 29./IV. 1869, § 2 des Reichsgesetzes vom 4. Juli 1868 sowie § 3 des nun geltenden Reichsgesetzes vom 1. Mai 1889 betr. die Erwerbs- und Wirtschaftsgenossenschaften, mit geringen Modifikationen dahin lautend:

„Die Firma der Genossenschaft muß vom Gegenstande der Unternehmung entlehnt sein und die zusätzliche Bezeichnung „eingetragene Genossenschaft" enthalten.

Der Name von Mitgliedern (Genossenschaftern) oder anderen Personen darf in die Firma nicht aufgenommen werden. Jede neue Firma muß sich von allen, an demselben Orte oder in derselben Gemeinde bereits bestehenden Firmen eingetragener Genossenschaften deutlich unterscheiden."

Der Gesamtname tritt hier in gewissem Sinne an Stelle der Firma nach Art. 15 des Handelsgesetzbuches, nachdem letztere Bezeichnung als „der Name, unter welchem ein Kaufmann, resp. eine Gesellschaft ihre Geschäfte betreibt und die Unterschrift abgibt", auf die Vereinigungen des gegenwärtigen Gesetzes, — die der Regel nach auf ideale Zwecke gerichtet sind und, insofern sie nicht direkt und unmittelbar auf Erwerb, Gewinn oder eigentlichen Geschäftsbetrieb abzielen, höchstens den wirtschaftlichen Zweck mit den reinen Erwerbsgesellschaften, gemeinschaftlich haben — keine Anwendung finden kann.

Der Gesamtname dient also zur Bezeichnung des Vereines als juristische Person, als Trägerin von Rechten und Verbindlichkeiten im Sinne des Art. 10 und 11 dieses Gesetzes, hat aber nicht die Bedeutung, welche der Zeichnung durch die Firma zukommt. Hierüber bestimmt Art. 14:

„Der Vorstand hat in der in den Statuten bestimmten Form die Geschäfte zu führen, sowie seine Willenserklärungen abzugeben und für den Verein zu zeichnen. Ist nichts darüber bestimmt, so ist die Zeichnung durch sämtliche Mitglieder des Vorstandes erforderlich.

Die Zeichnung geschieht in der Weise, daß die Zeichnenden zu dem Gesamtnamen des Vereins ihre Unterschrift nebst ihrer Eigenschaft als Vorsteher hinzufügen."

Aus Art. 10 des Gesetzes ergibt sich, daß anerkannte Vereine auch ein Recht auf den Gebrauch und Schutz des ihnen durch die Eintragung zukommenden Gesamtnamens besitzen. Nachdem der Gesamtname in der Regel vom Zwecke des Vereins hergenommen sein muß, so wird derselbe sich ähnlich wie eine Sachfirma darstellen. Der Genossenschaft ist ausnahmslos, der Aktiengesellschaft in der Regel eine reine Sachfirma vorgeschrieben und die Aufnahme von Personennamen verboten. Bei allen anderen Handelsgesellschaften hingegen sind namenlose Firmen ausgeschlossen.

Zusätze zur Bezeichnung des Sitzes eines anerkannten Vereins kommen häufig vor z. B. „Gesellschaft Museum zu München, anerkannter Verein", „Katholischer Arbeiterverein München, westliche Stadt, A. V." Nach der Absicht des Gesetzgebers soll die zusätzliche Bezeichnung „anerkannter Verein" ebenso wie z. B. die zusätzliche Bezeichnung: eingetragene Genossenschaft mit unbeschränkter Haftpflicht rc. rc. unverändert, ohne Einschaltung anderer Worte den Schluß des Gesamtnamens bilden. Daß der Gesamtname, abgesehen von der zusätzlichen Bezeichnung, nicht deutsch zu sein braucht, sondern einer anderen lebenden Sprache angehören kann, dürfte ebenso wie bei den Genossenschaften zweifellos sein. (Vergl. Art. 32 H.-G.-B. und Parisius und Crüger Gen.-Ges. Anm. 5 zu § 3.)

Die Bestimmung, daß der Name von Mitgliedern oder anderen Personen in den Gesamtnamen nicht aufgenommen werden darf, ist, wie die Mehrzahl der Normen dieses Artikels, dem Handelsgesetzbuch (vergl. Art. 18) entnommen und bietet dieselbe keine besonderen Schwierigkeiten. Der Zweck ist, irrigen Auffassungen über die Mitgliedschaft und Haftung vorzubeugen.

Bereits oben, Art. 1 Anm. 2 wurde bemerkt, daß auch juristische Personen Mitglieder von anerkannten Vereinen sein können; hieraus folgt im Zusammenhang mit dem Gesagten, daß auch der Name einer juristischen Person in den Gesamtnamen nicht aufgenommen werden kann, weil der Verdacht, als könne die genannte juristische Person mit ihrem Vermögen verhaftet sein, gänzlich ausgeschlossen sein soll. Der Richter soll also bei der Prüfung des beigelegten Gesamtnamens die Überzeugung gewonnen haben, daß das Publikum, wenn irgend thunlich, aus dem Gesamtnamen einen Schluß auf den Zweck des Vereins ziehen kann und muß derselbe verhindern, daß Personennamen in den Gesamtnamen aufgenommen werden. Vorausgesetzt, daß der Zweck des Vereines erkenntlich bleibt, Sitte und Anstand nicht verletzt werden, ist auch bezüglich der Namensbeilegung den Vereinen volle Freiheit zu gewähren.

Daß der Name von Personen in den Gesamtnamen nicht aufgenommen werden darf, ist selbstredend nur in dem Sinne aufzufassen, als es sich um solche Personen handeln kann, deren Mitgliedschaft möglich ist; dies gilt sowohl von Verstorbenen als auch noch Lebenden. Die Bezeichnungen z. B.: „Kaiser Wilhelm, Kriegerverein Berlin", oder „Fürst Bismarck, deutscher Bürgerverein" als anerkannte Vereine sind zweifellos zulässig; auch allegorische Zusätze zu dem den Zweck ausdrückenden Gesamtnamen sind nicht ausgeschlossen, z. B. „Lehrerverein Konkordia A. B."

Der letzte Satz der Ziffer 3 wiederholt die Bestimmung des Art. 20 H.-G.-B. und sollen hiedurch Verwechselungen möglichst vermieden werden, z. B. Turnerschaft München, A. B., Turnverein München, A. B., Männerturnverein München, A. B., Turnverein Au-München, A. B., Turnverein Heidhausen-München, A. B.

Als Beispiele diverser Benennungen von anerkannten Vereinen mögen hier folgende noch angeführt werden:

Ärztlicher Verein München, Bayerischer Landesverein zur Unterstützung altkatholischer Reformbewegung, Arbeiterbildungsverein, Verein für Arbeiterkolonien in Bayern mit dem Sitze in Schweinfurt, Verein zur Unterstützung mit Brennmaterialien, Verein Münchener Buchdruckereibesitzer, Bürgerverein, Christlicher Verein junger Männer, Kommisunterstützungsverein München, Deutsche Kameradschaft München, Naturheilverein München, Münchener Ruderklub, Gesellschaft Harmonie in Würzburg rc. rc.

5) Zum Beitritt der einzelnen Mitglieder genügt a) die Unterzeichnung der Statuten oder b) die schriftliche Erklärung.

Art. 2 des bayer. Ges. vom 29./IV. 1869 sowie § 2 des Reichsgesetzes vom 4. Juli 1868 betr. die Genossenschaften enthält lediglich die Alternative sub b.

Die Bestimmung sub a bezieht sich speziell auf diejenigen, welche bei der Entstehung der Vereinigung zugegen waren, d. h. auf die Zeit vor Einreichung des Statuts bei Gericht. Diese können der Einfachheit halber ihren Beitritt auch durch bloße Statutenunterzeichnung bethätigen. Nach Eintragung des Vereines als A. B. gelten für den Neubeitretenden die besonderen im Statut vorgesehenen Bestimmungen über den Erwerb der Mitgliedschaft. (Art. 3 Z. 3.)

6) Die hier einschlägigen Bestimmungen des Sächsischen Gesetzes lauten:

§ 10: Personenvereine, welche die Rechte einer juristischen Person erlangen wollen (Genossenschaften) müssen ein schriftliches Statut errichten. § 11: Das Statut muß aussprechen, daß die Genossenschaft juristische Persönlichkeit haben soll. Nach § 73 bleibt es dem Ermessen des Gerichtes überlassen, für das Statut und Statutenänderungen gerichtliche oder notarielle Beurkundung zu verlangen. Auch nach diesem Gesetz darf der Name der Genossenschaft nicht Namen einzelner Personen enthalten, auch nicht zu Verwechselungen mit anderen Genossenschaften oder Anstalten oder mit bestehenden Handelsfirmen Veranlassung geben. (§ 12.) Zum Beitritte der einzelnen Mitglieder genügt jede rechtsverbindliche Erklärung. (§ 73.)

Was sub Anmerkung 2 dieses Artikels als Folge der Vertragsnatur der Vereinigungen ausgeführt wurde, ist im § 15 der sächsischen Gesetze ausdrücklich ausgesprochen, indem es dort heißt:

Für Verbindlichkeiten, welche vor Zusammentritt der Genossenschaft oder vor Erlangung der juristischen Persönlichkeit für dieselbe in deren Namen von einzelnen Personen eingegangen worden sind, haben diese Personen, wenn nicht unter den Beteiligten etwas anderes bestimmt worden, solange als Selbstschuldner und Gesamtschuldner zu haften, bis die Genossenschaft als juristische Person die Haftung übernommen hat.

7) Der Entwurf des Bürgerlichen Gesetzbuches enthält Bestimmungen über die Art des Namens „eingetragener Verein“ nicht; dagegen soll sich nach § 51 der Name von dem Namen der an demselben Orte oder in derselben Gemeinde bestehenden eingetragenen Vereine deutlich unterscheiden.

---

## Artikel 3.

Die Vereinsstatuten müssen enthalten:[1])

1. Namen, Sitz und Zweck des Vereins.[2])

2. Die Zeitdauer desselben, insoferne diese auf eine bestimmte Zeit beschränkt sein soll.[3])

3. Die Bedingungen des Ein- und Austritts, sowie der Ausschließung von Mitgliedern.

4. Die Art und Größe der Beiträge, welche die Mitglieder zu den Vereinszwecken in die Vereinskasse zu entrichten haben.

5. Die Einsetzung eines Vorstandes, die Art seiner Bestellung und Zusammensetzung und die Formen seiner Legitimation, sowie der seiner Stellvertreter.

6. Die dem Vorstande in der Leitung der inneren Vereinsangelegenheiten zustehenden Befugnisse, und die zum Behufe der Vertretung des Vereins nach außen ihm erteilten Vollmachten.

7. Die Bestimmung der dem Vorstande dabei an die Seite zu setzenden Organe, im Fall der Verein sich für solche entscheidet.

8. Die Formen für die Zusammenberufung der Generalversammlung, für die darin zu fassenden Beschlüsse, sowie die Bedingungen für die Ausübung des Stimmrechts der Mitglieder in derselben.

9. Die Bezeichnung der zur Zuständigkeit dieser Versammlungen gehörigen Gegenstände und die Art der Unterzeichnung der darüber aufzunehmenden Protokolle.

1) Während Art. 2 als absolutes gesetzliches Erfordernis die schriftliche Abfassung des Gesellschaftsvertrags, und soweit erforderlich die staatliche Genehmigung, sowie die Annahme eines Gesamtnamens vorschreibt, ist in Art. 3 unter neun Punkten aufgezählt, worüber das jeweilige Statut Bestimmungen enthalten muß. Es sind notwendige Essentialien, bei deren Mangel die Eintragung nicht erfolgen soll und kann und von denen auch ein Dispens vom Richter nicht erteilt werden darf. Selbstverständlich folgt aus der Nichtberücksichtigung des einen oder anderen Punktes nicht, daß das ganze Statut als nichtig anzusehen ist. Der Gesellschaftsvertrag besteht vielmehr nach innen und außen nach den Grundsätzen des bisherigen Gesellschaftsrechtes. So wenig das Gericht von einem der im Gesetze aufgezählten Erfordernisse Umgang nehmen kann, ebensowenig darf es Vorschriften als Bedingung der Eintragung vorschreiben, welche das Gesetz nicht enthält. Die Prüfung des Gerichtes erstreckt sich nach Art. 4 darauf, ob die gesetzlichen Erfordernisse vorliegen, d. h. aber nicht nur, ob die Voraussetzungen nach Art. 2, 3, sondern ob überhaupt das Statut nichts den Bestimmungen des gegenwärtigen Gesetzes Entgegenstehendes enthält. Soweit also das Statut dem Gesetze und den Grundsätzen der allgemeinen sittlichen Rechtsordnung entspricht, hat der Richter den Inhalt der Statuten nicht weiter zu prüfen und ist dies auch durch Art. 8 ausgedrückt, wo es heißt:

„Die Rechtsverhältnisse der Vereinsmitglieder untereinander bestimmen die Statuten, insoweit nicht das gegenwärtige Gesetz bindende Anordnung darüber trifft.“

Eben darin kennzeichnet sich das gegenwärtige Gesetz als ein Generalgesetz, welches die Normativbestimmungen für die mannigfaltigen Vereinigungen aufstellen, im übrigen aber denselben in der Formulierung der eigenen Normen, ihres eigenen Grundgesetzes volle Freiheit gewähren will. Dies geschieht aber in einer doppelten Form, nämlich:

1) durch positive zwingende Normen (verbis: bedarf es, müssen enthalten, ist verpflichtet 2c. 2c., vergl. Art. 2—5, 12, 13, 18),
2) durch fakultative Bestimmungen (vergl. Art. 12 Abs. 2, 15 Abs. 2, 16 Abs. 1, 20 Abs. 1, 22, verbis: kann, können).

Letztere überlassen den Statuten die Wahl und kann selbstverständlich diese durch keinen Zwang in der einen oder anderen Weise verkümmert werden. Vergl. v. Sicherer, Komm. zum Ges. v. 4. Juli 1868 S. 637 der Dollmannischen Sammlung. Art. 3 ist eine analoge Nachbildung des Art. 3 des bayer. Gesetzes betr. die privatrechtliche Stellung von Erwerbs- und Wirtschaftsgenossenschaften vom 29. April 1869, welches mit Art. 3 des Reichsgesetzes vom 4. Juli 1868 wörtlich übereinstimmt. Für die genannten Gesetze wie auch für das gegenwärtig geltende Reichsgenossenschaftsgesetz v. 1. Mai 1889 §§ 6 und 7 war Art. 175 und 209 des Handelsgesetzbuches alter Fassung vorbildlich.

2) 1. Namen, Sitz und Zweck des Vereins.

Die entsprechenden Vorschriften des alten bayer. Genossenschaftsgesetzes, sowie der beiden Reichsgesetze sind gleichlautend im Text:

1) die Firma und den Sitz der Genossenschaft,

2) den Gegenstand des Unternehmens.

Über den Namen vergl. oben die Ausführungen zu Art. 2 Anm. 4. Als Sitz eines Vereins ist der Ort, wo die Verwaltung geführt wird, d. h. diejenige Ortsgemeinde anzusehen, den sich derselbe als den geistigen Mittelpunkt des Vereinslebens, der Vereinsthätigkeit und Zweckentfaltung erwählt hat. Der Ort, wo die Vereinsmitglieder, oder die Vorstandschaft wohnen, oder wo das Vereinseigentum sich befindet, ist gleichgültig. Der selbstgewählte Ort ist gewissermaßen der Wohnsitz der juristischen Person. Er ist von zweifacher Bedeutung:

a) die Statuten müssen nach Art. 4 bei dem Bezirksgerichte, nun Landgerichte, in dessen Bezirke der Verein seinen Sitz hat, eingereicht werden. Vergl. §§ 61—68 und 77 Reich-Ger.-Verf.-Ges.

b) Der Sitz des Vereins ist für den Gerichtsstand maßgebend (§ 14 R.-C.-P.-O.); das am Sitze geltende materielle und formelle Recht kommt für die Rechtsverhältnisse des Vereins zur Anwendung.

Zweifellos können auch anerkannte Vereine Zweigvereine, sonach mehrere Sitze haben und muß den Statuten das Nähere überlassen bleiben; jedenfalls muß bestimmt sein, wo der eigentliche Hauptsitz des Vereins sich befindet; ob, wann und wo ein Zweigverein zu gründen ist und wer darüber zu entscheiden hat, dafür sind in erster Linie eventuelle Bestimmungen der Statuten maßgebend. In analoger Anwendung des Erkenntnisses des R.-O.-H.-G. in dem Erkenntnis vom 12. Mai 1877 Entsch. Bd. 22 S. 283 ist die Generalversammlung jedenfalls dazu berufen und befähigt. (Vergl. Art. 5 und 23 dieses Gesetzes.) Vergl. auch Anschütz und v. Völderndorff Kommentar zum Handelsgesetzbuch Bd. II S. 85, sowie v. Hahn Kommentar zum gleichen Gesetze Bd. I, S. 210, § 5.

Während der Zweck der Genossenschaften ebenso wie der Zweck der Handelsgesellschaften in der wirtschaftlichen Förderung der Mitglieder besteht, der Gesellschaftsvertrag also in jenen Fällen die Mittel zur Erreichung des Zweckes, d. i. die Art des beabsichtigten Geschäftsbetriebes (z. B. als Vorschußverein, Produktivassociation, Konsumverein, Baugenossenschaft) angeben muß, und infolgedessen dort der Zweck durch den Ausdruck „Gegenstand des Unternehmens“ zu ersetzen war, so bestand hiezu bei den mannigfachen Zwecken der unter das gegenwärtige Gesetz fallenden Vereinigungen kein Anlaß. Es wird daher vollkommen zutreffend verlangt, daß der Zweck des Vereins in den Statuten angegeben sein muß: dies kann in ganz allgemeiner Form geschehen, z. B. Pflege der Musik, litterarische und gesellige Unterhaltung. Selbstverständlich ist nicht ausgeschlossen, daß ein Verein mehrere Zwecke, z. B. wissenschaftliche, künstlerische, gesellige, religiöse gleichzeitig verfolgt. Will ein Verein den statutengemäß normierten Zweck ändern, oder auf einen anderen Gegenstand erstrecken, so ist eine Ergänzung des Statutes durch Beschluß der Generalversammlung erforderlich. (Vergl. Art. 5 und 23.) Ob der Zweck genügend präzisiert, ob er unter das Vereinsgesetz fällt und ob ein Zweck als abgeändert zu erachten ist oder nicht, ist Sache richterlicher Prüfung und zwar an der Hand der Bestimmungen dieses Gesetzes sowie des Statuteninhaltes. Entscheidend wird immer die Frage sein: was ist Hauptzweck und was Nebenzweck, überwiegt nicht etwa der sogenannte Nebenzweck den ersteren, handelt es sich nicht um verdeckte und versteckte Nebenzwecke?

Welche Zwecke die anerkannten Vereine verfolgen dürfen, darüber siehe Näheres in den Ausführungen zu Art. 1: es können, wie gesagt, nur solche Vereinigungen die Rechte anerkannter Vereine erwerben, welche „erlaubte immaterielle, ideale Zwecke verfolgen und den Erwerb materieller Güter, materiellen Gewinnes nur als Mittel zur Erreichung des eigentlichen immateriellen Grundzweckes des Vereines benützen.“ Vergl. H. Becher a. a. O. § 51, III, welcher weiter zutreffend ausführt, daß entscheidend sei, ob der eigentliche Grundzweck des Vereins für dessen Mitglieder ein immaterieller, idealer, nicht ein materieller, wirtschaftlicher sei.

Als Beispiele der Formen, in welchen der Zweck einzelner Vereine ausgedrückt wird, mögen hier angeführt werden:

a) § 1 der Satzungen des Vereins für freiwillige Armenpflege, A. V. in München, welcher unter der Überschrift: Name, Sitz und Zweck des Vereins lautet:

Der „Verein für freiwillige Armenpflege in München“ (anerkannter Verein) stellt sich die Aufgabe, neben und mit der öffentlichen Armenpflege und sonstigen Wohlthätigkeitsvereinen arme und hilfsbedürftige Personen, welche sich in München aufhalten, ohne Rücksicht auf deren Heimat zu unterstützen und der Verarmung wie dem Haus- und Straßenbettel im Stadtbezirke entgegenzuwirken.

Zur Erfüllung dieser Zwecke wird der Verein die nötigen Mittel durch freiwillige Spenden zu beschaffen und den Wohlthätigkeitssinn zu wecken und rege zu halten bemüht sein.

b) § 1 der Satzungen der „Gesellschaft Museum zu München, anerkannter Verein“, welcher lautet:

Das Museum ist eine aus den gebildeten Ständen der Haupt- und Residenzstadt des Königreichs zur litterarischen und geselligen Unterhaltung hervorgegangene Gesellschaft, die in ihren Kreis Alles aufnimmt, was im Gebiete der Litteratur und Politik als neue Erscheinung der allgemeinen Theilnahme würdig ist, oder was im gesellschaftlichen Verkehre die Vereinigung der Mitglieder beleben und erheitern kann.

Die Gesellschaft Museum in der Haupt- und Residenzstadt München hat ihren Sitz zu München links der Isar.

Eben diese Gesellschaft führt nunmehr, da sie die gerichtliche Anerkennung erlangt hat, die Bezeichnung

„Gesellschaft Museum zu München
anerkannter Verein.“

c) § 1 der Statuten des Bayerischen Dampfkessel-Revisions-Vereins, A. V., welcher lautet:

„Der Zweck des Vereins ist die möglichste Verhütung von Kessel-Explosionen durch periodische Untersuchungen, Einführungen aller gegenwärtigen und künftigen Verbesserungen im rationellen Betriebe der Dampfmaschinen, in Feuerungsanlagen, Ersparnis von Brennmaterial, Anstellung von Indikator-Versuchen an Dampfmaschinen u. s. w., kurz, Garantie für die Mitglieder des Vereins, daß alle Fortschritte der Technik in Erzeugung und Benutzung des Dampfes ihnen zu gute kommen werden.“

3) 2. Die Zeitdauer desselben, insoferne diese auf eine bestimmte Zeit beschränkt sein soll.

Inhaltlich übereinstimmend mit Art. 209a (früher 209) des Handelsgesetzbuches, sowie mit § 3 Nr. 3 des Genossenschaftsges. vom Jahre 1868, des bayer. Gesetzes (Art. 3, Z. 3) vom Jahre 1869 sowie des nun geltenden Reichsgesetzes § 8 Z. 1.

Wenn es auch im Wesen der anerkannten Vereine liegt, daß sie einen dauernden Zweck haben und sonach auf unbestimmte Zeit gegründet sind, so ist es doch möglich und statthaft, das Bestehen auf eine bestimmte Zeit zu beschränken, nur bedarf eine solche Bestimmung der ausdrücklichen Aufnahme im Statut; dieselbe kann auch bei auf unbestimmte Zeit gegründeten Vereinen jeder Zeit in das Statut aufgenommen werden, da sie nur eine Abänderung der Statuten ist. (Vergl. Art. 5.)

Mit dem Ablaufe der Zeit tritt die Auflösung des Vereins von selbst ein (vergl. Art. 26). Es beginnt das Liquidationsstadium und kommen nach Art. 30 auch nach der Auflösung des Vereins bis zur völligen Abwickelung der Vermögensverhältnisse desselben in Bezug auf die inneren Rechte und Pflichten des Vereins gegen Dritte die Bestimmungen des gegenwärtigen Gesetzes zur Anwendung, und bleibt demgemäß auch der Gerichtsstand, welchen der Verein zur Zeit seiner Auflösung hatte, bestehen. Sollte der Verein über das Liquidationsstadium hinaus seine Thätigkeit fortsetzen, dann genießt er selbstverständlich die Rechte des Gesetzes nicht mehr und ist derselbe sodann nach den Normen des Gesellschaftsrechtes zu beurteilen.

Es ist zweifellos zulässig, daß z. B. die Statuten bestimmen: der Verein soll bis 1. Januar 1896 bestehen mit dem Beisatze: die Fortsetzung kann durch die Generalversammlung beschlossen werden. Hierin ist aber zweifellos eine Abänderung der Statuten im Sinne des Art. 5 zu erblicken und muß dem Gerichte Kenntnis gegeben werden. Der Abänderungsbeschluß gelangt zwar durch die Abstimmung in der Generalversammlung und die Eintragung in das Protokollbuch (Art. 25) zur Existenz, rechtlich wird derselbe aber erst durch die Genehmigung dieser gewissermaßen in Aussicht genommenen Statutenänderung seitens des Gerichtes.

§ 16 des Reichsgesetzes vom 1. Mai 1889 betr. die Erwerbs- und Wirtschaftsgenossenschaften erwähnt neben der Abänderung des Statuts die Fortsetzung einer auf bestimmte Zeit beschränkten Genossenschaft, als Gegenstände, welche nur durch die Generalversammlung beschlossen werden können. Dr. Maurer führt in seinem Kommentare aus (Anm. 2 zu § 16 erwähnten Ges.), daß schon die einfache Erwägung, daß im Statut steht „die Genossenschaft soll bis 1. Oktober 1889 bestehen" und daß diese Bestimmung geändert wird, die Änderung als eine Statutenänderung erscheinen lasse. Eine Veränderung der Bestimmungen des Gesellschaftsvertrages liegt aber auch dann vor, wenn die Veränderung im Gesellschaftsvertrage als von der Generalversammlung beschließbar schon vorbehalten war (vergl. Entscheidung des Reichs-Ger. Bd. VI S. 123, Erk. vom 1. Oktober 1881), daher involviere der Beschluß auf Fortsetzung stets eine Statutenänderung und bedürfe es dessen besonderer Erwähnung nicht.

4) 3. Die Bedingungen des Ein- und Austrittes, sowie der Ausschließung von Mitgliedern.

Analoger Text Art. 3 Ziff. 4 des bayer. Genoss.-Gesetzes vom 29./IV 1869 sowie des mehrfach allegierten Reichsgesetzes vom 4. Juli 1868 § 3 Ziffer 4. Das nun geltende Reichs-Genossenschaftsgesetz ist in bewußter Weise von dieser Bestimmung abgewichen, um, wie die Motive sich ausdrücken (S. 90), der Generalversammlung anders, als in den erschwerten Formen der Statutenänderung Freiheit in der Festsetzung der Aufnahmebedingungen zu belassen.

Abgesehen von der Bestimmung (Art. 2 und 32) des Gesetzes selbst, wonach der Beitritt schriftlich erklärt werden muß und während der Dauer des Vereins jedes Mitglied das Recht hat, unter Beobachtung der im Gesellschaftsvertrage zu diesem Zwecke vorgeschriebenen Formalitäten, auszutreten, selbst wenn der Gesellschaftsvertrag auf bestimmte Zeit geschlossen ist, dem Erlöschen der Mitgliedschaft durch Tod und Ausschluß nach Maßgabe des Statuts und aus strafrechtlichen Gründen, ist es dem freien Ermessen des Vereins überlassen, welche Bedingungen das Statut für den Ein- und Austritt der Mitglieder festsetzen will.

a) Eintritt:

Unter Verweisung auf die oben gemachten Ausführungen, sub Art. 1 Ziff. 2, mag hier noch hervorgehoben werden, daß die Mitgliedschaft je nach Statut durch bloße Anmeldung beim Vereinsvorstande, oder durch Aufnahme seitens des Vorstandes, oder durch Aufnahme seitens des Vorstandes und Ausschusses, mit Rekurs an die Generalversammlung, oder durch Zustimmung sämmtlicher Vereinsmitglieder stattfinden kann und daß, selbst wenn alle Voraussetzungen gegeben sind, ohne Angabe von Gründen die Aufnahme verweigert oder auch in bedingter Form erteilt werden kann. Ob dem Abgewiesenen eine Berufung an den Aufsichtsrat oder die Generalversammlung zusteht, hängt gleichfalls lediglich von den Statuten ab.

Vergl. hieher das analog anzuwendende Erk. des R.-O.-H.-G. vom 16. Nov. 1875 (Gruchot, Bd. 20 S. 265), sowie die Ausführungen bei Maurer S. 111 zu § 15 des Reichs-Ges. vom 1. Mai 1889. Auch der Wohnsitz am Sitz des Vereins, ein Gelübde oder Versicherung durch Handschlag kann als Bedingung des Eintrittes verlangt werden. Nach dem nun geltenden Reichsgenossenschaftsgesetz wird die Mitgliedschaft erst durch gerichtliche Eintragung voll existent. Hier bedarf es solcher im Wesen der Genossenschaften begründeten Maßregeln nicht.

Nach Art. 18 ist der Vorstand lediglich verpflichtet, dem Gerichte alljährlich im Monate Januar ein vollständig alphabetisch geordnetes Verzeichnis der Mitglieder des Vereins einzureichen.

Nach Art. 2 ist die Beitrittserklärung an die schriftliche Form gebunden, eine Zahl der Mitglieder ist nicht vorgeschrieben. Näheres hierüber s. Art. 1 Anm. 2 (nicht geschlossene Mitgliederzahl). Daß die Beitrittserklärung vom Beitretenden selbst geschrieben ist, ist nicht erforderlich und genügt die Unterschrift auf einem hiezu verwendeten gedruckten Formular.

Falls das Statut nichts Gegenteiliges bestimmt, unterliegt es keinem Zweifel, daß ein anerkannter Verein zum Mitglied einen anderen anerkannten Verein, eine Genossenschaft, Aktiengesellschaft oder sonstige juristische Personen zählen kann. So z. B. zählt der Dampfkesselrevisionsverein in München in seiner Eigenschaft als anerkannter Verein zum großen Teil juristische Personen zu Mitgliedern.

Nach dem sächsischen Gesetz vom 15. Juni 1868 genügt zum Beitritt jede rechtsverbindliche Erklärung. (§ 73.)

b) Austritt.

Art. 38 des bayer. Ges. vom 29. April 1869 betr. die privatrechtliche Stellung der Erwerbs- und Wirtschaftsgenossenschaften bestimmt:

„Zum Austritt ist jeder Genossenschafter berechtigt, sofern er nicht auf bestimmte Zeit beigetreten ist.

Ist über die Kündigungsfrist und den Zeitpunkt des Austritts im Gesellschaftsvertrage nichts festgesetzt, so findet der Austritt nur mit dem Schlusse des Geschäftsjahres nach vorheriger mindestens vierwöchentlicher Aufkündigung statt.

In jedem Falle kann die Genossenschaft einen Genossenschafter aus den im Gesellschaftsvertrage festgesetzten Gründen ausschließen; ebenso wegen rechtskräftiger Verurteilung in eine Strafe u. s. w.“

§ 38 des Reichsgesetzes vom 4. Juli 1868 bestimmt: Jeder Genossenschafter hat das Recht aus der Genossenschaft auszutreten, auch wenn der Gesellschaftsvertrag auf bestimmte Zeit geschlossen ist; der übrige Inhalt ist gleichlautend. Das nun geltende Reichsgesetz schreibt nicht vor, daß das Statut die Bedingungen des Ein- oder Austrittes von Mitgliedern enthalten muß. Enthält das Statut keine solche Bestimmungen, so treten für den Eintritt § 15, für den Austritt §§ 63 bis 75 in Kraft, gegen welchen die Statuten, insoweit eine Ausnahme im Gesetze nicht ausdrücklich als zulässig erklärt ist, nicht verstoßen dürfen. Vergl. F. X. Pröbst, Kommentar zum Reichsgesetz vom 1. Mai 1889 Anm. zu § 7 S. 46.

Die Bestimmung des Art. 32 des gegenwärtigen Gesetzes über das freie Austrittsrecht schließt nicht aus, daß privatim ein oder mehrere Mitglieder für eine bestimmte Zeit oder für die ganze Zeitdauer des Vereins sich zum Beitritte verpflichten. Eine solche Bestimmung hat aber dem Vereine gegenüber keine bindende Kraft und kann solche nicht, wie dies z. B. nach § 38 des all. bayerischen und älteren Reichsgesetzes möglich war, durch das Statut für sämtliche Mitglieder getroffen werden, da nach Art. 32 entgegengesetzte Bestimmungen im Statut ohne rechtliche Wirkung sind. (Vergl. auch Art. 63 des R.-Gen.-Ges. vom 1. Mai 1889 letzter Absatz und v. Sicherer a. a. O. zu § 38, I.)

Die Austrittsformalitäten, welche das Statut vorschreiben kann, können mannigfaltigster Natur sein:

Austrittsgeld, Kündigung, schriftliche Abmeldung 2c. 2c.; nachdem in Bezug auf das Recht des Austrittes das Prinzip der vollen persönlichen Freiheit gewahrt werden muß, darf konsequenter Weise dieses Recht auch nicht dadurch geschmälert werden, daß nur besondere Gründe zum Austritt berechtigen: das Gesetz spricht nur von vorgeschriebenen Formalitäten, die beim Austritt, falls solche im Statut vorgesehen, zu wahren sind. Es wäre daher unzulässig, wenn das Statut vorschriebe: Domizilwechsel eines Mitgliedes berechtigt nicht zum Austritt, die ausgetretenen oder ausgeschlossenen Mitglieder bleiben gemäß Art. 33 dem Vereine wegen der bis zum Ausscheiden fälligen Beiträge zur Vereinskasse haftbar, haben aber, soferne die Statuten nicht anders bestimmen, keinerlei Anrecht an das bei ihrem Ausscheiden vorhandene Vereinsvermögen.

Wenn auch nach Art. 32 die Mitgliedschaft durch Tod erlischt, sonach die Mitgliedschaft sich nicht vererbt und entgegengesetzte Bestimmungen ohne rechtliche Wirkung sind, so sind doch die Erben eines verstorbenen Mitgliedes für die vermögensrechtlichen Pflichten haftbar.

Aus der Natur der juristischen Person ergibt sich, daß der Vermögensanteil eines verstorbenen Mitgliedes, da das Vermögen der Gesamtheit, dem Verein als solchen gehört, sich nicht vererben kann. Ist jedoch nach den Statuten den Vereinsmitgliedern ein Anteil am Vereinsvermögen eingeräumt, so haben selbstverständlich die Erben eines verstorbenen Mitgliedes Anspruch auf Gewährung des fraglichen Anteils. Vergl. H. Becher a. a. O. § 53 Anm. 22.

c) **Ausschließung von Mitgliedern.**

§ 66 des Reichsgesetzes vom 1. Mai 1889 über die Erwerbs- und Wirtschaftsgenossenschaften bestimmt analog, daß ein Genosse wegen des Verlustes der bürgerlichen Ehrenrechte ausgeschlossen werden kann und daß durch Statut sonstige Gründe der Ausschließung festgesetzt werden können.

„**Kann ausschließen**“ hieraus folgt, daß der Verein zur Ausschließung in den angegebenen Fällen oder zur Aufnahme einer positiv zwingenden Bestimmung in das Statut weder verpflichtet, noch behindert ist. **Wer** die Ausschließung zu verfügen berechtigt ist, haben die Statuten zu bestimmen, ebenso ob und in welcher Weise hiegegen eine Berufung stattfinden soll. Bei der Wichtigkeit dieser Frage empfiehlt es sich, die Entscheidung über die Ausschließung der Kompetenz der Generalversammlung auf Antrag des Vorstandes oder Aufsichtsrates, oder den letztgenannten beiden Organen und unter Einräumung des Beschwerderechtes zur Generalversammlung vorzubehalten.

**Nur aus Gründen, welche das Statut enthält,** kann Ausschließung erfolgen:

Diese Gründe können mannigfaltigster Natur sein: ich führe beispielsweise an:

1) Aberkennung der bürgerlichen Ehrenrechte im Sinne des selbstverständlich an Stelle des Art. 28 des Strafgesetzbuches vom 10. Nov. 1861 getretenen R.-St.-G.-B.'s (vergl. Art. 80 des bayer. Ausf.-Ges. zur R.-Z.-P.-O.) oder irgend sonstiger strafbarer Handlungen.

2) Nichterfüllung der Vereinspflichten in pekuniärer (Rückstand mit den Beiträgen 2c. 2c.) oder sonstiger Hinsicht (Nichterscheinen in Versammlungen, Proben, Übungsabenden, kurz zu Tage tretende Interesselosigkeit 2c.)

3) Notwendigkeit einer Klage.
4) Eröffnung des Konkurses.
5) Verlust der Verfügungsfähigkeit.
6) Vornahme ehrenrühriger Handlungen.
7) Beitritt zu andern Vereinen, Verlegung des Domizils, wodurch die Erfüllung der Vereinspflichten unmöglich wird.
8) Schädigung der Vereinsinteressen durch Wort und That, Stiftung von Unfrieden 2c.
9) Änderung der Confession, der politischen Gesinnung, Krankheit 2c. 2c. Bruch des Gelübdes.

Es versteht sich von selbst, daß der Ausschließungsgrund seinem Thatbestande nach fixiert und bei Verhängung der Ausschließung der Thatbestand erfüllt sein muß und daß Abänderungen der Bedingungen des Austritts, ebenso wie jene des Eintritts, als Abänderungen des Statuts anzusehen (Art. 5) und dem Gerichte anzuzeigen sind.

5) 4. Die Art und Größe der Beiträge, welche die Mitglieder zu den Vereinszwecken in die Vereinskasse zu entrichten haben.

Art: ob wöchentlich, monatlich, jährlich, ob in natura, oder Geld, ob in Form besonderer Ein-, Austritts- oder Strafgelder, mit Unterscheidung nach Aktiven und Passiven, gänzlicher Befreiung einzelner, an wen und wie die Bezahlung zu erfolgen hat, ist vollkommen dem Ermessen der Statuten überlassen.

Größe: Auch die Größe der Beiträge hat der Verein nach eigenem Ermessen festzusetzen. Es ist nicht absolut notwendig, daß die Größe ziffernmäßig, z. B. 2 ℳ vierteljährig vorauszahlbar normiert ist. Dem Gesetze ist genügt, wenn z. B. gesagt ist: je nach Bedarf zwischen 2 und 5 ℳ; auch dürfte eine Bestimmung, wornach die Beiträge sich nach dem Vermögen eines Mitgliedes richten, insoweit zulässig sein, als sich hiedurch nicht eine völlige Unbestimmtheit der Beiträge ergibt; auch kann es statutarisch dem Ermessen der Generalversammlung anheimgestellt sein, nach Bedarf die Beiträge zu erhöhen oder zu ermäßigen; von dem ergangenen Beschlusse ist aber in jedem Falle dem Gerichte Kenntnis zu geben. Die Erhebung von Umlagen zu Vereinszwecken bei besonderen Anlässen ist jedenfalls von einem Beschluß der Generalversammlung abhängig zu machen, es sei denn, daß das Statut diesbezüglich anderes bestimmt. Art. 11 bestimmt ausdrücklich: die Mitglieder sind lediglich zur Entrichtung der in den Statuten festgesetzten Beiträge dem Vereine gegenüber verpflichtet

Es darf und kann also kein Vereinsmitglied zu anderen pekuniären Leistungen gezwungen werden, als zur Entrichtung der im Statut normierten Beiträge; enthält das Statut keine weiteren besonderen Bestimmungen, dann ist das Mitglied nicht gezwungen, dem Vereine in pekuniärer Hinsicht mehr zu leisten, und kann der Verein auch nicht mehr verlangen, es sei denn, daß durch Beschluß der Generalversammlung die Mitglieder zu Extraleistungen sich verpflichtet haben, oder daß

Mitglieder aus ihren Handlungen zu Schadensersatz dem Vereine gegenüber verpflichtet sind. In diesem Punkte wird vielfach von Vereinen gefehlt, indem sie glauben, ohne weiteres ihren Mitgliedern pekuniäre Leistungen oktroieren zu können. So z. B. werden sehr häufig die Mitglieder bei Jubiläumsfeierlichkeiten, Leichenbegängnissen von Mitgliedern u. s. w. unfreiwillig vom Vereine besteuert und diese Steuer aus Unkenntnis von den Mitgliedern bezahlt; ohne daß statutarisch oder durch Generalversammlungsbeschluß Bestimmung getroffen wurde, besteht ein Rechtsanspruch des Vereins und eine Verpflichtung der Mitglieder bezüglich derartiger Leistungen nicht. Jeder derartige Zwang ist ungesetzlich und kann auch die Berufung auf die stillschweigende Genehmigung, alte Sitte, Herkommen, einen solchen Mißbrauch in keiner Weise rechtfertigen.

Sollte ein Verein gar keine Beiträge erheben, so muß dies im Statut jedenfalls erwähnt sein, da Ziffer 4 über die Frage der Beiträge Aufschluß fordert.

Zu Vereinszwecken:

In welcher Weise die Beiträge, welche die Mitglieder zu Vereinszwecken einzahlen, verwaltet und verwendet werden, ist Sache des Vereins; ebenso ob den Mitgliedern Anteile am Vereinsvermögen zukommen, oder nicht. Der Regel nach sollen die Beiträge, falls das Statut nichts Besonderes enthält, dazu dienen, die Vereinszwecke durchzuführen und die Vereinsverwaltungskosten (etwaige Honorierung von Vorstand und Aufsichtsrat und sonstigen Angestellten, Erhaltung des beweglichen und unbeweglichen Vereinsvermögens, Neuschaffungen, Miethe, Beheizung und Beleuchtung, Steuer) kurz die gesamten sogen. Regiekosten zu bestreiten. Ob etwaige Überschüsse verteilt, oder als Reservefond angelegt, ob dem Vorstande ein Aufsichtsrat (Ausschuß) — nach gesetzlicher Bestimmung Art. 20, von mindestens 3 Mitgliedern, welcher von den Mitgliedern des Vereins aus ihrer Mitte gewählt wird und die Geschäftsführung des Vorstandes überwacht — an die Seite gesetzt werden soll, welche Befugnisse einem solchen Aufsichtsrat zukommen, ob ein Kassier (Säckelwart) mit der Vermögensverwaltung betraut werden soll, hierüber zu bestimmen, ist Sache des Statuts und der Geschäftsordnung. In die inneren Rechtsverhältnisse der Vereinsmitglieder greift das Gesetz so wenig als möglich ein; maßgebend ist das Vereinsstatut, welches, soweit das Gesetz nicht bindende Anordnungen trifft, in Beziehung auf das Vereinsvermögen, den Vereinen größte Freiheit gewährt. Wann, von wem und in welcher Weise die Rechnungsablage und Dechargeerteilung zu erfolgen hat, bestimmen die Vereine nach freiem Ermessen. In der Regel und zweckmäßig wird in der ordentlichen Generalversammlung alljährlich zu einer bestimmten Zeit der Rechenschaftsbericht stattfinden und bedarf es dann gemäß Art. 3 Ziff. 9 diesbezüglicher Feststellung im Statut.

Es mag hier wiederholt darauf aufmerksam gemacht werden, daß zwar das Statut lediglich über Art und Größe der Vereinsbeiträge, sonach nicht über Anlage, Verwaltung und Verwendung Bestimmungen enthalten muß, daß aber wie jede Abänderung, so auch solche bezüglich letztgenannter Punkte nach Art. 5 dem Gerichte angezeigt werden muß.

Unbedingt notwendig und empfehlenswert ist aber die Aufnahme einer statutarischen Bestimmung, worin das Vereinsvermögen besteht und zwar mit Rücksicht auf Art. 11:

„Für die Verbindlichkeiten des Vereins haftet den Vereinsgläubigern nur das Vereinsvermögen." Vergl. z. B. § 4 und 8 der Satzungen des Vereines für freiwillige Armenpflege (a. V. in München). Anl. 5. Die Vereinsmitglieder sind lediglich dem Vereine gegenüber, nicht den Gläubigern des Vereins zur Entrichtung der in den Statuten festgesetzten Beiträge verpflichtet und haftet für die Verbindlichkeiten des Vereins den Vereinsgläubigern nur das Vereinsvermögen nicht das Vermögen der einzelnen Mitglieder. Vgl. H. Becher a. a. O. § 53, S. 359, 360.

Wenn man sich auf den Standpunkt stellt, daß die Mitglieder eines anerkannten Vereins auch gewisse Anrechte am Vereinsvermögen haben können, so besteht kein Grund zu der Annahme, daß dieses Anrecht nicht auch in der Gestalt von Anteilscheinen nach Art der Aktien konstituiert werden kann. Es läßt sich z. B. sehr wohl denken, daß zur Durchführung geselliger Zwecke von den Mitgliedern eines anerkannten Vereins namhafte Summen gegen Ausstellung von Anteilscheinen am seinerzeitigen Vereinsvermögen, an den erst fertig zu stellenden Bauten (Anlagen, Concert- oder Ballsaal) als Äquivalent dem Vereine zur Verfügung gestellt werden. Selbstverständlich muß eine Absicht auf Gewinn Seitens des Vereins wohl als ausgeschlossen zu erachten sein. Das Geld wird gegen übliche Verzinsung oder auch ohne solche hingegeben zur Förderung und Ermöglichung der idealen Gesellschaftszwecke. Es bedarf in dieser Form keineswegs der Gründung einer Aktiengesellschaft und widerspricht ein so gestalteter anerkannter Verein in keiner Weise den Grundprinzipien des gegenwärtigen Gesetzes, sobald der ideale Zweck Hauptttendenz bleibt.

6) 5. Die Einsetzung eines Vorstandes, die Art seiner Bestellung und Zusammensetzung und die Formen seiner Legitimation, sowie der seiner Stellvertreter.

Art. 3 Ziff. 5—9 handelt von der Verwaltung und Vertretung des Vereins.

Nach der positiven Vorschrift des Art. 12 muß jeder Verein einen Vorstand haben. Derselbe ist aus der Zahl seiner Mitglieder von diesen zu bestellen und kann aus einem oder mehreren Mitgliedern bestehen. Ihre Bestellung ist jeder Zeit widerruflich, unbeschadet der Entschädigungsansprüche aus bestehenden Verträgen.

Fakultativ ist die Bestimmung, ob der Vorstand bezw. die mehreren Mitglieder des Vorstandes besoldet sind oder nicht. Der Vorstand ist Executiv- und Vertretungsorgan des Vereins. (Vergl. Art. 14, 16 und 18, 19, 23.) Wenn der Verein andere juristische Personen zu Mitgliedern zählt, so können zweifelsohne die Vorstände oder einzelnen Mitglieder solche Corporationen in die Vorstandschaft des anerkannten Vereines gewählt werden.

Die Formen der Legitimation sind bei dem Umstande, daß sich im Vorstande in der Regel der Verein gewissermaßen als dessen verkörpertes Willensorgan darstellt, von großer Wichtigkeit; es sind die Kennzeichen gemeint, durch welche die physische Person dritten gegenüber als Vorstand des Vereins, resp. als Vertreter, Stellvertreter des Vorstandes sich darstellt. Wie jemand durch Vorlage eines Passes, Heimatscheines, einer Steuerquittung 2c. 2c. bescheinigt, daß er Träger dieses oder jenes Namens, diese Person sei, so weist sich der Vorstand durch Vorlage des im Statut näher zu bezeichnenden Erkennungsmerkmales (z. B. durch Vorzeigung des Vorstandswahlbeschlußes mit dem Vereinssiegel) in seiner Eigenschaft als Vorstand des betr. Vereines, der juristischen Person aus, vergl. z. B. § 6 der Statuten des Vereins für freiwillige Armenpflege, wonach die Wahlprotokolle die Legitimation des Vorstandes und seines Stellvertreters bilden. Der Dritte weiß auf Grund dieser Legitimation: ich habe mit dem Verein als solchen zu thun, die so legitimirte Person verkörpert den Verein. Daneben bleibt sie selbstverständlich selbständiges Willenssubjekt vergl. Regelsberger, Band. I § 82, R.-G.-E. XXV Nr. 33 S. 152.

Der Stellvertreter wird selbstverständlich sich in doppelter Weise legitimieren müssen, nämlich

a) durch den Nachweis, daß die von ihm vertretene Person der Vorstand des Vereins,

b) daß er selbst dessen hiezu ermächtigter Vertreter ist.

Zur Legitimation des Vorstandes bei allen Geschäften, welche die Beglaubigung seiner Vollmacht fordern, insbesondere bei allen das Hypothekenwesen betreffenden Geschäften, genügt nach Art. 15 ein Zeugnis des Gerichtes, daß die darin bezeichneten Personen als Vorsteher des Vereins vorschriftsmäßig angemeldet sind.

Fast gleichlautend mit der Bestimmung sub Ziffer 5 des Art. 3 ist:

§ 3 bezw. Art. 3 des bayr. Genossenschaftsgesetzes vom 29. April 1869 sowie des R.-G. vom 4. Juli 1868, welche sub Ziff. 7 lauten:

„Die Art der Wahl und Zusammensetzung des Vorstandes und die Formen für die Legitimation der Mitglieder des Vorstandes und der Stellvertreter derselben.“ Vergl. auch Art. 209 H.-G.-B. und § 9 des Reichsgenossenschaftsgesetzes v. 1. Mai 1889, ferner Art. 17 des bayr. Genossenschaftsges. v. 29. April 1869.

7) 6. **Die dem Vorstande in der Leitung der inneren Vereinsangelegenheiten zustehenden Befugnisse und die zum Behufe der Vertretung des Vereins nach außen ihm erteilten Vollmachten.**

Ziffer 6 handelt von den Befugnissen des Vorstandes:

a) in bezug auf die Leitung der inneren Vereinsangelegenheiten,

b) in bezug auf die Vertretung des Vereins nach außen.

Zu a: Nach Art. 14 hat der Vorstand in der in den Statuten bestimmten Form die Geschäfte zu führen, sowie seine Willenserklärungen abzugeben und für den Verein zu zeichnen. Ist nichts darüber bestimmt, so ist die Zeichnung durch sämmtliche Mitglieder des Vereins erforderlich.

Die Zeichnung geschieht in der Weise, daß die Zeichnenden zu dem Gesammtnamen des Vereins ihre Unterschrift nebst ihrer Eigenschaft als Vorsteher hinzufügen.

Hier kommen ferner in Betracht die Bestimmungen in Art. 19, 20, 22—25; insoweit hiedurch im Gesetze Schranken nicht enthalten sind, ist es, wie dies in der Natur der Sache liegt, dem freiesten Ermessen der Vereine anheimgestellt, in bezug auf die innere Leitung die Thätigkeit des Vorstandes zu regeln. Als positive Vorschrift ist lediglich die Bestimmung des Art. 23 zu beachten, wonach eine Generalversammlung zu berufen ist, sobald dieses im Interesse des Vereins erforderlich erscheint und wonach sie sofort berufen werden muß, wenn mindestens der 10. Teil der Vereinsmitglieder, oder eine anderweit in den Statuten bestimmte Zahl von Mitgliedern, schriftlich unter Angabe des Zweckes und der Gründe darauf anträgt, ferner die in bezug auf die Generalversammlung im Art. 24 enthaltenen Vorschriften.

Zu b: Wenn auch der Regel nach der Vorstand „Bildner des Körperschaftswillens" ist, so ist doch nicht ausgeschlossen, daß er zu gewissen Handlungen besonderer Vollmachten bedarf; sind aber solche Vollmachten notwendig, dann bedarf es der besonderen Erwähnung im Statut.

In bezug auf diese Vollmacht bestimmt Art. 15: „Die Befugnis des Vorstandes, den Verein nach außen zu vertreten, wird durch die in den Statuten enthaltene Vollmacht bestimmt. Die Vollmacht kann Generalvollmacht sein, d. h. sich auf alle Arten von Geschäften des Vereins, oder Spezialvollmacht, d. h. sich auf gewisse Arten von Geschäften, erstrecken."

Zur Führung von Prozessen für den Verein, Einlegung von Rechtsmitteln und Abschließung von Vergleichen derselben ist der Vorstand ermächtigt und kann sich hiebei durch Unterbevollmächtigte vertreten lassen. Das Statut kann in bezug auf diese Bestimmungen des Art. 16 gegenteilig oder in anderer Weise disponieren.

Nach dem Gesagten ergibt sich also als Bedingung für die Handlung des Vorstandes nach innen und außen als Corporationshandlung:

1) statutenmäßig giltige Berufung der handelnden Person bezw. Personen

2) Zuständigkeit zu der betr. Handlung

3) Vollziehung der Handlung in der verfassungsmäßigen Form.

Bezüglich der verschiedenen Genossenschaftsgesetze s. Art. 4, Art. 9 ff., Art. 17 ff. des Ges. v. 29. April 1869. § 17—21, 26, 28, 32, 33 des Reichs-Ges. vom 4. Juli 1868 § 24—27, 34, 42—44 des Reichs-Genoss.-Ges. v. 1. Mai 1889.

8) 7. Die Bestimmung der dem Vorstande dabei an die Seite zu setzenden Organe, im Falle der Verein sich für solche entscheidet.

Als solche kommen in betracht:

a) der Aufsichtsrat. (Ausschuß).

Derselbe ist nur zu bestellen, wenn die Statuten es anordnen; er besteht neben dem Vorstande aus mindestens 3 Mitgliedern und wird von den Mitgliedern des Vereins aus ihrer Mitte gewählt.

Der Aufsichtsrat konstituiert sich selbständig aus einem aus seiner Mitte gewählten Vorsitzenden nnd erledigt seine Geschäfte nach Maßgabe der Statuten; ihm gebührt die Überwachung der Geschäftsführung des Vorstandes; die zu diesem Zwecke, sowie wegen der Beteiligung bei der Verwaltung ihm zustehenden Befugnisse werden durch die Statuten bestimmt: jedenfalls hat er die Befugnis, sobald er es für nötig erachtet, eine Generalversammlung der Vereinsmitglieder zu berufen. Vgl. Art. 20, 21, 23 Abs. 1.

Der Aufsichtsrat ist eine Art „permanenter Ausschuß" der Generalversammlung und ist daher dessen Wirkungskreis als Kontrollorgan des Vereins auf das Rechtsverhältnis nach innen beschränkt; dies schließt nicht aus, daß ihm durch Statut da eine Vertretung des Vereins übertragen wird, wo z. B. Rechte gegen den Vorstand geltend zu machen sind, also durch letzteren eine Vertretung ausgeschlossen ist.

Für das Rechtsverhältnis nach innen als Kontrollorgan der Verwaltung sind die Normen des Statutes maßgebend; gesetzlich steht dem Aufsichtsrat das Recht zu, sobald er es für nötig erachtet, eine Generalversammlung der Vereinsmitglieder zu berufen.

Es kann jedoch das Statut, sowie die Generalversammlung selbst dem Aufsichtsrate noch weitere Befugnisse, selbst solche, welche an und für sich der Generalversammlung zustehen würden, übertragen.

Die Benennung des Kontrollorgans ist sehr verschieden und an sich belanglos; häufig ist auch die Bezeichnung: Ausschuß oder Verwaltungsrat. Vgl. § 6 der dem Anhange beigefügten Statuten des Vereins für freiwillige Armenpflege München: dort besteht der Verwaltungsrat aus 30 Mitgliedern, die auf die Dauer eines Jahres durch die Generalversammlung gewählt werden; derselbe wählt wiederum aus seiner Mitte ein Direktorium, bestehend aus einem ersten und zweiten Vorsitzenden, einem Schriftführer, einem Kassier, einem Kontrolleur und einem Materialverwalter.

Wenn andere juristische Personen Mitglieder eines anerkannten Vereines sind, so unterliegt es wohl keinem Zweifel, daß sowohl die Vorstände, wie auch die einzelnen Mitglieder solcher Korporationen in den Aufsichtsrat, wie auch in den Vorstand wählbar sind. Vgl. auch § 9 des Reichsgesetzes vom 1. Mai 1889 sowie Art. 209, Z. 6 Handelsgesetzbuch.

Vergl. ferner § 28 des Reichs-Gesetzes vom 4. Juli 1868 und Art. 28 des bayr. Gesetzes vom 29. April 1869 (Genossenschaftsgesetz), welche mit gleichem Wortlaut in Beziehung auf den Aufsichtsrat folgende Bestimmung enthalten:

„Der Gesellschaftsvertrag kann dem Vorstande einen Aufsichtsrat (Verwaltungsrat, Ausschuß) an die Seite setzen, welcher von den Genossenschaften aus ihrer Mitte, jedoch mit Ausschluß der Vorstandsmitglieder, gewählt wird" 2c. 2c.

Nach § 9 des nun geltenden Reichsgenossenschaftsgesetzes ist der Aufsichtsrat obligatorisch: „die Genossenschaft muß einen Vorstand und einen Aufsichtsrat haben."

b) die Geschäftsbevollmächtigten.

Die Geschäftslast, die Notwendigkeit besonderer Sachkenntnis und lokale Verhältnisse bringen es häufig mit sich, daß die Vereine neben dem Aufsichtsrat den Vorstand dadurch entlasten, daß sie für besondere Geschäfte und Geschäftssparten noch eigene Bevollmächtigte aufstellen. (Sekretäre, Conservatoren, Kassiere, Kontrolleure, Rechnungsrevidenten, Materialverwalter u. s. w.)

Art. 22 bestimmt daher:

Der Betrieb einzelner Geschäfte oder ganzer Geschäftszweige des Vereins, sowie die Vertretung desselben in Beziehung auf diese Geschäfte oder Geschäftszweige kann sowohl in den Statuten, wie durch besondere Vereinsbeschlüsse, auch sonstigen Bevollmächtigten oder Beamten des Vereines zugewiesen werden. In diesem Falle bestimmt sich die Befugnis dieser Vertreter nach der ihnen erteilten Vollmacht und erstreckt sich im Zweifel auf alle Rechtshandlungen, welche die Ausführung derartiger Geschäfte gewöhnlich mit sich bringt.

Aus den Worten: „Im Falle der Verein sich für solche entscheidet" geht hervor, daß die genannten Kontrollorgane, die selbstredend hiedurch nicht erschöpft sein brauchen, keine notwendigen Organe der anerkannten Vereine sind. Die Notwendigkeit kann sich oft erst im Laufe der Zeit herausstellen und kann diese Bestimmung durch Statutenergänzung eingefügt werden. Obligatorisch eingeführt ist der Aufsichtsrat bei den modernen Genossenschaften, Aktien- und Kommanditgesellschaften. § 9 des Reichs-Genoss.-Ges. Art. 209, Z. 6, 175, Z. 6.

9) 8. Die Formen für die Zusammenberufung der Generalversammlung, für die darin zu fassenden Beschlüsse, sowie die Bedingungen für die Ausübung des Stimmrechts der Mitglieder in denselben.

Vergl. hieher Art. 9, Art. 23—25 des gegenwärtigen Gesetzes.

Als positive Norm kommt hier in betracht:

1) Daß außer den in den Statuten bestimmten Fällen die Generalversammlung zu berufen ist, sobald dieses im Interesse des Vereins erforderlich erscheint und daß sie sofort berufen werden muß, wenn mindestens der zehnte Teil der Vereinsmitglieder, oder eine anderweit in den Statuten bestimmte Zahl von Mitgliedern schriftlich unter Angabe des Zweckes und der Gründe darauf anträgt.

2) Daß der Zweck der Generalversammlung jederzeit bei der Berufung bekannt gemacht werden muß.

3) Daß die Beschlüsse der Generalversammlung in ein Protokollbuch einzutragen sind, dessen Einsicht jedem Vereinsmitgliede gestattet ist.

4) Daß jedes Mitglied eine Stimme hat. Nicht bindender Natur sind nachfolgende Bestimmungen:

a) Das Gesetz läßt für die Form der Zusammenberufung den Statuten volle Freiheit. Für große Vereine dürfte sich in dieser Beziehung die leicht nachweisbare Zeitungsbekanntmachung, für Vereine mittlerer Größe schriftliche Anzeige unter Angabe der Verhandlungsgegenstände, für kleinere Vereine Aushang im Vereinslokal empfehlen.

Die ordnungsmäßige Bekanntmachung ist um deßwegen von besonderer Wichtigkeit, als über nicht ordnungsmäßig angekündigte Gegenstände und, falls die Statuten nichts Gegenteiliges bestimmen sollten, auch in sonst nicht statutenmäßig berufenen Generalversammlungen Beschlüsse nicht gefaßt und dieselben als ungiltig angefochten werden können.

Als besondere Cautel wird vielfach bestimmt, daß die Berufung der Generalversammlung, (auch Plenar-, ordentliche, Jahres- oder Hauptversammlung genannt) in einem oder mehreren Tages-Blättern, im Vereinsorgan 2c. 2c. eine bestimmte Zeit vor der Abhaltung derselben veröffentlicht werden muß.

b) Das Statut hat Bestimmungen darüber zu treffen, in welcher Form die Beschlüsse in das Protokollbuch einzutragen sind, insbesondere ob sie außer der Unterzeichnung durch den Vorsitzenden und Schriftführer noch sonstiger Formalitäten bedürfen. Daß ein Statut gerichtliche oder notarielle Beurkundung verlangen kann, ist nicht ausgeschlossen. Es empfiehlt sich, daß das Statut auch über die Beschlußfähigkeit der Generalversammlung Bestimmungen trifft.

c) Durch Statut kann die Stimmberechtigung von bestimmten Voraussetzungen abhängig gemacht sein; es kann auch einzelnen Mitgliedern, speziell z. B. ganzen Vereinen, welche Mitglieder sind, aktiven Mitgliedern u. s. w. eine Mehrzahl von Stimmen eingeräumt werden; ob, wie H. Becher S. 359 Anm. 16 a. a. O. annimmt, mehrere Mitglieder nur eine Stimme zusammen führen können, glaube ich gleichfalls bejahen zu müssen.

Die Statuten können sowohl bestimmen, daß nicht jedes Mitglied stimmberechtigt, und daß nicht jedes eine Stimme hat. Die Stimmberechtigung unter mehrere Mitglieder zu teilen, steht also der genannten Vorschrift nicht im Wege, so wenig wie die Zuteilung einer mehrfachen Stimmberechtigung an ein einziges Mitglied; es ist aber auch keineswegs statutenwidrig, wenn z. B. einzelne Mitglieder oder Mitgliederkategorien, z. B. die Aktiven im Gegensatz zu den Philistern kein Stimmrecht haben. Ob bei den Wahlen und Generalversammlungen die absolute oder relative, ²/₃ oder sonstige Majorität zu entscheiden hat, ob und wem der Stichentscheid zukommt, oder ob das Los zu entscheiden hat, bleibt dem Ermessen der Statuten anheimgegeben; auch hierüber haben sie eine Bestimmung aufzunehmen, da es mit der Frage der Bedingungen der Ausübung des Stimmrechtes eng zusammenhängt.

Das Statut kann auch bestimmen, daß bei der Beratung über gewisse Gegenstände nur bestimmte Vereinsmitglieder, oder ein bestimmter Kreis in besonderer Versammlung nach einem speziell normierten Abstimmungsmodus teilnehmen dürfen; gesetzlich verlangt sind nur die Bedingungen der Ausübung des Stimmrechtes in der Generalversammlung.

Falls das Statut bezüglich der sofortigen Notwendigkeit zur Berufung der Generalversammlung sich nicht der gesetzlichen Bestimmung unterwirft, wonach mindestens der 10. Teil hierauf antragen muß, so ist auch diese Zahl von Mitgliedern im Statut besonders zu normieren.

Eine allgemeine Bestimmung des Inhalts:

„Jedes volljährige Mitglied ist stimmberechtigt, die Abstimmungsweise richtet sich nach den jeweiligen Beschlüssen der bezüglichen Versammlung."

ist gesetzlich zulässig.

Das Gesetz spricht nur von den Bedingungen des Stimmrechtes, nicht von der Form, in welcher dasselbe ausgeübt wird (schriftliche Abstimmung, Aufstehen, Sitzenbleiben, Aufheben der Hände 2c.); letztere bedarf also, wenn auch zweckmäßig an sich, der Festsetzung nicht. Vergl. dagegen § 3 bayer. Genossenschaftsgesetz 29./IV. 1869; vergl. ferner zu dieser Ziffer Art. 31—33 genannten Gesetzes; Art. 224 H.-G.-B., § 3 des Ges. v. 4. Juli 1868, § 41 des Reichsgesetzes vom 1. Mai 1889.

Das Statut kann auch Bestimmungen enthalten, daß das Stimmrecht an eine bestimmte Frist zu knüpfen ist, während welcher ein Mitglied dem Vereine angehört haben muß, endlich können über die eventuelle Ausübung des Stimmrechts durch Vertreter, Verlust oder Cessieren desselben besondere Normen aufgestellt sein.

10) 9. Die Bezeichnung der zur Zuständigkeit dieser Versammlungen gehörigen Gegenstände und die Art der Unterzeichnung der darin aufzunehmenden Protokolle.

Erstere Bestimmung bezieht sich auf Art. 23 Abs. 1, wonach die Statuten die Fälle zu bestimmen haben, in welchen die Generalversammlung zu berufen ist; während die Unterzeichnung der Beschlüsse gesetzlich normiert ist (Art. 25), ist dies bezüglich der Protokolle dem Ermessen anheimgestellt. So kann z. B. die Unterzeichnung durch den Schriftwart genügen.

Nach Art. 9 werden die Rechte, welche den Mitgliedern des Vereins in dessen Angelegenheiten zustehen, von ihnen und der Generalversammlung ausgeübt.

Als alleiniger gesetzlich normierter Gegenstand der Generalversammlung ist deren Aufgabe, daß sie über jede Abänderung der Statuten zu beschließen hat, anzusehen (Art. 5). Auch hat die Generalversammlung im allgemeinen die Aufgabe, die Interessen des Vereins zu wahren und kann sie die Auflösung des Vereins beschließen (Art. 23, 26). Welche Rechte ihr sonst zustehen, ist ganz in das freieste Ermessen gestellt: die gewöhnlichen Aufgaben sind:

a) Feststellung der Bilanz.

b) Festsetzung etwaiger Vollmachtsbeschränkungen des Vorstandes.

c) Wahl und Enthebung des Aufsichtsrates, Vorstandes, der Geschäftsbevollmächtigten und Liquidatoren.

d) Entscheidung über die Aufnahme von Mitgliedern, Ausschließung solcher und Ernennung von Ehrenmitgliedern.

e) Beschlußfassung über die Führung von Prozessen gegen die Mitglieder des Vorstandes und Aufsichtsrates, gegen Geschäftsbevollmächtigte oder im Interesse des Vereins selbst gegen dritte oder andere Vereine. (Intervention, Nebenklage.)

f) Entscheidung über die Beitragshöhe und Pflicht der Mitglieder.

g) Entscheidung über An- und Verkäufe, Aufnahme von Darlehen, Unterstützungen, Errichtung von Zweigvereinen.

h) Schlichtung von Streitigkeiten, Einsetzung eines Ehrenrates, Anzeige strafbarer Handlungen von Mitgliedern, Strafantragstellung 2c.

Vergl. auch § 6 der Satzungen des Vereins für freiwillige Armenpflege: die dort dem Verwaltungsrat zugeteilten Obliegenheiten können zum Teil auch in den Wirkungskreis der Generalversammlung fallen, umgekehrt die unter a—h aufgeführten zum Teil dem Aufsichtsrat zugeteilt sein. Es empfiehlt sich, nur die wichtigsten Grundrechte des Vereins, wie die Wahl der Vereinsorgane, Bilanz und Rechnungsdecharge der Generalversammlung vorzubehalten, zumal bei größeren

Vereinen, wo die Berufung derselben mit Umständlichkeiten und Vorbereitungen verknüpft ist.

11) Sächsisches Gesetz und der Entwurf des Reichscivilgesetzbuches:

a) Das sächsische Gesetz stellt im wesentlichen im § 11 unter 11 Ziffern die gleichen Normativbestimmungen wie Art. 3 auf:

Sub Ziffer 2 wird besonders verlangt, daß der Sitz des Vereins im Inland gelegen sein müsse. Die Art der Beschlußfassung aller Mitglieder (Generalversammlung) muß nach Ziff. 8 im Statut nur angegeben sein, insoweit solche von der Vorschrift in § 55 des bürgerlichen Gesetzbuches abweichen soll. (Dieser § verlangt zur Fassung giltiger Beschlüsse die Hälfte nach der Kopfzahl.) Ziffer 11 kommt in Wegfall. (Ges. vom 25. März 1874.) Vergl. auch die §§ 12 bis 14, 20 bis 25 des sächs. Gesetzes.

b) Die Normen des II. Entwurfes zum bürgerlichen Gesetzbuch für das Deutsche Reich sind wesentlich knapper und allgemeiner.

Das Statut muß enthalten Zweck, Name und Sitz des Vereins (§ 51) und soll Bestimmungen enthalten:

1) über den Eintritt und Austritt der Mitglieder (vergl. Ziff. 3 des bayer. Ges.),

2) darüber, ob und welche Beiträge von den Mitgliedern zu leisten sind (vergl. Ziff. 4 des bayer. Ges.),

3) über die Bildung des Vorstandes (vergl. Ziff. 5 des bayer. Ges.)

4) über die Voraussetzungen, unter welchen eine Berufung der Mitgliederversammlung zu erfolgen hat, über die Form der Berufung, sowie über die Beurkundung der in der Versammlung gefaßten Beschlüsse (Ziff. 8 und 9 des bayer. Ges.).

Die näheren Bestimmungen des bayer. Gesetzes in Ziff. 5, 6, 7, 8 und 9 bezüglich des Vorstandes und der Generalversammlung sind durch Normen unter den allgemeinen Vorschriften, welche teils positiver, teils fakultativer Art sind, ersetzt. (Vergl. § 25, 26, 27, 29, 31, speziell § 37.) Über die Zeitdauer (Ziff. 2 des bayer. Gesetzes) enthält der Entwurf keine Bestimmung.

Als neu können hier angeführt werden:

1) Die Widerruflichkeit des Vorstandes kann durch das Statut auf den Fall beschränkt werden, daß ein wichtiger, den Widerruf rechtfertigender Grund vorliegt. Ein solcher Grund ist insbesondere grobe Pflichtverletzung oder Unfähigkeit zur ordnungsmäßigen Geschäftsführung. (§ 26 Abs. 2.)

2) Soweit die erforderlichen Mitglieder des Vorstandes fehlen, sind sie bei Gefahr in Verzug auf Antrag eines Beteiligten von dem Amtsgericht, in dessen Bezirk der Verein seinen Sitz hat, für die Zeit bis zur Hebung des Mangels zu bestellen. (§ 28.)

3) Die Bestimmung in § 35 Abs. 2 über die gerichtliche Ermächtigung zur Berufung der Mitgliederversammlung.

4) Die Bestimmung des § 36, worin, falls die Statuten nichts anderes normieren, die Mitgliedschaft ausdrücklich als nicht übertragbar und vererblich bezeichnet und Ausübung der Rechte durch einen Stellvertreter ausgeschlossen ist 2c. 2c. (s. § 37).

12) Nach dem in Aussicht genommenen Reichsvereinsrecht ist das Maß der in das Statut aufzunehmenden Vorschriften wesentlich auf 5 Punkte beschränkt und kann dies als ein besonderer Fortschritt bezeichnet werden. Je weniger Schranken das Gesetz auflegt, um so ersprießlicher ist dies für die freie Entwickelung des Vereinslebens. In dieser Hinsicht könnte auch das bayerische Gesetz eine Einschränkung wohl vertragen, indem Ziff. 5—9 manches verlangen, was überflüssig, oder doch wesentlich vereinfacht und reducirt werden könnte. Die knappe Fassung der Statuten kann nicht genug als Vorzug betont werden.

---

## Artikel 4.

Die Statuten müssen bei dem Landgerichte[1]), in dessen Bezirke der Verein seinen Sitz[2]) hat, nebst dem Mitgliederverzeichnisse[3]) durch den Vorstand in Person[4]), oder mittels beglaubigten Aktes[5]) im Original eingereicht und Abschrift oder Abdruck derselben beigefügt werden. Findet sich nach vorgängiger Prüfung, daß die gesetzlichen Erfordernisse darin gewahrt sind, so gibt das Gericht die Originalstatuten dem Vorstande zurück, nachdem es die Vermerkung: „Anerkannt nach dem Gesetze vom 29. April 1869" darauf gesetzt hat, wogegen die Abschrift oder der Abdruck mit Bescheinigung der erfolgten Vidimation zu den Gerichtsakten genommen wird.[6])

Sind jedoch in den Statuten die gesetzlichen Erfordernisse nicht gewahrt, so gehen die eingereichten Schriftstücke an den Vorstand zurück und sind demselben zugleich die Gründe für die Versagung der Anerkennung mitzuteilen.

Vorbemerkung:

Ein Verein, der die Rechte eines anerkannten Vereines erlangen will, hat vor der gerichtlichen Anmeldung folgendes zu beachten:

a) das Statut im Original sowie eine Abschrift oder Abdruck ist erstes Erfordernis,

b) der gewählte Vorstand, d. h. sämtliche Vorstandsmitglieder, oder wenn derselbe aus mehreren Mitgliedern besteht, die Vorstände sind mit einer Legitimation zu versehen (am zweckmäßigsten das Wahlprotokoll), vergl. Anm. 1 unten.

c) Es muß (Art. 2 letzter Absatz) ein Mitgliederverzeichnis angefertigt werden.

Sind diese Vorbedingungen erfüllt, so begeben sich am zweckmäßigsten die sämtlichen Vorstandsmitglieder in Person, versehen mit genannten 3 Requisiten zum Landgerichte, in dessen Bezirk der Verein seinen Sitz hat, um daselbst dem betr. Richter die Statuten rc. zur Prüfung vorzulegen und dessen weitere Weisungen entgegenzunehmen. Vergl. zu diesem Art. Bl. f. R.-A. XXXV S. 27, XXXXI S. 298, Samml. I, S. 20. (Entsch. d. bayr. Oberst. Landesgerichtes.)

1) Landgericht (Civilkammer) früher Bezirksgericht. Vergl. Art. 30 Abs. 1 Ausf.-Ges. zum R.-G.-V.-G., inhaltlich dessen die Bestimmungen der §§ 61—68 und 77 des R.-G.-V.-G. auch auf die nicht zur ordentlichen streitigen Gerichtsbarkeit gehörenden Geschäfte des Landgerichts Anwendung finden. Die Ausfertigungen der Landgerichte unterzeichnet der Präsident vergl. Art. 30, Abs. 3 A.-G. z. R.-G.-V.-G. Wie für die Handelsgesellschaften und Genossenschaften, ist in der Regel ein eigener Referent mit dieser Sparte der richterlichen Thätigkeit betraut. Diese zerfällt in eine doppelte, in eine prüfende sowie in eine beaufsichtigende. Vergl. H. Becher a. a. O. S. 368. Die Beschlüsse werden in geheimer Sitzung durch ein Dreirichterkollegium gefaßt.

Über einen angeblichen Kompetenzkonflikt vergl. Samml. der Entsch. des bayr. Obersten Landesgerichtes I S. 20. (Das Bezirksgericht hatte einem Vereine die Rechte eines anerkannten Vereins, da Erwerbs- bezw. Wirtschaftsgenossenschaft, das Handelsgericht demselben Verein die Rechte als eingetragene Genossenschaft, da nicht hierunter fallend, versagt.)

2) Über den Sitz des Vereins s. Anm. 2 zu Art. 3.

3) Das miteinzureichende Verzeichnis der Mitglieder setzt sich zusammen aus denen, die als Gründer durch die Formalität der bloßen Unterschrift des Statutes oder durch schriftliche Erklärung in der im Statut vorgeschriebenen Weise Mitglieder geworden sind. Vergl. Art. 2 Abs. 2 oben. Nach Art. 18 ist der Vorstand verpflichtet, dem Gerichte alljährlich im Monat Januar ein vollständig alphabetisch geordnetes Verzeichnis der Mitglieder des Vereines einzureichen. Das Verzeichnis der Mitglieder eines anerkannten Vereines hat nicht die hohe Bedeutung, wie die Genossenschaftsliste, welche als gerichtliche Liste einen Bestandteil des Genossenschaftsregisters bildet und wo die Gläubiger der eingetragenen Genossenschaft mit unbeschränkter oder beschränkter Haftpflicht (nicht aber jener mit unbeschränkter Nachschußpflicht) im äußersten Falle die einzelnen Mitglieder für ihre im Konkurse

der Genossenschaft nicht befriedigten Forderungen in Anspruch nehmen können und ihnen deßhalb das Recht gesichert sein muß, jederzeit über den Stand der Mitglieder nicht nur der Zahl nach, sondern auch im Einzelnen sich zu vergewissern, vergl. § 15 Genoss.-Ges. v. 1. Mai 1889. Die Mitgliederverzeichnisse der anerkannten Vereine werden vom Gerichte nicht besonders geprüft und haben dieselben in der That lediglich einen statistischen Zweck, sie bilden in ihrer häufig kompendiösen Form einen unnötigen Ballast der Gerichtsakten und wurde mit Fug und Recht dieses Erfordernis der jährlichen Einreichung im Entwurf zum Bürgerlichen Gesetzbuch für das deutsche Reich weggelassen. Dort ist nur gesagt, daß der Vorstand dem Amtsgerichte auf dessen Verlangen zu jeder Zeit ein Verzeichnis der Vereinsmitglieder einzureichen hat. (Vergl. § 62 II. Entwurf.)

4) Durch den Vorstand in der Person:

Dies sollte aus Zweckmäßigkeitsgründen die Regel bilden, da die alsbaldige persönliche Rücksprache des Referenten mit dem Vorstand die Sache wesentlich erleichtert und vereinfacht. Besteht der Vorstand aus mehreren Mitgliedern, so müssen gleichzeitig auch diese samt Stellvertretern und Legitimationsurkunden bei Gericht erscheinen.

Da die Einreichung der Statuten nur dem Vorstande zusteht, so muß auch dieser bereits gewählt sein, ehe die Einreichung erfolgen kann. Zweifel können entstehen, von wem dies zu geschehen hat, wenn der Vorstand wechselt, ob von dem abtretenden Vorstande, oder von dem neu eintretenden, vorausgesetzt, daß zur Zeit der Anmeldung der betreffende Vorstand noch Vorstand ist. Letzteres muß als das Richtige bezeichnet werden: Mit der Beendigung der Funktion als Vorstand hören auch die gesetzlichen Pflichten für denselben auf.

Es ist nicht notwendig, daß die Einreichung der Statuten, worüber ein Protokoll aufgenommen wird, stets dem Richter gegenüber erfolgen muß, sondern dieselbe kann auch vor dem Gerichtsschreiber erfolgen, die Prüfung ist selbstverständlich ausschließlich Sache des Referenten.

Hinsichtlich der ganzen oder teilweisen Änderung des Personals eines bereits anerkannten Vereins vergl. Art. 17.

5) Mittels beglaubigten Aktes, d. h. die Statuten können auch auf schriftlichem Wege, statt persönlich dem Gerichte eingereicht, bezw. eingesandt werden; während es bei der unmittelbaren Einreichung genügt, wenn der Vorstand das Protokoll, in welchem sein Erscheinen vor Gericht und der Akt der Einreichung der Statuten 2c. 2c. konstatiert wird, in statutenmäßiger Form als Vorstand unterschreibt, oder wenn der Referent dies alles in Form einer Note zum Akt konstatirt, muß die schriftliche Einreichung in beglaubigter Form erfolgen. Eine solche Beglaubigung bezweckt nichts anderes, als den Nachweis der Identität der das Statut 2c. 2c. einreichenden Person. Die Beglaubigung kann gemäß Art. 11 Abs. 2, Z. 1 Not.-Ges. nur durch einen Notar erfolgen.

Auch in diesem Falle müssen selbstredend Abschrift der Statuten und des Mitgliederverzeichnisses beigefügt werden; daß auch diese beglaubigt sein müssen ist gesetzlich nicht vorgeschrieben; die Vidimierung, d. h. die Bescheinigung, daß die Abschrift mit dem Original übereinstimmt, ist vielmehr Aufgabe des Gerichtes, s. unten. Die Bestimmung bezüglich der Abschriften ist überhaupt lediglich reglementärer Natur und können solche Abschriften ebenso gut vom Gericht gefertigt werden.

Auch die Anmeldung der Mitglieder des Vorstandes (Art. 13) kann in beglaubigter Form erfolgen.

6) Prüfung durch das Gericht ꝛc.

Sie ist eine der wesentlichsten und wichtigsten Aufgaben: von der Prüfung der Statuten hängt die Erteilung der Rechtsfähigkeit an den Verein ab. Dieselbe erstreckt sich in erster Linie auf die Prüfung der Statuten in Bezug auf die gesetzlichen Voraussetzungen gemäß Art. 1, 2 und 3 des Gesetzes. Was durch das Gesetz geordnet ist, kann durch das Statut nicht anders geordnet werden und von den gesetzlichen Bestimmungen können die statutarischen nur abweichen, wenn das Gesetz solche Abweichung ausdrücklich zuläßt.

Die Thätigkeit des Gerichtes beginnt nach Einreichung der Statuten. Außer der Identität und Verfügungsfähigkeit des Vorstandes sowie der Übereinstimmung der Abschriften mit den Originalurkunden muß das Gericht feststellen, daß die Statuten einerseits nichts enthalten, was den positiven Anforderungen des Gesetzes widerstreitet und daß sie andererseits alles enthalten, was das Gesetz von den Statuten eines anerkannten Vereins verlangt. Über die Güte der gesetzlichen Anforderungen selbst hat der Richter nicht zu urteilen und darf sich daher die Prüfung nur auf die Voraussetzungen selbst beschränken. Dies schließt nicht aus, daß der Richter berechtigt, ja verpflichtet ist, offenbare Widersprüche der Statuten zu beanstanden, und falls sich Zweifel ergeben, Aufklärung zu verlangen.

Vielfach finden sich in den von Laien abgefaßten Statuten Bestimmungen, die vom Gesetz zwar nicht vorgeschrieben, die aber trotzdem aufgenommen worden sind. Es muß zwar dem Richter das Recht abgesprochen werden, solche dem Sinne und Geiste des Gesetzes an sich nicht widersprechende Bestimmungen bezüglich ihrer Zweckmäßigkeit zu beurteilen, allein in jedem Falle muß dem Richter das Recht zugesprochen werden, die Beseitigung logischer Inkonsequenzen zu verlangen und steht ihm zweifellos auch das Recht zu, in beratender Form unter Hinweis auf etwaige Konsequenzen die Vorstände aufmerksam zu machen und zu warnen.

In gleicher Weise hat das Gericht gemäß Art. 5 jeden das ursprüngliche Statut später abändernden Beschluß der Generalversammlung nach Maßgabe des Statutes zu prüfen.

In Nachfolgendem führe ich die Fälle auf, in welchen das Gesetz selbst Abweichungen von seinen Bestimmungen, bezw. selbständige statutenmäßige Bestimmungen zuläßt:

Art. 1 hinsichtlich des Vereinszwecks.

Art. 2 hinsichtlich der Beitrittsformalitäten und des Vereinsnamens.

Art. 3 hinsichtlich der Bestimmungen über die Zeitdauer, Beitrittsbedingungen, Größe und Art der Vereinsbeiträge und etwaiger dem Vorstande an die Seite zu setzenden Organe.

Art. 4 hinsichtlich der Statuteneinreichungsform.

Art. 5 hinsichtlich der Statutenabänderungsform.

Art. 9 hinsichtlich der Stimmenzahl der Mitglieder in der Generalversammlung.

Art. 12 hinsichtlich der Zusammensetzung und Besoldung des Vorstandes.

Art. 13 hinsichtlich der Anmeldungsform der Vorstandsmitglieder (deren Legitimation und Vertretung).

Art. 14 hinsichtlich der Geschäftsführung, Willenserklärungsabgabe und Zeichnung des Vorstandes.

Art. 15, 16, 17 hinsichtlich der dem Vorstande zu erteilenden Vollmachten, dessen Legitimation und Vertretung.

Art. 17 hinsichtlich der Anmeldungsform eines neuen Vorstandes.

Art. 20 hinsichtlich der Bestellung eines Aufsichtsrates, dessen Zahl und Wirkungskreis (Vollmachten, Legitimationen und Stellvertretung).

Art. 22 hinsichtlich der Bestellung von Geschäftsbevollmächtigten, deren Vollmacht (Stellvertretung und Legitimation).

Art. 23 hinsichtlich der zur Berufung einer Generalversammlung in gewöhnlichen und außergewöhnlichen Fällen berechtigten Person.

Art. 24 hinsichtlich der Formen der Berufung der Generalversammlung, Bestimmung des Schriftführers und Vorsitzenden.

Art. 25 hinsichtlich der Unterzeichnung der Beschlüsse.

Art. 26 hinsichtlich der Stimmenzahl zur Auflösung des Vereins und Form der diesbezüglichen Anzeige durch den Vorstand.

Art. 30 hinsichtlich der Versteigerung von Immobilien nach Liquidation.

Art. 32 hinsichtlich der Austrittsbedingungen, des Ausschlusses.

Das Gesetz bedient sich bezüglich dieser fakultativen, nicht zwingenden Bestimmungen verschiedener Ausdrucksweise „oder", „kann", „sofern die Statuten nichts anderes festsetzen" 2c. 2c.; auch subsidiär („ist nichts darüber bestimmt") trifft das Gesetz Bestimmungen.

Die sämtlichen oben aufgeführten Freiheiten dürfen, insoweit von denselben im Zusammenhalt mit den gesetzlichen Bestimmungen logisch richtig Gebrauch gemacht wird, in keiner Weise durch den Richter beschränkt oder verkürzt werden.

Findet das Gericht Anstände, so ist die Anerkennung der Statuten zu versagen oder die Anerkennung von der Erledigung der Anstände abhängig zu machen. In beiden Fällen bedarf es einer Motivierung unter Hinweis auf die gesetzlichen Bestimmungen.

Die Versagung wird dann Platz greifen, wenn es sich um fundamentale Mängel handelt, wenn z. B. der Verein seinem Zweck nach auf positiven Erwerb und Gewinn ausgehen will oder unter die Normen eines Spezialgesetzes zu subsumieren ist, oder wenn einem Vereine die staatliche Genehmigung nach Art. 2 Ziff. 2 nicht erteilt worden ist, mit einem Wort, wenn es sich um wichtige prinzipielle Bestimmungen handelt, deren Beseitigung schon im voraus nicht gut denkbar erscheint, ohne den gewollten Zweck, den Charakter der Vereinigung, vollständig umzugestalten. Über die Anfechtung der Beschlüsse vergl. Art. 5 Anm. 5.

Die Anerkennung wird dagegen unter Bedingungen in Aussicht gestellt werden können, wenn das Statut in solchen Punkten vom Gesetz abweicht, deren Bestätigung ohne Schwierigkeit ausführbar erscheint. Es werden nicht selten Bestimmungen in die Statuten aufgenommen, die aus einer irrigen Gesetzesauffassung beruhen und lediglich der Richtigstellung bedürfen und wäre es in solchen Fällen unbillig, rundweg einem solchen Verein die Anerkennung zu versagen.

Sind dagegen die gesetzlichen Erfordernisse vom Gericht als gegeben erachtet, sei es von Anfang an oder nach Erfüllung der Bedingungen, so versieht das Gericht die Originalstatuten mit dem Vermerke:

„Anerkannt nach dem Gesetze vom 29. April 1869 (die privatrechtliche Stellung von Vereinen betr.)."

Mit diesem Vermerke versehen, gibt das Gericht das Originalstatut dem Vorstande zurück und erlangt der Verein mit diesem Augenblick die Eigenschaft eines nach dem gegenwärtigen Gesetze „anerkannten Vereins". Vgl. Art. 6 sowie die Ausführungen bei H. Becher a. a. O. S. 358 Anm. 10.

Zuvor wird durch Gerichtsbeschluß zu den Akten in geheimer Sitzung durch ein Dreirichterkollegium ausgesprochen, daß nach Prüfung der Statuten, in der Erwägung, daß die gesetzlichen Voraussetzungen gegeben sind, dem nachsuchenden Vereine die Rechte eines anerkannten Vereines gemäß Art. 4 rc. rc. unter dem oder jenem Namen verliehen werden; die beglaubigte Abschrift der Statuten wird gleichzeitig zu den Akten genommen.

Über den Fall, daß aus irgend welchem Grunde einem Vereine, dessen Statut oder dessen abgeänderte Statuten den gesetzlichen Anforderungen nicht entspricht, die Rechte eines anerkannten Vereines verliehen wurden, siehe unten zu Art. 6 Anm. 3.

Das dem Vorstande mit dem erwähnten Vermerke zurückgegebene Originalstatut bildet das authentische Dokument des Vereins in Beziehung auf seine Eigenschaft als anerkannter Verein und ist dasselbe als ein für den Verein hochwichtiges Aktenstück wohl zu verwahren. Es mag noch erwähnt werden, daß bei den modernen Genossenschaften gerade umgekehrt die beglaubigte Abschrift des Statuts zurückgegeben, während das Original bei den Gerichtsakten bleibt, bezw. einen integrierenden Bestandteil des Genossenschaftsregisters bildet. Vergl § 10 und 11 des Reichs-Genossenschaftsgesetzes vom 1. Mai 1889, vergl. überhaupt die Anmerkungen zu diesen Paragraphen in den Kommentaren von F. X. Pröbst, Dr. Maurer und Parisius-Crüger, ferner § 4 des Gesetzes vom 4. Juli 1868 und die Bemerkungen hiezu im Kommentar von H. v. Sicherer, endlich Art. 4 des bayer. Genossenschaftsgesetzes vom 29. April 1869 und Art. 176 und 210 des H.-G.-B.'s

7) Es erübrigt schließlich an dieser Stelle einige Bemerkungen über die juristische Natur des staatlichen Aktes, durch welchen einem Vereine die Rechte eines anerkannten Vereins verliehen werden, folgen zu lassen:

Wir begegnen der staatlichen Mitwirkung bei den verschiedenen Korporationen in dreifacher Form. Sie ist entweder Genehmigung, oder Bestätigung, oder Eintragung.

a) Genehmigung: Sie wurzelt in der Rücksicht auf das öffentliche Wohl. Vergl. Reichs-Gewerbe-Ord. § 98 b (Innungen), § 12 des Unfallversicherungsgesetzes (Berufsgenossenschaften) 2c. 2c.

Es kann wohl keinem Zweifel unterliegen, daß die Verleihung der Rechte eines anerkannten Vereines heutzutage nicht den Charakter der staatlichen Genehmigung trägt. Eine solche Auffassung widerspräche dem Prinzipe der Vereinsfreiheit und läßt sich ebensowenig rechtfertigen, wie eine solche Auffassung bezüglich der polizeilichen Anzeigepflicht.

b) Bestätigung: Sie ist, wie Regelsberger Pand. I a. a. O. treffend § 80 sagt, das Urteil, daß die Vereinsbildung den gesetzlichen Anforderungen entspreche. Diese Auffassung deckt sich auch vollkommen mit dem Wortlaute des Art. 4: „findet sich nach vorgängiger Prüfung, daß die gesetzlichen Erfordernisse darin gewahrt sind 2c.", sowie der ganzen Tendenz des Gesetzes vom 29. April 1869. Das Gesetz knüpft den Gründungsakt an gewisse formelle und materielle Voraussetzungen (Normativbestimmungen) und die Beifügung des erwähnten Vermerkes auf die Statuten ist nichts anderes als die staatliche Anerkennung der gesetzmäßigen Bildung: mit Recht daher auch der Name „Anerkannter Verein". Vergl. auch § 4 Reichsgesetz vom 7. April 1876 (eingeschriebene Hilfskassen) sowie §§ 24, 64 Krankenversicherungsgesetz.

c) Eintragung in ein öffentliches Buch.

Durch dieselbe soll der Außenwelt gegenüber die Entstehung angezeigt werden. Dies ist z. B. der Fall bei den modernen Genossenschaften, vergl. §§ 10—12 des R.-Gesetzes vom 1. Mai 1889. Vergl. auch Handelsges.-Buch Art. 211.

8) Nach sächsischem Recht ist das Statut in gehörig vollzogenem Originale bei dem Gerichte, wo der Verwaltungssitz des Vereins ist, einzureichen und dort mindestens eine beglaubigte Abschrift zu jedermanns Einsicht niederzulegen. Bekanntlich sind in Sachsen die hier in Frage stehenden juristischen Personen unter dem Ausdruck „Genossenschaften" mit diesen zugleich gesetzlich geregelt, wie dies ja ursprünglich auch für Bayern geplant war, vergl. Einleitung S. 19; die sämtlichen Personenvereine (Genossenschaften) erlangen daher juristische Persönlichkeit durch den Eintrag in das Genossenschaftsregister. Vor dem Eintrage hat das Gericht zu prüfen, ob das Statut oder die Statutenänderungen dem Gesetze vom 15. Juni 1868 entsprechen und nichts Gesetzwidriges enthalten, nicht minder, ob die einzutragenden Beschlüsse in gültiger Weise gefaßt worden sind. Während in Bayern die anerkannten Vereine ohne weiteres auch politische Vereine sein können, dürfen in Sachsen Personenvereine, deren Zweck sich auf öffentliche Angelegenheiten bezieht, nur dann in das Genossenschaftsregister eingetragen werden, wenn das Ministerium des Innern hiezu ausdrücklich seine Genehmigung erteilt hat. Das Gleiche gilt von späteren Abänderungen der Statuten solcher Vereine. Dem Ermessen des Gerichtes bleibt es überlassen, für das Statut und Statutenänderungen gerichtliche oder notarielle Beurkundung zu verlangen. Vergl. §§ 6 b, 70, 71, 72, 73 des sächs. Ges.

Was in die Register einzutragen ist, schreibt § 71 vor, nämlich: Der Name der Genossenschaft und deren Statut, sowie spätere Änderungen desselben, ingleichen die legitimierten Mitglieder des Vorstandes. Gleich den eigentlichen Genossenschaften (Erwerbs- und Wirtschaftsgenossenschaften) muß gemäß § 74 die Eintragung eines Personenvereins (Genossenschaft) als juristische Person in gewissen Blättern (Amtsblatt und Leipziger Zeitung) bekannt gemacht werden.

In formeller Hinsicht sind sonach nach sächsischem Recht die Personenvereine, welche ihrem Zwecke nach den anerkannten Vereinen des bayer. Gesetzes entsprechen, gleichgestellt; dies hat wegen der materiellen Verschiedenheit der geistige Schöpfer und Referent des bayer. Gesetzes absichtlich vermieden.

9) Auch der Entwurf des Reichscivilgesetzbuches lehnt sich in formeller Hinsicht an die Genossenschaften an. Er verlangt Eintragung in die Vereinsregister bei dem Amtsgerichte, in dessen Bezirk der Verein seinen Sitz hat. Die Anmeldung obliegt dem Vorstande und sind derselben beizufügen:

1. Das von mindestens sieben Mitgliedern unterzeichnete Statut und eine Abschrift desselben,
2. ein Verzeichnis der Mitglieder,
3. eine Abschrift der Urkunden über die Bestellung des Vorstandes.

Neu ist die im § 54 nach der Eintragung vorgeschriebene Mitteilung an die nach den Landesgesetzen zuständige Verwaltungsbehörde, welcher ein Einspruchsrecht zusteht, wenn der Verein nach dem öffentlichen Vereinsrecht unerlaubt, oder verboten werden kann, oder wenn er einen politischen, sozialpolitischen und religiösen Zweck verfolgt. Erfolgt ein solcher, so wird die Eintragung ausgesetzt. Der Vorstand erhält Mitteilung und kann sodann der Einspruch im Wege des Verwaltungsstreitverfahrens bezw. Rekurses angefochten werden.

Ist Einspruch nicht erhoben, oder sind, was dem gleichgestellt ist, 6 Wochen ohne Einspruchserhebung abgelaufen, so ist der Verein in das Vereinsregister einzutragen. Hiebei sind Name und Sitz des Vereins, das Datum des Statuts, sowie die Mitglieder des Vorstandes anzugeben; auch sind Bestimmungen, welche den Umfang der Vertretungsvollmacht des Vorstandes beschränken oder die Beschlußfassung desselben nicht in gleicher Weise, wie die Beschlüsse der Mitgliederversammlung regeln, gleichfalls einzutragen.

An das bayerische Gesetz lehnt sich die Bestimmung an, daß nach der Eintragung das Statut, mit der Bescheinigung derselben versehen, zurückzugeben ist und daß die Abschrift des Statuts nach vorgängiger Beglaubigung samt den übrigen Schriftstücken bei Gericht aufbewahrt wird. Erst mit der Eintragung erhält der Name des Vereins die zusätzliche Bezeichnung „eingetragener Verein" (analog den „eingetragenen" Genossenschaften). Auch Publikation im Amtsblatte ist vorgeschrieben.

Vergl. § 49—58 und § 27 des II. Entwurfes.

Aus dem Gesagten geht hervor, daß der Entwurf zur Verleihung der juristischen Persönlichkeit eine ganze Reihe von Formalitäten verlangt, die aus einer Kombination der Bestimmungen über die Genossenschaften, sowie jener des bayerischen und sächsischen Gesetzes bestehen. Hierdurch erhält das Vereinswesen einen mehr öffentlichen Charakter, was der Natur, der rein idealen Tendenz und dem oft privaten Charakter dieser Vereinigungen direkt widerstrebt. Als ein entschiedener Mißgriff und eine überflüssige Erschwerung muß die positive Vorschrift der Mitteilung der Eintragung an die Verwaltungsbehörde bezeichnet werden; dies sollte wenigstens dem Ermessen der einzelnen Bundesstaaten anheimgestellt bleiben; für die große Mehrzahl derselben und auch für Bayern wird diese Bestimmung zu einer völlig zwecklosen Formalität herabsinken. Sie ist eine Schranke, die der Freiheit des Vereinswesens widerstrebt; sie macht nur in anderer Form die Bildung eines Vereins geradezu von der staatlichen Genehmigung abhängig.

Man vergegenwärtige sich nur den Eindruck und die Folgen, den die Mitteilung an den Verein macht, daß die Verwaltungsbehörde Einspruch erhoben habe, weil ein Verein z. B. sozialpolitische Tendenzen verfolge! Wie leicht ist ein Irrtum denkbar! In den Motiven zum

Entwurf wurde einmal ausgeführt (S. 90), daß sich den Vereinen mit harmlosen Zwecken die Gefährlichkeit nicht ansehen ließe; wird nicht die zweischneidige Institution des Einspruchs solche Bildungen fördern? Sollten die Tendenzen des als juristische Person eingetragenen Vereins sich als gefährlich erweisen, so kann ja noch jederzeit die Auflösung erfolgen, allein solchen Vereinen die Erlangung der Rechte als juristische Person, also Vermögensfähigkeit zu versagen, weil die Verwaltungsbehörde sie für gemeingefährlich hält, dieser Weg kann auch aus politischen Gründen nicht für zweckmäßig erachtet werden, da er den Zweck entschieden verfehlt und der Erfolg jedenfalls sehr zweifelhaft genannt werden muß.

---

## Artikel 5.

Jede Abänderung der Statuten[1]) muß in der Generalversammlung[2]) der Vereinsmitglieder beschlossen und unter Einreichung zweier Abschriften[3]) des Beschlusses durch den Vorstand in Person oder mittels beglaubigten Aktes dem Gericht angezeigt werden.[4]) Im Fall der Inhalt des Beschlusses keine dem Gesetz entnommenen Bedenken bietet, erhält der Vorstand die eine Abschrift mit der Vormerkung der geschehenen Einreichung vom Gericht zurück, die zweite geht mit derselben Vormerkung zu den Akten und gilt diese Vormerkung der ausdrücklichen Anerkennung gleich. Finden sich dagegen Bedenken der erwähnten Art, so wird nach Art. 4 Abs. 2 verfahren.

Gegen in Art. 4 und 5 bezeichnete Gerichtsbeschlüsse findet Beschwerde an die höheren Instanzen statt.[5])

Vergl. analog: Art. 6 des bayer. Genossenschaftsges. v. 29./IV. 1869, § 6 des Reichsges. v. 4. Juli 1868, § 16 des Reichsges. vom 1. Mai 1889. Art. 214 und 215 H.-G.-B.

1) Als Statutenänderung ist jede Abänderung des Statuts eines bereits anerkannten Vereines anzusehen, sei es daß dieselbe im Wegstreichen vorhandener, im Einfügen neuer, oder Umänderung bisheriger Bestimmungen besteht. Hieher sind Änderungen rein redaktioneller Natur wohl kaum zu zählen; gleicher Anschauung: v. Völderndorff das Gesetz betr. die Kommanditgesellschaft auf Aktien und Aktiengesellschaften S. 473, Hergenhahn, S. 29, Makower Note 60 zu Art. 215 H.-G.-B. Wenn selbst in Bezug auf die Aktiengesellschaften solche An-

forderungen nicht gestellt werden, so wäre es kleinlich, dies für anerkannte Vereine, bei denen die Tragweite einer redaktionellen Änderung gewiß nicht so belangreich ist, zu fordern. Vergl. dagegen auch Entsch. des Kammergerichtes Berlin v. 12. Jan. 1885 im Jahrbuch für Entscheidungen des Kammergerichtes (Johow) Bd. 5 (1885) S. 32 und Ring, das Reichsgesetz betr. die Kommanditgesellschaften auf Aktien und die Aktiengesellschaften vom 18. Juli 1884, Dr. Maurer, a. a. O. zu § 10.

2) Generalversammlung:

Das Gesetz bestimmt positiv, daß jede Abänderung der Statuten Sache der Generalversammlung ist. Es können also in dieser Beziehung keine Zweifel mehr entstehen, wie dies z. B. bei dem bayerischen Gesetze vom 29. April 1869 und dem gleichlautenden Reichsgesetze vom 4. Juli 1868 denkbar war. Vergl. v. Sicherer a. a. O. § 6 sub I, welcher zu jeder Statutenänderung, der unbedeutendsten, wie der weitreichendsten Einstimmigkeit verlangte.

Voraussetzung ist selbstverständlich ein Beschluß der statutenmäßigen Generalversammlung (vergl. Art. 23, 24, 25 gegenwärtigen Gesetzes); dabei ist es den Statuten überlassen, ob der Beschluß mit größerer Stimmenmehrheit oder nach anderen Erfordernissen (mehrfache Beschlußfassungen, Anwesenheit eines bestimmten Bruchteils der Mitglieder, Zustimmung des Vorstandes oder Aufsichtsrates, oder beider) erfolgen müsse. Auch können besondere Bestimmungen bei Abänderung des Vereinszweckes, Fortsetzung eines auf bestimmte Zeit gegründeten anerkannten Vereines, wie z. B. wiederholte Bekanntmachung mit besonderer Frist, notarielle Verlautbarung ꝛc. festgesetzt sein. Vergl. auch oben bezüglich der Fortsetzung eines Vereines die Bemerkungen zu Art. 3 Ziff. 2 S. 66.

Nach § 16 des z. Zt. geltenden Reichsgenossenschafts-G. bedarf es zu einer Abänderung des Gegenstandes des Unternehmens sowie zur Erhöhung des Geschäftsanteils einer Mehrheit von drei Vierteilen der erschienenen Genossen. Das Statut kann noch andere Erfordernisse aufstellen. Zu sonstigen Änderungen des Statuts bedarf es einer Mehrheit von drei Vierteilen der erschienenen Genossen, sofern nicht das Statut andere Erfordernisse aufstellt.

3) Unter Einreichung zweier Abschriften ꝛc. ꝛc.

Während der Originalabänderungsbeschluß gemäß Art. 25 dem dort vorgeschriebenen Vereinsprotokollbuch einverleibt wird, hat der Vorstand hievon 2 Abschriften fertigen zu lassen; dieselben bedürfen keiner Beglaubigung; sie ist überflüssig, weil die Anmeldung vom Vorstand in Person oder mittels beglaubigten Aktes erfolgt.

Die Anzeige der Statutenänderung bei Gericht findet sodann in ganz gleicher Weise wie die Einreichung des Statutes nach Art. 4 statt, indem dieselbe entweder durch den Vorstand in Person oder mittels beglaubigten Aktes bethätigt wird. Vergl. die Bemerkungen zu Art. 4,

Ziff. 5. Auch die weiteren Formalitäten entsprechen den Vorschriften des Art. 4: ist der Beschluß gesetzmäßig, d. h. ist das Gericht nach Prüfung desselben in materieller und formeller Hinsicht zu der Überzeugung gelangt, daß die Abänderung sowohl den Normen des Statutes, wie jenen des gegenwärtigen Gesetzes entspricht, so wird auf beiden Abschriften die Einreichung mit Datum und Unterschrift konstatiert: die eine Abschrift erhält der Vorstand zurück und gilt von diesem Augenblick an die Statutenänderung als vom Gericht anerkannt; die abgeänderten Statuten treten, falls nicht ein besonderer Termin bestimmt, oder sonstige Formalitäten (nochmalige Verkündigung in der Generalversammlung ꝛc. ꝛc.) vorgeschrieben sind, für den Verein in Kraft. Ob und wieweit noch die alten Statuten in Anwendung zu kommen haben, ist Thatfrage und sind hiefür, falls die Statuten keine Bestimmungen enthalten, die Normen des Civil-Rechtes maßgebend. Eine rückwirkende Kraft kann den abgeänderten Statuten nicht zukommen. Vergleiche Art. 6 und Entsch. d. R.-G. i. C.-S. VIII, S. 11 (authentische Interpretation eines Genossenschaftsstatutes durch Beschluß der Generalversammlung mit rückwirkender Kraft). Vergl. auch H. Becher a. a. O. S. 366 Anm. 47. Die andere Abschrift wird den gerichtlichen Akten einverleibt; nachdem die Konstatierung der Einreichung mit Datum und Unterschrift nach gesetzlicher Bestimmung der ausdrücklichen Anerkennung des Gerichtes gleich erachtet wird, so bedarf es eines besonderen Beschlusses des Gerichtes in diesem Falle nicht; dies schließt nicht aus, daß in zweifelhaften Fällen und wo es einer besonderen Motivierung bedarf, die Anerkennung der Statutenabänderung durch vorgängigen Gerichtsbeschluß ausgesprochen wird.

In jedem Falle bedarf es eines motivierten Gerichtsbeschlusses, wenn einer Statutenabänderung die gerichtliche Anerkennung versagt wird. Auch hier kann die Anerkennung entweder positiv versagt, oder von der Erfüllung gewisser Bedingungen abhängig gemacht sein. (Vergl. die Ausführungen zu Art. 4 Anm. 6.) Die eingereichten Schriftstücke gehen an den Vorstand zurück.

4) Nach Art. 34 hat das Gericht den Vorstand zur Befolgung der Anzeige der Statutenabänderung von Amtswegen durch Ordnungsstrafen anzuhalten.

Über Änderungen im Personal des Vorstandes vergl. Art. 17 dieses Gesetzes; als Beispiel des Wortlautes in Bezug auf Bestimmungen betreffend die Statutenabänderung s. § 11 Beil. 5 Statuten des Vereins für freiwillige Armenpflege.

5) Vergl. hieher § 150 des Reichsgenossenschaftsgesetzes vom 1. Mai 1889.

a) Beschwerde findet statt gegen die Beschlüsse, durch welche gemäß Art. 4 bezw. 5 den Statuten von Vereinen, welche die Rechte anerkannter Vereine erwerben wollen, und den Statutenabänderungen bereits bestehender anerkannter Vereine die Anerkennung versagt wird.

Das Rechtsmittel ist die einfache Beschwerde im Sinne des Art. 56 ff. A.=G. z. R.=C.=P.=O. und geht dieselbe an das Oberlandesgericht; sie äußert keine aufschiebende Wirkung, vergl. Art. 59 A.=G. z. R.=C.=P.=O.: im Falle also einem Vereine die Rechte als anerkannter Verein durch Nichtanerkennung der Statuten versagt sind, beurteilen sich dessen Rechtsverhältnisse nach den Normen des Civilrechtes, oder im Falle eine beantragte Statutenänderung gerichtlich nicht anerkannt wird, bleibt das bisherige Statut maßgebend, es sei denn, daß der Vollzug des Beschlusses durch das Beschwerdegericht ausgesetzt wird. Vergl. auch § 535 Abs. 2 und 3 R.=C.=P.=O.

b) Die Beschwerde ist aber nicht nur zulässig bei Versagung der Anerkennung des Statuts bezw. der Statutenänderung, sondern auch im Falle einem Vereine die Rechte als anerkannter Verein verliehen oder dem Antrage auf Statutenänderung positiv stattgegeben, sowie in jenen Fällen, wo ein anerkennender Beschluß von Bedingungen abhängig gemacht wird. Das Beschwerderecht steht in allen Fällen nicht nur dem Verein, sondern auch den einzelnen Vereinsmitgliedern, sowie jedermann zu, der ein rechtliches Interesse nachzuweisen vermag.

Es gehören hieher die Fälle, in denen die Rechte der Vereinsmitglieder in unzulässiger Weise verletzt wurden (z. B. Ungiltigkeit eines Generalversammlungsbeschlusses wegen statutenwidriger Nichtbeachtung der vorgeschriebenen Formalitäten) oder in denen ein dritter Verein durch Abänderung des Gesamtnamens geschädigt ist. Endlich ist hieher das Recht der Beschwerde zu zählen, welches dem Vertreter des öffentlichen Interesses zugestanden werden muß, wenn einem Vereine trotz mangelnder Staatsgenehmigung die Bestätigung erteilt wurde. Vergl. Art. 6 sowie die Ausführungen bei H. Becher a. a. O. Anm. 6 S. 357, Einleitung S. 23.

Da, wie erwähnt, die Beschwerde keine aufschiebende Wirkung hat, so können Vereine, denen durch landgerichtlichen Beschluß die Rechte anerkannter Vereine verliehen wurden, sobald von irgend einer Seite Beschwerde gegen den genehmigenden Beschluß eingelegt wird, die Rechte als anerkannte Vereine nicht in Anspruch nehmen, es sei denn, daß durch das Beschwerdegericht dem angefochtenen Beschluß Suspensiveffekt beigelegt wird. Solche Vereine sind also bis zur endgiltigen Verbescheidung der Beschwerde nach den Grundsätzen des Civilrechtes zu beurteilen.

Auch die weitere Beschwerde, die gegen die Beschlüsse des Oberlandesgerichtes im Falle der Bestätigung, Aufhebung oder Abänderung der landgerichtlichen Beschlüsse beschränkt an das oberste Landesgericht zugelassen ist, muß den oben erwähnten Personen eingeräumt werden. Vergl. für Bayern Art. 62 ff. A.=G. z. R.=C.=P.=O.

6) In Bezug auf das Sächsische Recht vergl. §§ 16, 70—73, 79 des Ges. v. 15. Juni 1868. Für Abänderungen des Statutes gelten die gleichen Bestimmungen wie für die Einreichung;

erst mit dem Eintrage in das Genossenschaftsregister erlangen die abgeänderten Statuten gegen Nichtmitglieder rechtliche Wirkung. Vergl. Note 8 zu Art. 4; das dort Gesagte findet analoge Anwendung. Über die Beschwerde vergl. § 79.

7) Für das Reichscivilrecht ist die Bestimmung in § 32 des II. Entwurfes von Wichtigkeit, wonach es zur Giltigkeit eines Beschlusses, durch welchen das Statut geändet wird, einer Mehrheit von drei Vierteilen der erschienenen Mitglieder bedarf und zur Änderung des Zweckes des Vereins die Zustimmung aller Mitglieder erforderlich ist. Das Gesetz geht soweit, daß die Zustimmung der nicht Erschienenen schriftlich verlangt wird.

Über Änderungen des Vorstandes vergl. §§ 59 und 60. Nach § 61 bedürfen Änderungen des Statuts zu ihrer Wirksamkeit wie im sächsischen Recht der Eintragung in das Vereinsregister und ist der Anmeldung durch den Vorstand der die Änderung enthaltende Beschluß und eine Abschrift desselben beizufügen; auch für jede Abänderung gelten die Vorschriften über Mitteilung an die Verwaltungsbehörde und deren Einspruchsrecht. Vergl. die Ausführungen oben Anm. 9 zu Art. 4. Nach Eintragung der Statutenänderung ist der die Änderung enthaltende Beschluß mit der Bescheinigung der Eintragung versehen, dem Vorstande zurückzugeben.

Die Vorschriften des Entwurfes in Bezug auf die Abänderungen der Statuten erscheinen weitaus als zu streng und in Anbetracht des Umstandes, daß die Notwendigkeit, die Statuten in kleinen Punkten abzuändern, bei den hier in Frage stehenden Vereinen gar nicht so selten eintritt, als viel zu umständlich. Die Änderung selbst ist in vielen Fällen zu unwesentlich und unbedeutend, um wie bei den Genossenschaften eine Eintragung im Vereinsregister zu verlangen. Ist schon die Eintragung des Statutes bei diesen Vereinen, die doch speziell immaterielle Zwecke verfolgen, eine ich möchte nicht sagen unbegründete, aber doch den Zwecken nicht entsprechende Anforderung, so erscheint es am Platze, diese Eintragung auf den wichtigsten Fall, nämlich die Änderung des Zweckes zu beschränken.

---

## Artikel 6.

Vor Rückgabe der mit der gerichtlichen Vormerkung versehenen Statuten (Art. 4) hat der Verein die Eigenschaft eines nach dem gegenwärtigen Gesetze „anerkannten Vereins“

nicht. Ebenso hat keine Abänderung der Statuten rechtliche Wirkung, bevor nicht die Einreichung der betreffenden Abschrift vom Gericht nach Art. 5 bescheinigt ist.

1) Vergl. Art. 5 und 6 des mehrerwähnten bayr. Gesetzes vom 29. April 1869, § 5 und 6 des gleichlautenden Reichsgesetzes vom 4. Juli 1868 sowie §§ 13 und 16 des nun geltenden Reichsgenossenschaftsgesetzes, endlich H.-G.-B. Art. 178 Abs. 1, 211 Abs. 1.

Art. 6 will nichts anderes besagen, als daß die Bestätigung der Statuten (Art. 4) sowie der Statutenabänderung (Art. 5) konstitutive, rechtsbegründende Wirkung hat: erst von dem Momente ab, wo die Originalstatuten mit der Vormerkung: „Anerkannt" zc. in die Hand des Vorstandes zurückgelangt sind, hat der Verein die Eigenschaft eines „anerkannten Vereines" nach dem gegenwärtigen Gesetze und erst von dem Momente ab, wo die Abschrift des Statutenabänderungsbeschlusses (Art. 5) mit der Vormerkung der geschehenen Einreichung in die Hand des Vorstandes zurückgelangt sind, hat die Abänderung der Statuten rechtliche Wirkung.

Es genügt, daß die betreffenden Urkunden beim Empfangsberechtigten eingelangt sind. (Empfangs- nicht Vernehmungstheorie.)

Hieraus folgt, daß im Falle des Art. 4 mit der Rückgabe der Verein juristische Persönlichkeit erlangt; dies schließt selbstverständlich nicht aus, daß im Statut ein späterer Termin für die rechtliche Existenz festgesetzt sein kann. Demgemäß sind vom Abschlusse des Gesellschaftsvertrages bis zur erwähnten Zurückgabe der Originalstatuten bezw. bis zum gesetzten Termin die Rechtsverhältnisse des Vereines nach außen und nach innen nach den Grundsätzen des bisherigen Gesellschaftsrechtes zu beurteilen.

Analog finden erst mit der Rückgabe der Abschrift des Statutenabänderungsbeschlusses im Sinne des Art. 5 die abgeänderten Statuten Anwendung, während bis dahin für die Rechtsverhältnisse nach innen und außen die alten, bisherigen Statuten maßgebend sind: auch hier ist nicht ausgeschlossen, daß durch Statut erst von einem späteren Termine ab die abgeänderten Statuten in Kraft treten.

Man kann also sagen, daß die nach Prüfung des Statutes erfolgende gerichtliche Bestätigung in Beziehung auf den Verein jener Akt ist, der zum Ausdruck bringt, daß der Verein als anerkannter Verein den Anforderungen des Gesetzes entsprechend konstituiert sei; nach außen hin wirkt sie als der den anerkannten Verein begründende Akt.

Die Bestätigung ist also nicht, wie andere behaupten, lediglich deklaratorischer Natur (vergl. Gierke Genossenschaftstheorie S. 115) oder nur ein Element des Gesamtthatbestandes (Regelsberger Pand. I S. 310), sondern eine „unanfechtbare Garantie für das Vorhandensein aller Erfordernisse."

Vergl. H. Becher a. a. O. S. 358 Anm. 10.

Aus dem oben Gesagten folgt, daß die erworbenen Rechte eines Vereines von denjenigen Mitgliedern, in deren Person sie entstanden sind, auf den Verein als nunmehrigen anerkannten Verein übergehen, daß dagegen die übernommenen Verbindlichkeiten dritten gegenüber immer Verbindlichkeiten derjenigen Personen bleiben, welche dieselben übernommen haben.

Über die Natur der anerkannten Vereine als juristische Personen vergl. Anm. 3 zu Art. 1 und Einleitung S. 5 ff. und S. 24.

2) Durch die positive Bestimmung des Art. 6, daß vor Rückgabe der mit der gerichtlichen Vermerkung versehenen Statuten eines Vereines diesem die Eigenschaft eines anerkannten Vereines nicht zukomme, ist die rückwirkende Kraft der Anerkennung ausgeschlossen. Vergl. Sammlung Bd. V, S. 1 (dort handelt es sich um eine Zuwendung an den Verein für freiwillige Armenpflege München, als derselbe noch nicht die Rechte eines anerkannten Vereines besaß).

Es kann also ein Personenverein, welcher z. B. erst nach dem Tode der Erblasserin auf Grund gegenwärtigen Gesetzes richterliche Anerkennung erlangt, ein ihm zur Zeit, als er noch nicht anerkannter Verein war, zugedachtes Vermächtnis nicht erwerben und die entsprechenden Rechte ausüben. Vergl. Bl. f. R.-A. Bd. 40, S. 11, Bd. 41, S. 298. Indes wird sich die Frage, ob eine zukünftige juristische Person zu Erben eingesetzt oder mit einem Vermächtnis bedacht werden kann, immer nach denjenigen Grundsätzen des bürgl. Rechtes zu beurteilen haben, welche für die Frage der Erbeinsetzungs- bezw. passiven Vermächtnisfähigkeit einer noch nicht existenten künftigen Person gelten. Andererseits ist es wohl Interpretationsfrage, ob die letztwillige Zuwendung an einen noch nicht bestehenden anerkannten Verein nicht den Sinn hat, daß die Zuwendung wenigstens auch für den Fall gemacht sein soll, daß der Verein zur Entstehung gelangt.

3) Aus der konstitutiven Wirkung der gerichtlichen Anerkennung folgt, daß dieselbe selbst dann wirksam ist, wenn sie auf irrigen Voraussetzungen beruht; hieher ist auch der Fall zu rechnen, daß das Gericht einen Verein nach dem Gesetze vom 29. April 1869 als anerkannten Verein bestätigt hat, ohne daß die erforderliche staatliche Genehmigung vorlag. Der Verein erlangt trotzdem juristische Persönlichkeit. Dies schließt selbstredend nicht aus, daß der Richter ex officio die nachträgliche Berichtigung gesetzlicher Mängel und die Nachholung der staatlichen Genehmigung verlangen kann. Auch die sorgfältigste Prüfung der Statuten schließt einen Irrtum nicht aus.

Sollte eine Berichtigung nicht erfolgen, so hat, wie erwähnt, die Anerkennung in Bezug auf die juristische Natur des Vereines keinen Einfluß: dies hört aber mit dem Augenblick auf, wo im Wege der Beschwerde seitens eines dritten die Bestätigung angefochten wird. Dieses Recht steht auch dem Vertreter des öffentlichen Interesses zu.

Eine Schließung eines so zu Unrecht anerkannten Vereines ist nur denkbar, wenn derselbe sich gegen die Bestimmungen des Art. 19 Ziff. 6 des Polizeigesetzes vom 26. Februar 1850 verfehlt, d. h. im Sinne dieses Gesetzes die religiösen, sittlichen oder gesellschaftlichen Grundlagen des Staates zu untergraben droht (vergl. auch Art. 19 und 24 erwähnten Ges. und H. Becher a. a. O. S. 357 Anm. 6, S. 365 Anm. 46, Einleitung S. 27).

4) Die Fassung des Textes: „Ebenso hat keine Abänderung der Statuten rechtliche Wirkung, bevor nicht die Einreichung der betreffenden Abschrift vom Gericht nach Art. 5 bescheinigt ist“ könnte die Vermutung zulassen, daß bereits die gerichtliche Konstatierung der Einreichung auf der bei den Akten verbleibenden Abschrift die Statutenänderung bewirke, allein es handelt sich hier zweifellos um eine auf Kosten der Ungenauigkeit vorgenommene redaktionelle Abkürzung.

Das Prinzip ist dasselbe, wie sich ja aus dem Zusammenhalt mit Art. 5, wo der formale Gang analog mit Art. 4 geschildert ist, ergibt: erst mit der Rückgabe der mit der Vormerkung der geschehenen Einreichung versehenen Abschrift des Abänderungsbeschlusses tritt die rechtliche Wirkung der Statutenabänderung ein. An sich hat dieselbe keine rückwirkende Kraft, es sei denn daß eine solche vom Gericht ausdrücklich mitanerkannt ist (z. B. vom Tage der Beschlußfassung in der Generalversammlung). Vergl. auch H. Becher a. a. O. S. 366 Anm. 47.

5) Erst durch den Eintrag in das Genossenschaftsregister erlangen nach sächsischem Recht Personenvereine juristische Persönlichkeit; in diesem Akt verkörpert sich die nach § 52 des bürgerlichen Gesetzbuches erforderliche Staatsanerkennung.

Abänderungen des Statuts erlangen gegen Nichtmitglieder erst mit dem Eintrage rechtliche Wirkung. Vergl. §§ 6, 70, 71 sächs. Ges.

Auch dem Entwurfe des bürgerlichen Gesetzbuchs entsprechend hat die Eintragung konstitutiven Charakter: die Vereine erlangen Rechtsfähigkeit durch die Eintragung (§ 23), mit der Eintragung erhält der Name des Vereins die zusätzliche Bezeichnung „eingetragener Verein“ (§ 58). Gleiches gilt von der Änderung des Statuts, sie bedarf zu ihrer Wirksamkeit der Eintragung (§ 61).

---

## Artikel 7.

Die Einsicht in alle von anerkannten Vereinen bei den Gerichten in Gemäßheit dieses Gesetzes eingereichten Schriftstücke und bewirkten Anmeldungen und Anzeigen ist jedermann gestattet.

Außerdem sind die Gerichte verpflichtet, über den Inhalt der Urkunden, sowie über die geschehenen Anmeldungen sowohl den Vereinen, wie dritten Personen, welche ein Interesse dazu glaubhaft darthun, beglaubigte Atteste zu erteilen.

1) Art. 7 bringt das Prinzip der Publizität zum Ausdruck, indem

a) jedermann die Einsicht der Gerichtsakten,

b) demjenigen, der ein Interesse glaubhaft macht, das Recht, beglaubigte Atteste zu verlangen, eingeräumt wird.

Das Gesetz schreibt nicht, wie dies für die Einträge im Handels- und Genossenschaftsregister (vergl. Art. 8 des bayer. Gen.-Gesetzes sowie § 8 des R.-G. vom 4. Juli 1868 endlich § 10, 12, 147 des Reichsgenossenschaftsgesetzes vom 1. Mai 1889, Art. 12—14 H.-G.-B.) vorgeschrieben ist, irgend welche Publikation im Reichsanzeiger oder sonstigen amtlichen Blättern vor. Dies ist ja, nachdem es sich hier nicht um eine Eintragung in öffentliche Register, sondern um eine höchst einfache gerichtliche Formalität, die dem privaten Charakter dieser Vereine entsprechend, einen mehr internen Anstrich hat, handelt, sehr wohl erklärlich. Nur dadurch, daß eine Vereinigung unter dem Namen „anerkannter Verein" auftritt, erfährt die Außenwelt, daß es sich um einen Verein handelt, dessen Vermögensfähigkeit staatlich anerkannt worden ist. Es ist daher um so begreiflicher, daß das Prinzip der Publizität in Art. 7 so weitgehende Befugnisse enthält: Hienach ist es nicht nur jedermann gestattet, während der gewöhnlichen Dienststunden von sämtlichen Schriftstücken Einsicht zu nehmen, die bei Gericht in Bezug auf einen bereits anerkannten Verein vorliegen, sondern auch von den Verhandlungen, die anläßlich der Anmeldung von Vereinen, welche die Rechte des gegenwärtigen Gesetzes erst zu erwerben beabsichtigen. Außerdem hat jedermann, welcher ein Interesse glaubhaft darthut, das Recht von Urkunden, welche einen Bestandteil der Akten bilden, beglaubigte Abschriften und Atteste, d. h. Zeugnisse darüber, daß z. B. eine Anerkennung eines Vereines oder eine Statutenänderung, oder irgendwelche Anzeige erfolgt, oder nicht erfolgt ist, zu fordern. Voraussetzung ist, daß Petent die entstehenden Kosten erlegt, dagegen ist die Erhebung einer Gebühr für die bloße Einsichtnahme in die gerichtlichen Akten als eine Beschränkung der Öffentlichkeit zweifellos unstatthaft. Vergl. Gerichtskosten-Ges. §§ 3, 97, 84, 85.

2) Während die Einsichtnahme jedermann ohne weiteres zu gestatten ist, bedarf es zur Erteilung von beglaubigten Attesten — der Wortlaut schließt nicht aus, daß auch einfache Abschriften und Atteste verlangt werden können, oder daß Interessent die Abschriften selbst fertigt — der Glaubhaftmachung eines Interesses; es ist nicht notwendig, daß dieses Interesse ein rein persönliches ist: es genügt irgend

ein Interesse z. B. aus gewissen Gründen zu wissen, ob jemand Mitglied des betr. Vereines ist; ob dasselbe genügend glaubhaft, oder überhaupt glaubhaft ist, hat das Gericht im Einzelfalle zu prüfen; gegen die Verweigerung bezw. die diesbezügliche Entscheidung steht dem Petenten das Recht der Beschwerde zu. Vergl. Art. 56 ff. A.-G. z. R.-C.-P.-O.

Art. 7 schließt keineswegs aus, daß das Gericht auch mündlich gewünschte Aufklärung einem Interessenten erteilt; eine Verpflichtung hiezu besteht nicht.

Das Recht von den Gerichtsakten Kenntnis zu nehmen, steht jedermann zu, also auch den Vereinsmitgliedern selbst, anderen Vereinen, Behörden, Anwälten, ehemaligen Angehörigen des Vereines, deren Bevollmächtigten u. s. w.

Über die Publizität der Generalversammlungsbeschlüsse für die Mitglieder des Vereins vergl. Art. 25.

3) Das sächsische Gesetz verlangt, daß nach dem Eintrage einer neu errichteten Genossenschaft auf deren Kosten im Amtsblatte und in der Leipziger Zeitung bekanntzumachen sei, daß die Genossenschaft als juristische Person eingetragen worden ist. Dasselbe gilt bezüglich der Entziehung, vergl. § 78.

§ 70 bestimmt außerdem, daß die Einsicht des Genossenschaftsregisters jedermann freistehe.

4) Auch der II. Entwurf des Bürgerlichen Gesetzbuches für das Deutsche Reich wahrt die Publizität in doppelter Weise, indem § 58 vorschreibt, daß die Eintragung in das amtsgerichtliche Vereinsregister durch das für seine Bekanntmachungen bestimmte Blatt zu veröffentlichen sei.

Nach § 69 ist das Vereinsregister öffentlich und ist die Einsicht des Registers sowie der von dem Vereine bei dem Amtsgerichte eingereichten Schriftstücke während der gewöhnlichen Dienststunden jedem gestattet. Auch kann von den Eintragungen gegen Erlegung der Kosten eine Abschrift gefordert werden; die Abschrift ist auf Verlangen zu beglaubigen (vergl. § 69).

# II. Abschnitt.

## Von den Rechtsverhältnissen der Vereine und ihrer Mitglieder unter sich, sowie gegen Dritte.

### Artikel 8.

Die Rechtsverhältnisse der Vereinsmitglieder untereinander bestimmen die Statuten, insoweit nicht das gegenwärtige Gesetz bindende Anordnungen darüber trifft.

1) Art. 8 im Zusammenhalt mit Art. 1 kennzeichnet das gegenwärtige Gesetz als Generalgesetz mit Normativbestimmungen, d. h. insoweit dieses Gesetz nicht zwingende Normen aufstellt, steht es den Vereinen frei, ihre Rechtsverhältnisse nach eigenem Ermessen zu regeln, sich selbst die für ihre Rechtsverhältnisse maßgebende Verfassung zu geben. Jeder in den Verein Eintretende unterwirft sich stillschweigend dem Statut; er schließt gewissermaßen einen Gesellschaftsvertrag mit den durch den Vorstand vertretenen Mitgliedern; vergl. Einleitung S. 10, 14 und 21.

2) Über die vom Gesetz ausdrücklich für zulässig erklärten Abweichungen vergl. Art. 4 Anm. 6.

3) Zwingende Normen sind abgesehen von den Bestimmungen in Art. 2—7 folgende:

1. Stimmrecht in der Generalversammlung (Art. 9) wenigstens dem Wortlaute nach, vergl. Anm. 6 zu diesem Artikel.
2. Ausschließliche Haftung des Vereinsvermögens (Art. 11).
3. Einsetzung eines jederzeit widerruflichen Vorstandes (Art 12).
4. Anmeldung der Vorstandsmitglieder (Art. 13).
5. Geschäftsführung des Vorstandes nach Maßgabe der Statuten (Art. 14 bis 16).
6. Anmeldungspflicht betr. Änderungen im Vorstandspersonal (Art. 17).
7. Pflicht zur Vorlage eines jährlichen Mitgliederverzeichnisses (Art. 18).
8. Verantwortlichkeit und Haftung des Vorstandes (Art. 19 u. 35).
9. Befugnis des Aufsichtsrates, falls nötig, die Generalversammlung zu berufen (Art. 20).
10. Konstituierung des Aufsichtsrates aus den Vereinsmitgliedern, Regelung der Geschäftsordnung (Art. 20, 21).
11. Regelung der Geschäftsordnung der Geschäftsbevollmächtigten (Art. 22).
12. Sofortige Berufung der Generalversammlung bei Antrag mindestens des zehnten Teils der Vereinsmitglieder (Art. 23).
13. Statutenmäßige Berufung der Generalversammlung, Bekanntgabe des Zweckes, öffentliches Protokollbuch (Art. 24, 25).

14. Vier Auflösungsgründe, sofortige Anzeigepflicht des Vorstandes in drei Fällen (Art. 26).

15. Pflicht zur Vorlage der Bilanz acht Tage nach Auflösung (Art. 28).

16. Pflicht zur Anmeldung der Liquidatoren, Verantwortlichkeit derselben, Pflicht zur Geschäftsabwickelung (Art. 30).

17. Freies Austrittsrecht, durch Tod erlischt die Mitgliedschaft jedenfalls (Art. 32), Haftung der Ausgeschiedenen.

4) Das Statut ist also für die durch gemeinsamen Willen verbundenen Mitglieder hinsichtlich ihrer Beziehungen untereinander, wie für die Rechte und Pflichten gegen den Verein selbst maßgebende Rechtsquelle. Dem Statute gleich stehen selbstverständlich diejenigen Beschlüsse der Generalversammlung, welche das Statut abgeändert haben.

5) Vergl. auch: Art. 90 und 157 H.-G.-B., § 18 des Reichsgenossenschaftsgesetzes vom 1. Mai 1889, endlich Art. 9 bezw. § 9 des bayr. Genossenschaftsgesetzes vom 29. April 1869, sowie des Reichsgesetzes vom 4. Juli 1868.

Der Entwurf des Bürgerlichen Gesetzbuches enthält in § 24 die Bestimmung, daß die Verfassung eines rechtsfähigen Vereines, soweit sie nicht auf den Vorschriften des Entwurfes beruht, durch die Vereinssatzungen (Statut) bestimmt wird; im sächsischen Gesetz gilt der gleiche Grundsatz, eine ausdrückliche Bestimmung diesen Inhaltes fehlt.

---

## Artikel 9.

Die Rechte, welche den Mitgliedern des Vereins in dessen Angelegenheiten zustehen, werden von ihnen in der Generalversammlung ausgeübt. Jedes Mitglied hat hiebei eine Stimme, insoweit die Statuten nicht anders bestimmen.

1) Analoger Text:

Vergl. § 41 R.-Ger.-Ges. vom 1. Mai 1889, § 10 des früheren Reichsgesetzes vom 4. Juli 1868, Art. 10 des bayr. Genoss.-Ges. vom 29. April 1869, endlich Art. 224 H.-G.-B. sowie Art. 3, Ziff. 8 und 9, Art. 20—25 gegenwärtigen Gesetzes.

2) Neben dem Vorstand als Exekutiv- und Vertretungsorgan und einem eventuellen Aufsichtsrat als Kontrollorgan steht die Generalversammlung der Vereinsmitglieder als Willensorgan des Vereins.

Die Generalversammlung ist nicht befugt zur Vertretung des Vereins nach außen; dies ist Sache des Vorstandes (vergl. Art. 14, 15). Die Generalversammlung kann zwar beschließen, daß diese oder jene

Rechtshandlung vorgenommen wird, allein die Durchführung selbst ist dem Vorstande zu überlassen. Der Wirkungskreis der Generalversammlung beschränkt sich sonach auf das innere Rechtsverhältnis und ist dieselbe in Bezug auf ihre Beschlüsse in materieller und formeller Hinsicht durch das Statut beschränkt.

Nach Art. 19 ist es Pflicht des Vorstandes, alle Bestimmungen der Statuten und die in Gemäßheit der letzteren gefaßten Vereinsbeschlüsse zu beobachten und auszuführen.

In der Generalversammlung verkörpert sich die Gesamtheit der Vereinsmitglieder: ihre Thätigkeit ist begrenzt durch die Normen des gegenwärtigen Gesetzes und jene des Statuts; sie hat in der vom Gesetz bestimmten Weise über alle Angelegenheiten des Vereines mit Berücksichtigung der vom Gesetz und Statuten gegebenen Schranken freie Verfügung; sie ist ein notwendiges Organ, welches durch das Statut nicht beseitigt werden kann.

3) Die Rechte, welche den Mitgliedern anerkannter Vereine zustehen, lassen sich in zwei Gruppen scheiden, nämlich in die allgemeinen Mitgliedschaftsrechte und in die Individualrechte. Durch letztere können die Vereinsmitglieder den Willen und das Recht des Vereins selbständig und unabhängig geltend machen.

Unter letztere Kategorie sind zu zählen:

1. Das Recht, Generalversammlungsbeschlüsse wegen Verletzung des Gesetzes oder Statutes anzufechten (Art. 24).
2. Das Recht, eine Generalversammlung zu berufen (Art. 23).
3. Das Recht, Anträge zu stellen (Art. 24).
4. Das Recht, Einsicht der Protokollbücher zu verlangen.

Durch Statut können selbstverständlich diese gesetzlichen Individualrechte noch vermehrt werden.

Die von der statutenmäßigen und gesetzlichen Mehrheit der Generalversammlung gefaßten Beschlüsse gelten als Vereinsbeschlüsse und verpflichten dieselben auch die Minderheit. Dieselben haben keine rückwirkende Kraft.

Die gewöhnlichen Mitgliederrechte, wie solche in den Generalversammlungen anerkannter Vereine ausgeübt zu werden pflegen, die Formen und Art der Ausübung zu normieren, ist Sache des Statutes. (Vergl. Art. 3 Z. 8 und 9.)

Kraft gesetzlicher Bestimmung gehören zur Zuständigkeit der Generalversammlung:

a) Die Statutenabänderung (hieher gehört auch die Fortsetzung bei einem zeitlichen beschränkten Verein und Zweckänderung, Art. 5).

b) Im allgemeinen Wahrung der Interessen der Genossenschaft (Art. 23).

c) Beschlußfassung über die Auflösung des Vereins (Art. 26).

d) Wahl der Liquidatoren (Art. 30.)

Zu den regelmäßigen wichtigsten Aufgaben der Generalversammlung gehören vor allem die Wahl der Vereinsorgane und das Recht, die Jahresrechnungen zu dechargieren. Was alles sonst Aufgabe derselben sein soll, oder, was dasselbe zu bedeuten hat, in welchen Angelegenheiten den Vereinsmitgliedern in Bezug auf die Vereinsthätigkeit und Zweckentfaltung Einfluß eingeräumt werden soll, steht ganz dem Ermessen des Vereines anheim. Allgemein kann man die Aufgabe der Generalversammlung von einem zweifachen Gesichtspunkt betrachten: sie ist eine geschäftsleitende und geschäftsbeaufsichtigende.

4) Öfters ist der Generalversammlung die Thätigkeit einer Berufungsinstanz zugewiesen, indem z. B. Personen, denen die Aufnahme seitens des Vorstandes oder des sonst zur Aufnahme berufenen Organs verweigert wurde, oder die von den hiezu befugten Organen ausgeschlossen sind, sich beschwerdeführend an die Generalversammlung wenden können.

5) Da die Generalversammlung ein Vereinsorgan und nicht eine dritte Rechtspersönlichkeit ist, so ist es unnatürlich, wenn, wie dies in einigen Statuten geschehen ist, Streitigkeiten unter Vereinsmitgliedern in inneren Angelegenheiten der Generalversammlung zugewiesen werden. Auch sollte der nicht Stimmrecht in der Generalversammlung haben, mit dem ein Rechtsgeschäft in derselben eingegangen bezw. darüber beschlossen wird. Niemand kann Richter in eigener Sache sein. Vergl. auch v. Sicherer a. a. O. Anm. 5 zu § 10.

6) Jedes Mitglied hat eine Stimme, insoweit die Statuten nichts anderes bestimmen.

Das Recht jedes Mitgliedes zur Teilnahme an der Generalversammlung ist von höchster Bedeutung: die Ausübung geschieht nach Maßgabe des Stimmrechtes, wie dieses durch das Statut normiert ist: hienach kann letzteres einem Mitgliede mehrere Stimmen, mehreren Mitgliedern oder Mitgliederkategorien eine Stimme zuerkennen; auch kann die Stimmberechtigung an gewisse Eigenschaften, oder sonstige Voraussetzungen geknüpft sein, so daß also gewisse Mitglieder gar kein Stimmrecht besitzen. Vergl. hieher die Bemerkungen zu Art. 3 Ziff. 9 und H. Becher a. a. O. S. 359 Anm. 16. Wie das Stimmrecht ausgeübt wird: ob eine Ausübung desselben durch Bevollmächtigte zulässig ist, ob schriftlich, mittels Stimmzettel oder durch Erheben der Hände, durch Zählen ꝛc. ꝛc., welche Majoritätsberechnung maßgebend, wem der Stichentscheid zusteht, ob für bestimmte Angelegenheiten (Aufnahme, Ausschluß, Wahlen ꝛc.) verschiedene Stimmenmajoritäten, wiederholte Abstimmungen ꝛc. verlangt werden, bleibt den Statuten überlassen. Vergl. Art. 3 Nr. 9 sub Ziff. c. Es kann auch die Art und Weise der Abstimmung jeweils für den Einzelfall beschlossen werden.

Es empfiehlt sich, zur Vermeidung von Streitigkeiten den Abstimmungsmodus genau im Statut zu regeln.

7) Für Sachsen: vgl. § 11, Z. 8 und 9, § 22, 23 des Gesetzes vom 15. Juni 1868, § 55 des Bürgerlichen Gesetzbuches für Sachsen und oben Art. 3 Ziff. 11.

8) Der Entwurf des Bürgerlichen Gesetzbuches für das Deutsche Reich bedient sich des Ausdruckes: Mitglieder-Versammlung.

Mit dem Vorbehalt, daß die Statuten andere Normen aufstellen können (vergl. § 37) bestimmt § 31 in Bezug auf letztere, daß die Angelegenheiten des Vereins, insoweit sie nicht von dem Vorstand oder einem andern Vereinsorgan zu besorgen sind, durch Beschlußfassung in einer Versammlung der Mitglieder geordnet werden. Zur Gültigkeit ist erforderlich, daß der Gegenstand desselben bei Berufung der Versammlung bezeichnet ist. Auch ist vorbehaltlich anderer Statutenbestimmung ausgesprochen, daß bei der Beschlußfassung die Mehrheit der erschienenen Mitglieder entscheidet. Der Gesetzesentwurf will ferner zulassen, daß, wenn alle Mitglieder zu einem Beschlusse schriftlich zustimmen, letzterer auch gültig sein soll, ohne daß es der Versammlung der Mitglieder bedarf.

Die weitere Bestimmung, daß ein Mitglied nicht stimmberechtigt sein soll, wenn die Beschlußfassung die Eingehung eines Rechtsgeschäftes mit ihm, oder die Einleitung oder Erledigung eines Rechtsstreites zwischen ihm und dem Vereine betrifft, ist sehr am Platze, vergl. oben Anm. 5. Durch Statut kann bedauerlicher Weise auch diese Bestimmung illusorisch werden. (§ 37.)

Bezüglich der Majorität bei Statuten- und Zweckänderung vergl. § 32.

Das Individualrecht, unter gewissen Voraussetzungen die Mitgliederversammlung zu berufen, kann durch Vermittelung des Gerichtes auf Antrag zwangsweise durchgesetzt werden; Sonderrechte der Mitglieder können ohne deren Zustimmung durch Beschlüsse der Mitgliederversammlung nicht beeinträchtigt werden. Vergl. § 33, 35. Übertragung, Stellvertretung und Vererblichkeit der Mitgliedschaft bezw. der Mitgliedschaftsrechte, somit auch des Stimmrechtes ist gesetzlich ausgeschlossen, falls nicht die Statuten ein anderes bestimmen (§ 37, 36).

---

## Artikel 10.

Der anerkannte Verein kann auf seinen Gesamtnamen Rechte erwerben und Verbindlichkeiten eingehen, Eigentum und andere dingliche Rechte an Grundstücken erwerben, vor Gericht klagen und verklagt werden.

1) Vergl. hiezu: Art. 11 des bayer. Genossenschaftsgesetzes vom 29. April 1869, den gleichlautenden § 11 des R.-G. vom 4. Juli 1868, Art. 111, 164 H.-G.-B., § 17 des Reichsgenossenschaftsgesetzes vom 1. Mai 1889, die Ausführungen des Kammerreferenten Dr. Völk, Verh. der Kammer der Abgeordneten Beil. Bd. V 1866—1869 S. 335—338, S. 351, Verh. der Kammer der Reichsräte 1868—1869 Bd. VII S. 453, H. Becher a. a. O. S. 344, 360, endlich die Einleitung zu gegenwärtigem Ges. S. 5, 14, 17, 21 und Art. 11 desselben.

2) Durch Art. 10 wird die Vermögensfähigkeit, die vermögensrechtliche Selbständigkeit der anerkannten Vereine mit denselben Worten ausgesprochen, wie dies anerkannt ist für die Aktiengesellschaften (Art. 211 H.-G.-B.), Innungen und Innungsverbände (§§ 98—99 R.-G.-O. in der Fassung vom 1. Juni 1891), die eingeschriebenen Hilfskassen (§§ 1—5 des Hilfskassengesetzes vom 7. April 1876/1. Juni 1884), die deutschen Kolonialgesellschaften (§§ 8—10 R.-G. v. 17. April 1886, 15. März 1888 betr. die Rechtsverhältnisse der deutschen Schutzgebiete, R.-G.-Bl. S. 75), die Erwerbs- und Wirtschaftsgenossenschaften (§§ 13 und 17 des R.-G. v. 1. Mai 1889), die Gesellschaften mit beschränkter Haftung (§ 11 des R.-G. vom 20. April 1892), die registrierten Gesellschaften (Art. 72 Abs. 1 mit Art. 5 des bayer. Genossenschaftsgesetzes vom 29. April 1869, G.-Bl. S. 1150), die Knappschaftsvereine (Art. 167 Abs. 3 und Art. 171 des bayer. Berggesetzes v. 20. Mai 1869).

Der Ausdruck juristische Person ist absichtlich vermieden und an dessen Stelle „der Inbegriff jener Rechte eingeräumt, welche sonst unter juristischer Persönlichkeit begriffen zu werden pflegen. Es ist den Vereinen die Befugnis gegeben, im allgemeinen Verkehr mit dinglichen und persönlichen Rechten als Rechtssubjekte zu erscheinen und aufzutreten, so daß zwar der Name vermieden, die Sache aber vollkommen aufgenommen ist". (Referent Reichsrat Haubenschmied Verh. d. K. d. R.-R. a. a. O.) Die gleiche Formel findet sich auch im Kranken- und Unfallversicherungsgesetz, in dem allgemeinen Berggesetze für die preuß. Staaten vom 24. Juni 1865 § 96, in dem preuß. Gesetz betr. die Schutzwaldungen und Waldgenossenschaften vom 6. Juli 1875, § 42, endlich in dem preuß. Gesetz betr. die Bildung von Wassergenossenschaften vom 1. April 1879 § 10.

3) Gleichbedeutend ist die in neuester Zeit übliche Fassung: Die Gesellschaft als solche hat selbständig ihre Rechte (vergl. § 17 R.-G.-G. v. 1. Mai 1889). Es soll hiedurch nichts anderes ausgedrückt werden, als daß das Gesellschaftsvermögen nicht Eigentum der einzelnen Mitglieder, sondern Eigentum der Gesellschaft selbst sei.

4) Die anerkannten Vereine bilden besondere Rechtssubjekte, wie jede physische Person. Privilegien, wie sie nach gemeinem oder partikularem Rechte der Kirche und dem Fiskus 2c. zustehen, genießen dieselben nicht (vergl. R.-C.-P.-O. § 210). Daß sie die Rechte, welche von der individuellen natürlichen Persönlichkeit abhängen, nicht besitzen

können, ist selbstverständlich. (Familienrechte). Zweifellos können anerkannte Vereine testamentarisch zu Erben eingesetzt, oder mit einem Legat bedacht werden: vergl. bayer. Land-Recht III, 1, 3, III, 3, 12; preuß. Landrecht I, 12, 39; sie können auch Träger von Urheber- und Erfinderrechten sein und haben ein Recht auf Namen und Ehre: vergl. Regelsberger, Pand. I § 81.

5) Nur unter dem Gesamtnamen kann und eventuell muß der anerkannte Verein Rechte erwerben und Verbindlichkeiten eingehen mit der Wirkung, daß diese Rechte bezw. Pflichten solche des Vereinsvermögens (vergl. Art. 11) werden, und unter Ausschluß der einzelnen Mitglieder und deren Gläubiger dem Vereine als solchen und den Gläubigern des Vereins unterstellt sind.

Der Verein bleibt auch beim Wechsel aller Personen das berechtigte und verpflichtete Rechtssubjekt.

6) Die anerkannten Vereine können wie jede physische Person unter ihrem Gesamtnamen durch ihre Organe Eigentum und andere dingliche Rechte an Grundstücken erwerben und in das Hypothekenbuch eintragen lassen (vergl. hieher Art. 15 dieses Ges.). Sie sind dinglich berechtigt, erwerben Forderungsrechte und sind persönlich verpflichtet, sie sind partei- und prozeßfähig, wie eine physische Person (vergl. Art. 16). Der ordentliche Gerichtsstand ist bei dem Gerichte, in dessen Bezirk der Verein seinen Sitz hat (vergl. § 19 R.-C.-P.-O.). Im Prozeß wird der Verein durch den Vorstand vertreten, über Zustellungen vergl. Art. 16, Eide leistet der Vorstand namens des Vereins (§ 435, 50 R.-C.-P.-O.). Die Liquidation ändert im Gerichtsstande nichts (vergl. Art. 30). Der anerkannte Verein steht, wie jedem dritten, so auch jedem Vereinsmitgliede als selbständiges Rechtssubjekt gegenüber. Über die Vertretung juristischer Personen in Prozessen und bei Ableistung von Eiden vergl. Bl. f. R.-A. 37, S. 220, 38, S. 229, 42, S. 22.

7) Über die rechtliche Natur moderner Vereine vergl. Roth, bayer. Civilrecht I, § 46, Samml. der Entsch. des bayer. Obersten Landesgerichtes V, S. 203, 533, VIII, S. 507, XII, S. 150, Bl. f. adm. Praxis XXXX, S. 317, XXXXII, S. 231, XXXXIII, S. 202, XXXXVII, S. 174, LI, S. 72, LIV, S. 26. Die Praxis gewährt auch nicht anerkannten Vereinen, die korporativ organisiert sind, die Rechte des gegenwärtigen Artikels. Vergl. Bl. f. R.-A. Bd. 36, S. 292, Bd. 54, S. 26, Bd. 47, S. 174, Entscheidung des Reichsgerichtes Bd. IV S. 56, Bd. VIII S. 156, Seuffert's Archiv I, S. 314, XXXVII, S. 188, XLIV, S. 178. Vergl. speziell Regelsberger, Pand. I S. 302—341, welcher von der Anschauung ausgeht, daß alle nach den Anforderungen des Vereinsrechtes korporativ organisierten Personenvereine mit Ausnahme der Reichsinnungsverbände und der deutschen Kolonialgesellschaften, die auf Grund besonderer Verleihung die juristische

Persönlichkeit erlangen, kraft allgemeinen Rechtssatzes juristische Personen sind und sonach die Rechte des gegenwärtigen Artikels gleichfalls für sich in Anspruch nehmen können.

8) Über die Amortisationsgesetze vergl. Art. 37.

9) Eine Strafverfolgung gegen den Verein als solchen ist nicht denkbar. In diesem Sinn gilt der Satz universitas non delinquit. Eine strafrechtliche Einschreitung ist nur gegen die bei der That beteiligten Individuen möglich. In diesem Sinne haftet der Verein privatrechtlich für die Delikte seiner Organe, auch über den Umfang der Bereicherung. Im allgemeinen muß man unterscheiden zwischen den eigentlichen Willensorganen und den sonstigen Angestellten; für die letzteren haftet der Verein nicht anders, als wenn eine natürliche Person Handlungen durch einen Bediensteten ausführen läßt.

Vergl. Reichs-Gericht-Entsch. XIX Nr. 67 S. 350. XXII Nr. 53 S. 261, VIII, S. 236; XVIII, S. 120; XXIX, S. 142. Seuffert's Archiv 42, S. 277, 43 S. 114.

Unerlaubte Handlungen der Vereine in diesem Sinne können selbstverständlich nur dann als gegeben erachtet werden, wenn die betreffenden Willensorgane innerhalb ihrer Zuständigkeit nach Maßgabe der Statuten thätig geworden sind.

Was die zivilrechtliche Haftung anerkannter Vereine anbelangt, so haften dieselben, wenn die Willensorgane bei Eingehung eines kompetenzgemäß abgeschlossenen Vertrages, bei Ausübung der daraus entspringenden Rechte oder bei Erfüllung vertragsmäßiger Verbindlichkeiten ein Verschulden trifft. Vergl. Seufferts Archiv, 21, S. 29, 25, S. 119, 40, S. 271, 42, S. 276, 45, S. 214, R.-G.-E. 8, S. 38, S. 151, S. 298, 18, S. 173. Vergl. insbesondere noch Regelsberger, Pand. I a. a. O. § 83 und, Art. 19, 30 und 34 gegenwärtigen Gesetzes.

Über die Haftung vergl. auch Motive zum Bürgl. Gesetzbuch S. 102.

Über die Schließung der Vereine vergl. Art. 19 des Gesetzes vom 26. Febr. 1850.

---

## Art. 11.

Für die Verbindlichkeiten des Vereins haftet den Vereinsgläubigern nur das Vereinsvermögen.

Die Mitglieder sind lediglich zur Entrichtung der in den Statuten festgesetzten Beiträge dem Verein gegenüber verpflichtet.

1) Art. 11 bringt in Ergänzung des Art. 10 die vermögensrechtlich selbständige Stellung der anerkannten Vereine noch deutlicher zum Ausdruck: der Verein als solcher ist in Bezug auf sein Vermögen ein besonderes Rechtssubjekt, das unabhängig ist von den wechselnden Vereinsmitgliedern und deren Vermögen. Die Mitglieder haben — vorbehaltlich besonderer Ersatzansprüche und Forderungen des Vereins gegen einzelne Mitglieder — keine weiteren vermögensrechtlichen Pflichten, als die, ihre Beiträge nach Maßgabe der Statuten an die Vereinskasse zu entrichten. Forderungsberechtigt ist hinwiderum nur die Vereinskasse, weshalb die einzelnen Mitglieder von Gläubigern des Vereines nicht unmittelbar belangt werden können.

2) Es ist zweckmäßig, im Statut festzustellen, woraus sich das Vereinsvermögen zusammensetzt. Vergl. die anl. Statuten des Kaufmännischen Vereines, a. V., München § 31 ff., ferner die Satzungen des Vereins für freiwillige Armenpflege, a. V. in München. Anerkannte Vereine sind fähig zu Vermögensrechten jeder Art (auch geistiges Eigentum s. Art. 10 Anm. 4); es ist nicht ausgeschlossen, daß einzelnen Mitgliedern Sonderrechte am Vermögen und dessen Verwaltung zustehen. Solche Rechte können auch am zukünftigen Vermögen eingeräumt werden. Dies ist namentlich denkbar in der Gestalt von Anteilscheinen, durch Ausgabe von Pfandbriefen oder sonstigen Wertpapieren auf Namen oder Inhaber; hiezu bedarf es einer staatlichen Genehmigung nicht. Vergl. auch oben Art. 3 Anm. 5 am Ende.

3) In welcher Weise das Vereinsvermögen verwaltet wird und die Verteilung nach Auflösung des Vereins vorgenommen wird, entscheiden die Statuten. (Vergl. Art. 29.) Das Vermögen ist Gemeingut und haben, insofern die Statuten nichts anderes bestimmen, die ausgetretenen oder ausgeschlossenen Mitglieder keinerlei Anrecht an das bei ihrem Ausscheiden vorhandene Vereinsvermögen. Vergl. Art. 32. Die Verwendung des Vermögens ist verschieden denkbar:

a) Gänzlicher Aufbrauch zu Vereinszwecken.

b) Anlage des Gesamtvermögens oder der Überschüsse in statutenmäßiger Weise (Staats- oder sonstigen Wertpapieren, Hypotheken, Ankauf von Immobilien, speziell Vereinshäusern, Mobilien 2c. 2c.).

c) Verteilung etwaiger Überschüsse an die Mitglieder oder dritte Personen (andere Vereine, Armenkasse 2c. 2c.).

d) Anlage von Reserve-, Vergnügungs-, Unterstützungsfonds.

Vielfach üblich ist auch die Teilung des Vermögens in Kapital (Stammkapital) und Verwendungsfonds.

Unter allen Umständen ist das Vereinsvermögen statutengemäß zu verwenden und kann, wenn nicht die Statuten anders normieren, nur die Generalversammlung über anderweitige Verwendung beschließen. Den Vereinsmitgliedern muß das Recht eingeräumt werden, die Berufung der Generalversammlung zu beantragen, falls sie über Bestand und Verwendung des Vereinsvermögens Aufschlüsse für notwendig erachten. (Art. 23.) In der Regel findet alljährlich Rechnungsablage nach Maßgabe der Statuten statt.

4) Anerkannte Vereine verfolgen nach dem Gesetze immaterielle Zwecke: dies schließt nicht aus, daß die Vereine, falls dies statutenmäßig nicht ausgeschlossen ist, mit ihrem Vereinsvermögen in einer über das gewöhnliche Maß nicht hinausgehenden Weise Spekulationsgeschäfte machen, d. h. in dem Sinne wie ein Privatmann Wertpapiere, Lose ꝛc. ꝛc. kaufen und verkaufen, ihre Darlehen gut verzinsen lassen ꝛc. ꝛc. Dies darf aber unter keinen Umständen den Hauptzweck des Vereines bilden. Zur Vornahme von Verlosungen bedürfen anerkannte Vereine der Genehmigung nicht, soweit die Verlosung sich auf die Vereinsmitglieder und bestimmte Geladene beschränkt. Bei öffentlichen Verlosungen gelten die Vorschriften in der Verordnung v. 10. Juli 1867 Reg.-Bl. S. 809, vergl. auch R.-St.-G.-B. § 286, Kommentar v. Rüdorff-Stenglein zu § 286 Note 6.

5) Die Bestimmung, daß Mitglieder lediglich zur Entrichtung der in den Statuten festgesetzten Beiträge dem Vereine gegenüber verpflichtet sind, will lediglich die Haftverbindlichkeit der einzelnen Mitglieder, nicht aber die gesamten pekuniären und sonstigen Pflichten feststellen. Für Verbindlichkeiten des Vereins haften die Vereinsmitglieder nicht, in vermögensrechtlicher Beziehung haben sie mit ihrem Privatvermögen nicht einzustehen, wie z. B. die Genossen für die Verbindlichkeiten der Genossenschaft. (Vergl. § 23 des R.-Gen.-Gesetzes v. 1. Mai 1889).

Durch Statut können selbstredend außer den Beiträgen, die durch einen ordentlichen, gerichtlich anerkannten Generalversammlungsbeschluß erhöht oder ermäßigt werden können, noch weitere pekuniäre Ansprüche an die Mitglieder gemacht werden. Vergl. Roth bayer. Civilrecht § 43, Ziff. III.

Abgesehen von Ersatzansprüchen, die dem Vereine gegen Mitglieder aus besonderen Gründen zustehen, ist es absolut ungesetzlich und unzulässig, wenn den Vereinsmitgliedern pekuniäre Zumutungen gemacht werden, die nicht in den Statuten begründet oder durch Generalversammlungsbeschluß genehmigt sind. Die Vereine haben kein autonomes Besteuerungsrecht.

Außer üblichen periodischen Vereinsbeiträgen, verlangen viele Vereine Eintritts- (Aufnahme-) und Austrittsgelder, Beiträge zu speziellen Zwecken und zu besonderen Kassen, Strafgelder ꝛc. ꝛc.; vielfach ist bestimmt, daß wiederholter Rückstand mit den Beiträgen Vereinsausschluß zur Folge hat. Auf rückständige Beiträge steht dem Vereine zweifellos das Recht der Klagestellung zu und bleiben die ausgetretenen oder ausgeschlossenen Mitglieder dem Vereine wegen der bis zum Ausscheiden fälligen Beiträge zur Vereinskasse haftbar (Vergl. Art. 33.)

6) Wie jede physische Person, so unterliegen auch die anerkannten Vereine in Bezug auf das Vereinsvermögen den staatlichen und gemeind-

lichen Steuerpflichten. (Grund-, Haus-, Kapitalrentensteuer, Erbschaftssteuer, Besitzveränderungsgebühren 2c. 2c. Auch für die Steuern haftet lediglich das Vereinsvermögen.

Wegen des Gebührenäquivalentes bei Immobiliarbesitz vergl. Anm. 3 a. E. zu Art. 1.

7) Wegen der Amortisationsgesetze vergl. Art. 37, wegen des Konkurses vergl. Art. 26 Ziff. 4.

8) Das Sächsische Gesetz vom 15. Juni 1868 § 13 bestimmt: „Die Mitglieder der Genossenschaft sind als solche nur der letzteren, nicht Dritten gegenüber verpflichtet.“

Vergl. hieher auch die Bestimmungen des Entwurfes zum Bürgerlichen Gesetzbuch in §§ 30, 33, 40 und 41.

---

# III. Abschnitt.

## Von den Organen der Vereine.

### Artikel 12.

Jeder Verein muß einen aus der Zahl seiner Mitglieder von diesen bestellten Vorstand haben, welcher den Verein gerichtlich und außergerichtlich vertritt.

Der Vorstand kann aus einem oder mehreren Mitgliedern bestehen. Diese können besoldet oder unbesoldet sein. Ihre Bestellung ist zu jeder Zeit widerruflich, unbeschadet der Entschädigungsansprüche aus bestehenden Verträgen.

Vorbemerkung zum III. Abschnitt:

Als Vereinsorgane können nur diejenigen in Betracht kommen, durch welche der Verein handelt, durch welche die juristische Person ihren Willen zu erkennen gibt, also in erster Linie die Generalversammlung als gesetzgebender Körper, welche den Willen der Gesamtheit kundgibt und denselben durch den Vorstand eventuell besondere Vollmachtträger (Geschäftsbevollmächtigte, Liquidatoren) und deren Stellvertreter als Exekutiv- und Willensorgane kundgibt und die Durchführung ihres Willens durch einen eventuell aufgestellten Aufsichtsrat bezw. dessen Vertretung kontrollieren läßt.

Das sonstige Vereinspersonal, wie z. B. Hausmeister, Vereinsdiener, Schreiber, Ausläufer rc. rc. sind keine Organe, sondern sie kommen lediglich als Angestellte, Gehilfen in Betracht.

Vergl. zu Art. 12 die Bemerkungen zu Art. 3 Anm. 6.

1) Die Einsetzung eines Vorstandes, die Art seiner Bestellung und Zusammensetzung ist zwingende Norm (vergl. Art. 3 Ziff. 5). — „muß“ rc. rc. Über die Person selbst sagt das Gesetz nichts näheres, aber es ist selbstverständlich, daß dieselbe willensfähig sein muß. Dagegen können Minderjährige recht wohl Vorstands-, Aufsichtsrats- rc. Mitglieder sein, sofern das einschlägige bürgerliche Recht für die Vertretung nach außen hinsichtlich Geschäftsabschlüsse nicht hindernd entgegensteht. Der Vorstand ist ein notwendiges Organ des Vereins, er vertritt denselben nach außen unbeschränkt, kann aber in seinen Beziehungen zum Verein beliebig beschränkt sein; er ist gesetzlicher Vertreter des mit juristischer Persönlichkeit versehenen Vereins. Hieraus folgt, daß die Mitglieder des Vorstandes in Rechtsstreitigkeiten des Vereins nicht Zeugnis ablegen können, da sie mit der Prozeßpartei identisch sind (Entsch. d. Reichs-Gerichts in Civilsachen Bd. II, 400, XVII, 337). Jedes Mitglied, mag es physische oder juristische Person sein, kann in den Vorstand berufen werden, den Statuten bleibt es überlassen, bestimmte Qualifikationen festzusetzen, z. B. Ausschluß von Frauen, Ausländern rc. rc. Vorsteher juristischer Personen, welche Mitglieder eines anerkannten Vereins sind, können nicht wieder Vorstand des letzteren sein. Wie die juristische Person als Vorstandsmitglied im Vorstand des anerkannten Vereins aufzutreten hat, bemißt sich nach den Grundsätzen, denen diese juristische Person unterliegt.

Vergl. H. Becher a. a. O. S. 353, Note 36 a. E.

2) Bestellung.

Der Vorstand braucht nicht aus Wahl hervorgehen, jede Art der Bestellung ist zulässig, z. B. auch durch das Los, der Reihe nach (sog. Reihenvorsteher), Cooptation. Er muß aus der Zahl der Mitglieder von diesen bestellt, also Mitglied bezw. Mitgründer sein. Zweckmäßig und allgemein üblich ist die Wahl durch die Generalversammlung; die Bestellung kann auch dem Aufsichtsrat übertragen sein. Einen Zwang zur Übernahme der Vorstandschaft gibt es nicht, der Gewählte hat zwar an sich ein Klagerecht auf Übertragung der Funktionen, dieses Recht kann aber durch die jederzeitige Widerruflichkeit illusorisch gemacht werden.

3) Zahl.

Die Zahl des Vorstandes, der Vorstandschaft zu normieren ist Sache des Statutes. Es finden sich hier die größten Verschiedenheiten und Benennungen hinsichtlich der einzelnen Mitglieder des Vorstandes. Es ist nicht notwendig, daß der Name: „Vorstand“ einem bestimmten Mitglied der Vorstandschaft beigelegt wird. Vielfach üblich sind für dieselben die Bezeichnungen: Vorsitzender (als 1., 2. rc. rc.),

Direktor, Präsident, Vereinsleiter, Chef, sowie als weitere Vorstandsmitglieder: die Schriftführer, Kassierer, Verwalter, Bibliothekare, Konservatoren, Inspektoren, Beisitzer, Kontrolleure 2c. 2c

Es kommt hiebei viel auf die Größe und den Zweck der Vereine an. Im allgemeinen empfiehlt sich eher eine Beschränkung, als wie ein zu viel, was die Leitung häufig nur erschwert und nicht selten auf den Ehrgeiz der Mitglieder, solche Ämter zu bekleiden, zurückzuführen ist. Jedenfalls ist es ratsam, in Bezug auf die Vertretung des Vereines nach außen, den Vorstand nur in den wichtigsten Fällen zu beschränken und ihn im übrigen voll und ganz als Repräsentanten des Vereins gelten und handeln zu lassen.

3) Besoldung.

Der Verein kann für die Thätigkeit der Vorstandsmitglieder eine Entschädigung zahlen, oder dieselbe unentgeltlich entgegennehmen. Vielfach ist die Vorstandschaft ein reines Ehrenamt. Die Entschädigung kann in einer bestimmten Summe oder auch nach den Einnahmen sich berechnen. Die Vorstandsmitglieder sind juristisch Mandatare des Vereins, mögen sie besoldet oder unbesoldet sein. Im Zweifel wird anzunehmen sein, daß, wenn ein fixer Gehalt ausbedungen ist, Vorstandsmitglieder auch im Falle der Erkrankung, also wenn sie nicht im Stande sind, ihre Funktionen auszuüben, so lange Anspruch darauf haben, bis sie enthoben sind.

4) Widerruflichkeit:

Ein Ausschluß dieses Rechtes des Vereins durch Vertrag ist unzulässig und eventuell nichtig, die Bestellung wäre also auch dann widerruflich, wenn sie z. B. auf Lebenszeit erfolgt wäre Diese Bestimmung beruht zweifellos auf Zweckmäßigkeitsrücksichten, und folgt nicht wie manche annehmen, aus allgemeinen Rechtsgrundsätzen, da niemandem ein Recht auf die gesetzliche Vertretung eingeräumt werden könne (vergl. v. Hahn, Kommentar zum Handelsgesetzbuch Art. 227 § 5). Nur dem Vereine, nicht der Vorstandschaft steht das Recht jederzeitigen Rücktritts zu. Gleicher Ansicht Dr. Maurer, Kommentar zum Reichsgenossenschafts-Gesetz vom 1. Mai 1889. Anm. 9 zu § 24.

Die Beurteilung der Frage, ob die Entlassung berechtigt war, oder nicht und der daraus etwa abzuleitende Entschädigungsanspruch richtet sich nach Landesrecht.

5) Vertretung:

Der Verein als künstlich geschaffener, willenloser Träger von Rechten wird durch den Vorstand gerichtlich und außergerichtlich vertreten. Die Vertretungsbefugnis ist keine unbedingte und unbeschränkte. Die nach Art. 15 Abs. 1 und 3 vorgesehene Vollmachtsbeschränkung ist auch nach außen wirksam (anders: H.-G.-B. Art. 231,

R.-Genossenschaftsgesetz § 27, sächsisches Gesetz vom 15. Juni 1868, §§ 20, 38, Älteres Gen.-Ges. § 21).

Wenn der Vorstand aus mehreren Mitgliedern besteht, so tritt eine gesamtschuldnerische Haftung nicht ein.

Der Vorstand hat die Prozesse zu führen und den Verein vor den Behörden zu vertreten (Legitimation Art. 13 am Ende). Der Vorstand hat für den Verein die Eide zu leisten (vergl. §§ 435, 436 R.-C.-P.-O.). Über die Zustellungen vergl. Art. 16 Abs. 2 und § 157 R.-C.-P.-O; auch zur Stellung von Strafanträgen namens des beleidigten Vereins ist der Vorstand ermächtigt.

Die Mitglieder des Vorstandes haben für allen Schaden einzustehen, welcher dem Verein aus der Nichterfüllung der ihnen nach dem Gesetze, dem Statute oder den Beschlüssen der Generalversammlung obliegenden Pflichten erwächst (s. Art. 19).

Der Vorstand kann als gesetzlicher Vertreter für den Verein thätig werden, soweit dieser, wenn er willensfähig wäre, selbst handeln könnte; er ist daher auch zur Vornahme solcher Rechtsgeschäfte ermächtigt, für welche es nach den Gesetzen einer Spezialvollmacht bedürfte.

Über die Form der Vollmachtserklärungen vergl. Art. 14, über die Anmeldepflicht bei Gericht Art 13, über Abänderungen im Vorstandspersonal vergl. Art. 17, Strafen Art. 34, 35.

Besteht der Vorstand aus mehreren Personen, so soll, soweit das Statut nicht anderes bestimmt, zur Gültigkeit seiner Willenserklärungen die Zustimmung aller Mitglieder gehören, vergl. Art 14. In Ermangelung statutarischer Bestimmung sind im Falle Abwesenheit, Krankheit ꝛc. ꝛc. der mehreren Mitglieder, die übrigen zum Alleinhandeln nicht befugt

Die Vertretung der Korporation durch die Vorstandschaft muß ausgeschlossen werden bei Rechtsgeschäften und einem Rechtsstreite zwischen Verein und Vorstandschaft (vergl. Entsch. des Reichsgerichtes in Civils. VII Nr. 123 S. 404 ff). Der Ausschluß der Vertretung erstreckt sich nicht auf diejenigen Rechtsgeschäfte, durch welche nur eine Verbindlichkeit erfüllt wird, auch nicht, wenn lediglich die Ehegatten oder nahe Verwandte der beteiligten Vorstandsmitglieder ein unmittelbares Interesse an dem vorzunehmenden Rechtsgeschäfte oder Rechtsstreite haben.

Wenn nur einzelne Mitglieder des Vorstandes von einem Rechtsstreite resp. Rechtsgeschäfte mit dem Verein beteiligt sind, so können die Nichtbeteiligten die Körperschaft vertreten, falls dies der Zahl nach statutengemäß noch möglich ist.

Vergl. hieher: Art. 223, 194, 195 H.-G.-B., § 29 Reichsgen.-Ges vom 1. Mai 1889, § 28 des sächsischen Gesetzes v. 15. Juni 1868.

Sollte das Statut keine Bestimmungen enthalten, wer im Falle des Ausschlusses der sämtlichen am Rechtsgeschäft oder Rechtsstreit mit dem Vereine beteiligten Mitglieder des Vorstandes, sowie deren Stellvertreter, den Verein zu vertreten hat, so bedarf es der Aufstellung eines besonderen Vertreters durch Einberufung der Generalversammlung nach Art. 23 Abs. 1 oder ev. 2.

6) Als besondere Pflichten des Vorstandes führt das Gesetz an:

1. Einreichung des Statuts und des Mitgliederverzeichnisses bei Gericht (Art. 4).

2. Anzeige der Statutenabänderungen (Art. 5).

3. Anmeldung der Vorstandsmitglieder und Liquidation (Art. 13 und 30), sowie jeder Personaländerung (Art. 17).

4. Alljährliche Einreichung eines Mitgliederverzeichnisses bei Gericht (Art. 18).

5. Beobachtung der Statuten im allgemeinen (Art. 19).

6. Einberufung der Generalversammlung (Art. 23 Abs. 2 mit Art. 19).

7. Sorge für Eintragung der Generalversammlungsbeschlüsse ins Protokollbuch (Art. 19 mit 25).

8. Anmeldung der Auflösung bei Gericht (Art. 26), Rückgabe der Statuten 2c. (Art. 27).

9. Vorlage der Bilanz bei Vereinsauflösung nach Ablauf von spätestens acht Tagen bei Gericht (Art. 28).

10. Verteilung des Vermögensüberschusses unter die Mitglieder (Art. 29).

11. Abwickelung der Geschäfte im Liquidationsstadium (Art. 30).

7) Vergl. zu diesem Artikel Art. 17 des bayer. Genossenschaftsgesetzes vom 29. April 1869, § 17 des Reichs-Genossenschaftsges. vom 4. Juli 1868, §§ 9 und 24 des Reichs-Gen.-Gesetzes vom 1. Mai 1889, Art. 227 H.-G.-B., ferner §§ 43—45 der Motive zum Entwurfe des deutschen bürgerlichen Gesetzbuches. Vergl. ferner § 18, 20 und 21 des sächsischen Gesetzes vom 15. Juni 1868. Letzteres bestimmt ausdrücklich, daß dritten Personen gegenüber die Vertretung des Vorstandes eine volle, unbeschränkte ist und daß solche statutarischen und beschlußmäßigen Beschränkungen nach außen keine rechtliche Wirkung haben. Nach § 76 kann das Gericht, wenn und solange der Verein keine gehörig legitimierten Vertreter haben sollte, auf Kosten desselben solche bestellen bezw. kann es auf baldthunliche Herstellung der statutenmäßigen Vertretung hinwirken.

Der Entwurf des Reichscivilgesetzbuches stellt die hier einschlägigen Bestimmungen in den §§ 25—28 auf: es ist ausdrücklich hervorgehoben, daß auf die Rechte und Pflichten des Vorstandes gegenüber dem Vereine die für den Auftrag geltenden Vorschriften Anwendung finden, nämlich §§ 585, 588—596 (I. Entwurf). Die Widerruflichkeit des Vorstandes kann durch das Statut auf den Fall beschränkt werden, daß ein wichtiger, den Widerruf rechtfertigender Grund, insbesondere grobe Pflichtverletzung oder Unfähigkeit zur ordnungsmäßigen Geschäftsführung vorliegt.

---

## Artikel 13.

Die jeweiligen Mitglieder des Vorstandes, sowie die Stellvertreter müssen alsbald nach ihrer Bestellung bei dem Gerichte unter Beifügung ihrer Legitimation angemeldet werden.

Die Anmeldung ist durch den Vorstand unter Beifügung seiner Legitimation entweder in Person zu bewirken oder in beglaubigter Form einzureichen.

1) Vergl. hieher: Art. 17, 30 (Anmeldung der Änderung im Vorstandspersonal sowie der Liquidatoren) und die Bemerkungen zu Art. 4 Anm. 3, ferner Art. 228 H.-G.-B., Art. 18 des alten R.-Gen.-Ges. v. 4. Juli 1868, speziell auch Bl. f. R.-A. Bd. 43, S. 268.

2) Die Anmeldung ist eine der Pflichten, welche dem Vorstande obliegen; vergl. Art. 12 Ziff. 3 zu Anm. 6. Auch hier ist erforderlich, daß die Anmeldung wie bei den Genossenschaften durch sämtliche Mitglieder des Vorstandes gleichzeitig persönlich bewirkt oder in beglaubigter Form eingereicht wird (vergl. §§ 10, 11, 148, 28, 83 des Reichs-Gen.-Ges. v. 1. Mai 1889).

3) Nachdem Art. 13 ausdrücklich die Form der Anmeldung regeln wollte, so folgt hieraus, daß die sämtlichen Mitglieder des Vorstandes sich persönlich und gleichzeitig bei Gericht zur Anmeldung einzufinden haben. Es ist aber selbstverständlich den Stellvertretern nicht benommen, bei der Anmeldung durch den Vorstand sich auch persönlich bei Gericht miteinzufinden und ihre Legitimationen selbst zu überreichen; notwendig ist dies nicht, da die Stellvertreter durch den Vorstand unter Überreichung der betreffenden Legitimation angemeldet werden können.

4) Wie die Einreichung der Statuten (vergl. Art. 4) durch den Vorstand in Person oder mittels beglaubigten Aktes erfolgen kann, in gleicher Weise ist dies auch zulässig bei der Anmeldung der Mitglieder des Vorstandes und der Stellvertreter. Entweder begibt sich also der Vorstand, versehen mit den eigenen Legitimationspapieren und denen der Stellvertreter (Wahlurkunde) behufs Anmeldung zum Gericht, oder er bethätigt die Anmeldung schriftlich in beglaubigter Form unter Beifügung der betr. Legitimationspapiere (vergl. Anm. 5 zu Art. 4).

5) Unterlassung der Anmeldung zieht Ordnungsstrafe nach sich, vergl. Art. 34.

6) Vergl. § 16 und 18 des sächsischen Gesetzes vom 15. Juni 1868. Nach § 53 des II. Entwurfes zum Bürgerl. Gesetzbuch hat der Vorstand den Verein beim Amtsgerichte zur Eintragung anzumelden und ist der Anmeldung eine Abschrift der Urkunden über die Bestellung des Vorstandes beizufügen, die Anmeldungen zum Vereinsregister sind von den Mitgliedern des Vorstandes persönlich oder mittels öffentlich beglaubigter Erklärung zu bewirken (§ 67).

---

## Artikel 14.

Der Vorstand hat in der in den Statuten bestimmten Form die Geschäfte zu führen, sowie seine Willenserklärungen abzugeben und für den Verein zu zeichnen. Ist nichts darüber bestimmt, so ist die Zeichnung durch sämtliche Mitglieder des Vorstandes erforderlich.

Die Zeichnung geschieht in der Weise, daß die Zeichnenden zu dem Gesamtnamen des Vereins ihre Unterschrift nebst ihrer Eigenschaft als Vorsteher hinzufügen.

1) Vergl. § 19 des alten R.-Gen.-Ges. vom 4. Juli 1868, Art. 19 des bayer. Ges.-Ges. v. 29. April 1869, § 25 des Reichs-Genossenschaftsges. v. 1. Mai 1889, Art. 229 H.-G.-B., endlich Art. 19 gegenwärtigen Gesetzes.

2) Wie der Verein nur durch die innerhalb der Grenzen der Vollmacht namens des Vereines vom Vorstande abgeschlossenen Rechtsgeschäfte berechtigt und verpflichtet wird (Art. 15), so kann die Machtstellung des Vorstandes auch in Bezug auf die Form der Geschäftsführung beschränkt sein (vergl. auch Art. 13 Anm. 3). Die gesetzliche Bestimmung stellt sich sonach als eine Beschränkung der Vertretungsmacht dar. Wenn also der Vorstand die Geschäfte nicht in der in den Statuten bestimmten Form führt bezw. zeichnet, so muß ein solches Geschäft als nichtig angesehen werden; so kann eine nicht in gehöriger Form einberufene Generalversammlung (z. B. Nichtankündigung des Zweckes) in Bezug auf die darin gefaßten Beschlüsse für ungültig erklärt werden (vergl. Art. 24).

Nach Art. 19 ist der Vorstand bei Nichtbeachtung der statutenmäßigen Bestimmungen dem Vereine verantwortlich.

3) Die Formen für die Geschäfte festzustellen, ist im allgemeinen Sache des Statutes. Das Gesetz enthält lediglich eine Vorschrift darüber, in welcher Weise bei schriftlicher Willenserklärung dies durch den Verein bethätigt wird, indem es bestimmt, daß der Zeichnende bezw. die Zeichnenden zu dem Gesamtnamen des Vereins die Unterschrift nebst der Eigenschaft als Vorsteher beifügen, also z. B. „Kaufmännischer Verein, a. V., München" I. Vorsitzender.

Wenn mehrere Vorstandsmitglieder vorhanden sind, so können die Statuten nach freiem Ermessen die Zahl derjenigen festsetzen, welche zu zeichnen haben, ist aber hierüber im Statut nichts bestimmt, so ist, nachdem der Grundsatz der Gesamtvertretung die Regel bildet, die Zeichnung durch sämtliche Mitglieder des Vorstandes erforderlich.

Es ist nicht notwendig, daß jedes Mitglied den Gesamtnamen des Vereins besonders schreibt, es genügt, wenn dies durch den zuerst Zeichnenden, gewissermaßen als Kopf der folgenden Unterschriften geschieht.

Sind einzelne Vorstandsmitglieder und deren Stellvertreter durch Krankheit oder aus sonstigen Gründen zu zeichnen verhindert, so darf mangels anderweitiger Bestimmungen der Statuten nicht angenommen werden, daß die Zeichnung durch die übrigen Vorstandsmitglieder genüge. S. oben Art. 12 Anm. 5.

Die Unterlassung der Beisetzung des Gesamtnamens des Vereins zur Unterschrift macht ein Rechtsgeschäft deshalb noch nicht ungültig, Abs. 2 enthält nur eine instruktionelle Vorschrift.

4) § 21 des Sächs. Gesetzes v. 15. Juni 1868 bestimmt, daß, wenn der Vorstand aus mehreren Mitgliedern besteht, zu bindenden Erklärungen für die Genossenschaft, insoweit das Statut nicht etwas anderes bestimmt, die Zustimmung sämtlicher Mitglieder erforderlich sei.

Der II. Entwurf des Bürgerlichen Gesetzbuches hat, nachdem derselbe auf den Standpunkte steht, daß die Machtstellung des Vorstandes nach außen durch die Verfassung beschränkt werden kann, mit Recht von Bestimmungen sowohl über die Form der Erklärungen des Vorstandes, wie über die Art seiner Legitimation Umgang genommen; vergl. Motive Bd. I S. 98.

---

## Artikel 15.

Die Befugnis des Vorstandes, den Verein nach außen zu vertreten, wird durch die in den Statuten enthaltene Vollmacht bestimmt.

Dieselbe kann sich auf alle oder nur auf gewisse Arten von Geschäften erstrecken und zum rechtsgültigen Abschlusse derselben die Mitwirkung anderer Organe des Vereins erfordern.

Durch die innerhalb der Grenzen dieser Vollmacht im Namen des Vereins vom Vorstand abgeschlossenen Rechtsgeschäfte wird der Verein berechtigt und verpflichtet. Die darüber aufgenommenen Urkunden werden nach der Vorschrift des Art. 14 vom Vorstande gezeichnet. Im Falle, daß nach den Statuten andere Organe des Vereins bei Geschäftsabschlüssen mitzuwirken haben, wird der zustimmende Beschluß derselben schriftlich in der geschäftsordnungsmäßigen Form des betreffenden Organs dem Dokumente beigefügt, und ist der Vorstand für die Echtheit dieses von ihm beizubringenden Beschlusses verantwortlich.

Zur Legitimation des Vorstandes bei allen das Hypothekenwesen betreffenden und anderen Geschäften, welche die Beglaubigung der Vollmacht erfordern, genügt ein Zeugnis des Gerichts, daß die darin bezeichneten Personen demselben als Vorsteher des betreffenden Vereins vorschriftsmäßig angemeldet sind.

1) Vergl. Art. 20 bayer. Gen.-Ges. 29. April 1869, § 20 Ges. vom 4. Juli 1868, § 26 Reichsgenossenschafts-Ges. vom 1. Mai 1889, Art. 241 H.-G.-B., Art. 230, 231 H.-G.-B.

2) Die anerkannten Vereine stehen vermöge ihrer Zweckbeschaffenheit mit dem Rechtsverkehr nicht in so unmittelbaren Beziehungen, daß der Grundsatz der unbeschränkten Vertretungsmacht als ein Gebot der Rechtssicherheit bezeichnet werden muß. So begründet dieser strengere Grundsatz bei Vereinigungen mit kommerziellem Geschäftsbetriebe erscheint (vergl. § 26 R.-Gen.-Ges. vom 1. Mai 1889), so ist die im Zusammenhalte mit Art. 14 normierte Beschränkung der Handlungen des Vorstandes nach Form und Inhalt der Rechtsgeschäfte und Legitimation für die hier in Betracht kommenden Vereine mit idealen Zwecken in jeder Hinsicht gerechtfertigt; eine andere Frage ist, ob die gesetzliche Normierung dieser Formen zweckmäßig erscheint, was verneint werden muß. — Die Handlungen des Vorstandes binden hienach den Verein nach außen nur insoweit, als der Vorstand im Rahmen der statutengemäßen Vollmacht bezw. nach Maßgabe der Generalversammlungsbeschlüsse gehandelt hat. Nur durch die innerhalb der Grenzen

der Vollmacht im Namen des Vereins vom Vorstande abgeschlossenen Rechtsgeschäfte wird der Verein berechtigt und verpflichtet.

3) Wieweit die Vertretungsvollmacht des Vorstandes sich erstreckt, ist ganz den Statuten zu bestimmen überlassen: Der Vorstand kann Generalvollmacht besitzen, ohne Mitwirkungsberechtigung bezw. Verpflichtung sonstiger Vereinsorgane, oder es kann bestimmt sein, daß zu jedem, oder speziell Rechtsgeschäften, durch welche der Verein Verbindlichkeiten eingeht (vergl. z. B. § 20 der Statuten des Kaufmännischen Vereins, s. Anlage), Spezialvollmacht, die Mitwirkung besonderer Vereinsorgane (Aufsichtsrat, vorhergehender Generalversammlungsbeschluß) erforderlich ist, oder daß gewisse Rechtsgeschäfte dem Vorstande gänzlich untersagt sind.

4) Art. 15 wiederholt überflüssiger Weise, daß der Vorstand bei Rechtsgeschäften nach Maßgabe des Art. 14 zu zeichnen hat und fügt noch bei, in welcher Form die nach Statut etwa erforderliche Mitwirkung anderer Vereinsorgane zu einem Geschäftsabschluß stattzufinden hat.

Art. 14 enthält die formellen Bestimmungen für die Zeichnung mehrerer Vorstandsmitglieder. Bei den Organen im Sinne des gegenwärtigen Artikels hat der Gesetzgeber in erster Linie an die Generalversammlung, Aufsichtsrat und Geschäftsbevollmächtigten gedacht. Es können aber selbstredend infolge statutarischer Bestimmung noch ganz besondere Organe, sei es eine Einzel- oder Kollektivperson (Behörde) als solche in Betracht kommen, von deren Zustimmung der Abschluß eines Rechtsgeschäftes durch den Vorstand abhängig sein soll.

5) Welche Formen für die schriftliche Erklärung, bezw. des Beschlusses, welcher nur in dem Sinne als zustimmend bezeichnet werden kann, als er sich mit den vom Vorstande abgegebenen Erklärungen deckt, verlangt werden, ist Sache des Statuts: es kann eventuell notarielle oder beglaubigte Form, Zuziehung von Zeugen rc. rc. vorgeschrieben sein. Das Gesetz bestimmt lediglich, daß die betr. Erklärung bezw. der Beschluß schriftlich in geschäftsordnungsmäßiger Form vom Vorstande beigebracht und gewissermaßen als integrierender Bestandteil dem Dokumente, der Urkunde, welche der Vorstand gemäß Art. 14 zeichnet, beigefügt wird, wobei die Echtheit präsumiert und der Vorstand hiefür verantwortlich gemacht wird. (Strafe: Art. 35 abgesehen von eventuellen Kriminalstrafen wegen Urkundenfälschung.)

Zweifellos ist auch diese gesetzliche Vorschrift nur instruktionell (vergl. Art. 14, Anm. 3). Abgesehen von dem Falle, daß, wenn die beschlußmäßige Erklärung des z. B. aus 3 Mitgliedern bestehenden Aufsichtsrates statutengemäß vorgeschrieben ist, dies auch in der Weise erfolgen könnte, daß die Betreffenden sämtlich das in Frage stehende Dokument unterzeichnen, so ist es wohl kaum gesetzwidrig, wenn durch Statut eine andere Form der Zeichnung, sei es eine einfachere (z. B. Hinweis auf den veröffentlichten Generalversammlungsbeschluß) oder komplizierte bestimmt wird. Unter Umständen wird mit gegenseitigem Einverständnis die bloße Zeichnung des Vorstandes unter Versicherung des Einverständnisses im Dokument selbst genügen.

6) Das Zeugnis des Land-Gerichtes dient zur Legitimation, daß die darin bezeichnete Person zur Zeit Vorstand des fraglichen Vereins sei und ersetzt die öffentliche Urkunde, deren Vorlage das Hypothekenamt verlangen muß (§ 103 bayer. Hyp.-Ges.). Selbstverständlich muß bei einer neuen Verfügung über ein eingetragenes Recht ein neues Attest in Vorlage gebracht werden.

Das Recht, in hypothekamtlichen Angelegenheiten einen Verein zu vertreten, steht auch denjenigen Vorständen nicht anerkannter Vereine zu, deren Vorstände nach allgemeinen Rechtsgrundsätzen als statutenmäßige Organe des Vereins nach außen handelnd aufzutreten berechtigt sind. Vergl. Bl. f. R.-A. Bd. 54 S. 26.

7) Nicht nur zur Abschließung von Rechtsgeschäften in schriftlicher Form, sondern auch bezüglich mündlich zu erledigender Rechtsgeschäfte kann statutarisch die Mitwirkung und Mitanwesenheit dritter oder besonderer Organe durch eigene Normen geregelt werden.

8) Der Entwurf des Bürgerlichen Gesetzbuches sieht mit Recht von Bestimmungen über die Form der Erklärungen des Vorstandes und der Art seiner Legitimation ab, indem es sich mit Aufstellung des Grundsatzes, daß die Vertretungsmacht des Vorstandes nach außen durch die Statuten beschränkbar sei, begnügt, vergl. Motive S. 97; vergl. auch § 60 des Entwurfes, bezüglich des sächs. Ges. vergl. § 18 u. 20.

---

## Artikel 16.

Zur Führung von Prozessen für den Verein, Einlegung von Rechtsmitteln und Abschließung von Vergleichen in denselben, ist der Vorstand, sofern die Statuten nichts anderes festsetzen, ermächtigt und kann sich dabei durch Unterbevollmächtigte vertreten lassen.

Zur Behändigung von Vorladungen und anderen Zustellungen an den Verein genügt es, wenn dieselben an ein Mitglied des Vorstandes geschehen.

1) Vergleiche zu diesem Artikel:

Art. 24 bayer. Genossenschaftsges. v. 29./IV. 1869, § 24 des Reichsgenossenschaftsgesetzes v. 4. Juli 1868, H.-G.-B. Art. 117 u. 167.

2) Der erste Absatz des Art. 16 bringt, was sich schon aus Art. 15 versteht, speziell zum Ausdruck, daß der Vorstand, falls die Statuten nichts anderes festsetzen, auch in prozessualer Hinsicht der gesetzliche Vertreter des Vereines ist: er ist der gerichtliche Vertreter des Vereins; als solcher kann er sich wiederum durch einen Unterbevollmächtigten vertreten lassen (Rechtsanwalt 2c. 2c.), vorausgesetzt, daß die Statuten nichts Gegenteiliges bestimmen Welche Schranken das Statut dem Vorstande in prozessualer Hinsicht auferlegt, ist ganz dem Ermessen des Vereins anheimgestellt (vergl. Art. 15). So kann bestimmt sein, daß zur Erhebung einer Klage, zur Einlegung von Rechtsmitteln 2c. der Vorstand nur nach Beschluß der Generalversammlung oder sonstiger Organe, oder überhaupt nicht zur Führung von Prozessen ermächtigt ist.

3) Der zweite Absatz ist durch § 157 R.-C.-P.-O., wonach bei Behörden, Gemeinden, Korporationen und Personenvereinen die Zustellung an die Vorsteher, bei mehreren gesetzlichen Vertretern sowie bei mehreren Vorstehern die Zustellung an einen derselben genügt, überflüssig geworden und durch die R.-C.-P.-O. zum Teil außer Kraft gesetzt. Aus diesem Grunde wurde die Bestimmung des älteren Reichsgenossenschaftsgesetzes (§ 24), inhaltlich deren die Behändigung von Vorladungen und anderen Zustellungen an die Genossenschaft für genügend vollzogen gilt, wenn sie an ein zeichnungsberechtigtes Mitglied des Vorstandes erfolgte, in das derzeitige Gesetz vom 1. Mai 1889 nicht mehr aufgenommen; das Gleiche war der Fall hinsichtlich der Bestimmung des alten Gesetzes, wonach Eide namens der Genossenschaft durch den Vorstand zu leisten waren (§ 22). Hinsichtlich der Eide bestimmen die §§ 434 und 436 R.-C.-P.-O., daß da, wo mehrere gesetzliche Vertreter vorhanden sind, sie gleich Streitgenossen insgesamt den Eid zu leisten haben, wenn es sich um eine Thatsache handelt, welche für ein ihnen allen gegenüber nur einheitlich festzustellendes Rechtsverhältnis von Einfluß ist; betrifft der Eid die eigenen Handlungen oder Wahrnehmungen nur einiger, oder eines der Vertreter, so ist er von den übrigen nicht zu leisten.

Über die Ersatz-Zustellung vergl. § 169, 166 und 167 R.-C.-P.-O. sowie Entsch. des Reichsgerichts XXI, S. 388; über die Zustellung an den Vorstand vergl. Art. 4 und 5 gegenwärtigen Gesetzes.

4) Unter den anderen Zustellungen sind nicht nur gerichtliche, sondern auch Zustellungen von anderen Behörden und Privatpersonen zu verstehen.

5) II. Entwurf des Reichscivilgesetzbuches: § 27 im Zusammenhalt mit § 90 ff.

Die Bestimmung des sächsischen Gesetzes § 24: „Zur Behändigung von Vorladungen und anderen Zustellungen an die Genossenschaft genügt es, wenn dieselbe an ein Mitglied des Vorstandes, welches zu zeichnen oder mitzuzeichnen befugt ist, geschieht" wird nach § 13 des sächs. Einf.-Gesetzes v. 30 Jan. 1877 durch § 169 der R.-C.-P.-O. nicht berührt.

---

## Artikel 17.

Jede ganze oder teilweise Änderung im Personal des Vorstandes muß von dem ganz oder teilweise erneuten Vorstande gemeinschaftlich in Person oder in beglaubigter Form dem Gerichte unter Einreichung der Legitimation angemeldet werden.

Dasselbe gilt für den Fall, daß interimistische Stellvertreter eines oder mehrerer Vorstandsmitglieder bestellt werden.

1) Vergl. § 2 Art. 23 bayer. Genossenschaftsges. v. 29./IV. 69, § 23 des Reichsgenossenschaftsgesetzes vom 4. Juli 1868, § 28 Reichsgenossenschaftsges. vom 1. Mai 1889, Art. 233 H.-G.-B.

2) Die Statutenänderungen, z. B. Abänderung der Vollmacht des Vorstandes 2c., behandelt Art. 5; hier handelt es sich nur um Änderungen im Personal des Vorstandes, sei es daß dieser aus einem oder mehreren Mitgliedern besteht. Eine Änderung liegt nur bei Neuwahl, nicht auch bei Wiederwahl des bisherigen Vorstandes vor; erstere ist in der Weise denkbar, daß der bisherige Vorstand, oder falls derselbe aus mehreren Mitgliedern besteht, sämtliche Mitglieder, oder nur ein Teil wiedergewählt und an Stelle der Ausgeschiedenen neue Mitglieder getreten sind. Eine Änderung ist auch gegeben, wenn die regelmäßigen Stellvertreter und wie Art. 17 ausdrücklich hervorhebt, die interimistischen Stellvertreter, also die, welche nur für eine bestimmte Zeit, wegen eines besonderen Anlasses (Prozeßführung, Befangenheit des Vorstandes, Krankheit eines Vorstandsmitgliedes) bestellt sind, wechseln. Auch der Umstand, daß nach statutarischer Bestimmung die Vorstandschaft turnusweise innerhalb eines bestimmten Personenkreises und innerhalb einer gewissen Zeit, wechselt, schließt die Anzeigepflicht nicht aus. Es muß jederzeit genau feststehen, wer der Vorstand ist.

3) Wenn die Zahl der Vorstandsmitglieder erhöht oder vermindert wird, so liegt Statutenänderung im Sinne des Art. 5 vor, und bedarf dies der gerichtlichen Anzeigeerstattung und Anerkennung; die dann in Frage kommende Anmeldung ist durch Art. 13 geregelt; gegenwärtiger Artikel hat zweifellos nur den Fall im Auge, daß an

die Stelle der ursprünglichen Vorstandspersonen andere treten, sei es, daß sie sämtlich wechseln, oder daß nur ein Teil wechselt, d. h. ein oder mehrere Mitglieder bleiben und die übrigen wechseln. Der Fall der Verminderung der Vorstandsmitglieder kann sonach nicht als nur teilweise Erneuerung bezeichnet werden.

4) Wie Art. 13 vorschreibt, daß der Vorstand die Anmeldung unter Beifügung der Legitimation entweder in Person zu bewirken, oder in beglaubigter Form einzureichen hat, so gilt die gleiche Vorschrift auch bei Änderung des Vorstandes.

Auch hier ist eine zweifache Form denkbar:

a) das persönliche Erscheinen vor Gericht,

b) die schriftliche Anzeige.

Im ersteren Falle liegt die Anmeldepflicht nicht bloß denjenigen Mitgliedern des Vorstandes ob, welche durch Neuwahl in den Vorstand berufen sind, sondern der gesamten Zahl der Vorstandsmitglieder; dieselben haben sich in Person gemeinschaftlich mit ihren Legitimationspapieren bei Gericht einzufinden; das gleiche Recht ist den Stellvertretern eingeräumt, dieselben sind aber nicht dazu verpflichtet, indem sie durch den Vorstand anzumelden sind (vergl. Art. 13).

Im zweiten Falle ist Vorlage „der die Legitimation sowohl der neueintretenden Mitglieder, als des etwa neugewählten leitenden Vorstehers begründenden Konstatierung des Wahlergebnisses im Protokolle der hiezu berufenen General- oder Vorsteherversammlung in notariell beglaubigter Abschrift der den betreffenden Nachweis bietenden Urkunde erforderlich" Bl. f. R.-A. XLIII 268 (Entsch. d. b. oberst L.-G. VII, 487); vgl. H. Becher a. a. O. S. 361 Anm. 27.

5) Die Anmeldung des Vorstandes und der Änderung im Personal des Vorstandes hat nicht die wichtige Bedeutung wie die Eintragung bei den Genossenschaften. Inwieweit diese Thatsachen dritten Personen entgegengesetzt werden können, unterliegt der Prüfung des Einzelfalles. Während § 29 des Genossenschaftsgesetzes bestimmt, daß nach geschehener Eintragung und Bekanntmachung der dritte, soferne nicht durch die Umstände die Annahme begründet wird, daß er beim Abschlusse des Geschäfts die Änderung oder Beendigung weder gekannt habe, noch habe kennen müssen, dieselbe gegen sich gelten lassen muß, kann der Publizität des gegenwärtigen Gesetzes (Art. 7) eine solche Bedeutung nicht beigemessen werden. Es wird in jedem Einzelfalle auf den Beweis ankommen, ob der dritte von der Vertretungsbefugnis des Vorstandes bezw. eingetretener Änderung bei Abschluß eines Geschäftes Kenntnis hatte oder nicht.

6) Gleiche Vorschriften gelten bei Änderung im Personal der Liquidatoren (vergl. Art. 30), Strafbestimmung s. Art. 34.

7) Bezüglich des II. Entwurfes des Reichscivilgesetzbuches: vergl. 59 bis 61; vergl. auch §§ 16, 19 und 20 des sächsischen Gesetzes vom 15. Juni 1868.

## Artikel 18.

**Der Vorstand ist verpflichtet, dem Gerichte alljährlich im Monate Januar ein vollständiges, alphabetisch geordnetes Verzeichnis der Mitglieder des Vereins einzureichen.**

1) **Vergl. analoge Bestimmungen: Art. 25 bayer. Genossenschaftsgesetz 29./IV. 1869, Reichsgenossenschaftsgesetz v. 4. Juli 1868 § 25, § 30, 31 Reichsgenossenschaftsgesetz vom 1. Mai 1889, endlich die Strafbestimmung in Art. 34.**

2) Bereits oben (Art. 4 Anm. 3) wurde ausgeführt, daß diese Bestimmung nicht von der Bedeutung und Wichtigkeit ist, wie bei den Genossenschaften, bei denen die Haftung der Genossenschafter von der Eintragung in die gerichtliche Liste abhängt.

3) Eine bestimmte Form der Einreichung ist nicht vorgeschrieben, dagegen obliegt sie als eine der Pflichten dem Vorstande. Die Unterlassung bedroht Art. 34 mit Strafe. Der Vorstand kann also das Verzeichnis persönlich, oder durch eine dritte Person dem Gerichte überreichen oder übersenden lassen.

4) Das Verzeichnis soll alphabetisch geordnet und vollständig sein, d. h. es müssen die sämtlichen zur Zeit der Einreichung dem Vereine angehörenden Mitglieder (auch die passiven, Ehrenmitglieder 2c.) mit ihren, nach dem Alphabet geordneten Namen, d. h. den bürgerlichen, nicht Firmennamen (bei Vereinen, die Mitglieder sind: dem Namen des betr. Vereins) in einer Liste verzeichnet, dem Gerichte vorgelegt werden. Daß die Liste gedruckt, ist nicht erforderlich, auch ist der Vorstand in Person weder zur Fertigung, noch Evidenthaltung der Liste verpflichtet. Dieselbe kann auch durch andere Personen geführt und angefertigt werden: verantwortlich für Vollständigkeit, Anlage in der vorgeschriebenen Form und rechtzeitige Einreichung ist der Vorstand. Auch für die Durchführung sonstiger bezüglich des Mitgliederverzeichnisses statutarisch bestehender Vorschriften haftet der Vorstand (vergl. Art. 19). Ein Minimum der Mitglieder und eventuelle Auflösung schreibt das Gesetz nicht vor (vergl. dagegen II. Entwurf des Bürgerl. Gesetzbuches: § 50 und § 63). Nach einer Entsch. des Reichsgerichtes Bd. 23 S. 203 kann ein Verein fortbestehen, selbst bei Herabsinken der Mitglieder auf eine Person.

5) Nach § 62 des II. Entwurfes zum Bürgerl. Gesetzbuch ist dem Amtsgerichte nur auf Verlangen ein Verzeichnis der Vereinsmitglieder einzureichen. Diese Vorschrift ist im Interesse der Gerichtsakten, für welche die sich ansammelnden Verzeichnisse ein unnötiger Ballast bilden, durchaus praktisch, steht aber mit der sonstigen Strenge des Entwurfs nicht im Einklang.

## Artikel 19.

Der Vorstand ist zur Beobachtung und Ausführung aller Bestimmungen der Statuten und der in Gemäßheit derselben gefaßten Vereinsbeschlüsse verpflichtet und dafür dem Vereine verantwortlich.

Mitglieder des Vorstandes, welche dieser ihrer Pflicht oder den Bestimmungen dieses Gesetzes entgegenhandeln, haften persönlich und solidarisch für den dadurch entstandenen Schaden.

1) Vergl. Art. 27 des bayr. Gen.-Gesetzes v. 29./IV. 1869, Art. 33 des R.-Genoss.-Ges. v. 4. Juli 1868, § 27 des Reichsgesetzes v. 4. Juli 1868, Art. 241 H.-G.-B, über die Haftung des Vereins für unerlaubte Handlungen des Vorstandes vergl. Art. 10 Anm. 9 und Motive zum Bürgerlichen Gesetzbuch § 46, 1. Bd.

2) Absatz 1 des Art. 19 spricht allgemein aus, daß der Vorstand dem Vereine verantwortlich ist, daß seinerseits die Vorschriften der Statuten beobachtet werden. Den Statuten gleichgestellt sind die Vereinsbeschlüsse, worunter nicht nur die Beschlüsse der Generalversammlung, sondern alle in statutenmäßiger Form gefaßten Beschlüsse zu verstehen sind. Der Vorstand hat die ihm obliegenden Aufgaben nach Maßgabe der Statuten zu erfüllen und haftet für allen Schaden aus der Unterlassung von Handlungen, die er hätte vornehmen sollen, sowie für den Schaden, falls er die Grenzen seiner Vollmacht überschritten hat. Der Vorstand hat also vor allem innerhalb der Grenzen seiner Vollmacht zu bleiben und die materiellen und formellen Schranken (vergl. Art. 14, 15 und 16), welche ihm das Statut als gerichtlicher und außergerichtlicher Vertreter des Vereins auflegt, einzuhalten. Aus Absatz 2 geht hervor, daß der Vorstand in gleicher Weise verpflichtet ist, die Bestimmungen des gegenwärtigen Gesetzes zu beachten; auch hiefür ist er dem Verein haftbar, abgesehen davon, daß er den gesetzlichen Strafbestimmungen (Art. 34, 35) untersteht. Die besonderen Pflichten des Vorstandes wurden bereits anläßlich der Besprechung des Art. 12 in der Anmerkung 6 aufgeführt.

3) Die Haftung des Vorstandes ist die eines ordentlichen Geschäftsmannes, er hat die Sorgfalt anzuwenden, welche ein sorgsamer und verständiger Geschäftsmann in gleichem Verhältnis regelmäßig bewähren wird. Ist ein Schaden entstanden, so ist es Aufgabe des Vereins nachzuweisen, welche Pflichten dem Vorstande oblagen und welcher Schaden durch die Nichterfüllung der Pflichten entstanden ist. Sache des Vorstandes ist der Gegenbeweis, daß er seine Pflichten erfüllt, oder daß ihm die Erfüllung unmöglich war. Vergl. Entsch. des R.-G. i. C.-S. XIII S. 46.

Solange der Vorstand innerhalb der Grenzen der Statuten, des Gesetzes oder der Vollmacht handelt, kann er vom Vereine nicht verantwortlich gemacht werden; etwa entstehenden Schaden hat der Verein zu tragen.

Wenn die Generalversammlung dem Vorstande Decharge erteilt hat, so wird der Vorstand von seiner Verantwortlichkeit nicht unter allen Umständen frei. Sobald der Verein nachzuweisen vermag, daß die Generalversammlung die Folgen ihres Beschlusses nicht übersehen konnte, so kann der Vorstand wegen der erfolgten Dechargeerteilung dem Anspruche auf Schadenersatz nicht die Einrede des dolus, der Arglist, dem Vereine entgegensetzen. Vergl. Entsch. d. R.-G. i. C.-S. XII S. 77, XIII S. 51, XVIII S. 63.

4) Über die Haftung jur. Personen für Vergehen ihrer Beamten und Vertreter im Allgemeinen vergl. auch:

Entsch. d. R.-G. i. C.-S. VIII, 236; XVIII, S. 120, XIX, 348, XXII, 259, 262, XXIX, 142, speziell auch Regelsberger, Pand. I § 83.

5) Durch Absatz 2 ist zum Ausdrucke gebracht, daß, wenn der Vorstand aus mehreren Mitgliedern besteht, eine gesammtschuldnerische Haftung nicht eintritt; dagegen haftet jedes Mitglied, welches seine Obliegenheiten verletzt hat, unmittelbar für den verursachten Schaden mit seinem ganzen Vermögen, ohne die exceptio divisionis geltend machen zu können. Bei schädlichen Mehrheitsbeschlüssen des Vorstandes haften sonach auch nur die am Beschlusse Beteiligten, falls die anderen ihren Widerspruch zu beweisen imstande sind. Vergl. Pröbst a. a. O. Anm. 6 zu § 32 R.-Gen.-Ges.

6) Vergl. sächsisches Ges. v. 15. Juni 1868 § 27.

§ 30 des II. Entwurfes zum Bürgerlichen Gesetzbuch spricht ausdrücklich aus, daß auch der Verein für den Ersatz des Schadens haftet, den der Vorstand durch eine in Ausführung der ihm zukommende Verrichtungen begangene, zum Schadenersatze verpflichtende Handlung einem dritten zufügt.

---

## Artikel 20.

Die Statuten können dem Vorstande einen Aufsichtsrat (Ausschuß) von mindestens drei Mitgliedern an die Seite setzen, welcher von den Mitgliedern des Vereins aus ihrer Mitte gewählt wird, und die Geschäftsführung der Vorstandes überwacht.

Die zu diesem Zwecke, sowie wegen Beteiligung bei der Verwaltung demselben zu übertragenden Befugnisse sind in den Statuten zu bestimmen.

Jedenfalls hat der Aufsichtsrat die Befugnis, sobald er es für nötig erachtet, eine Generalversammlung der Vereinsmitglieder zu berufen.

1) Die Bestellung eines Aufsichtsrates als Kontrollorgan des Vorstandes ist ein naheliegender Gedanke, der nicht nur im Interesse des Vereines, sondern auch des Vorstandes selbst gelegen ist. Diese Einrichtung findet sich daher in einer ganzen Reihe von Gesetzen teils fakultativ, teils obligatorisch: vergl. Bayr. Genossenschafts-Gesetz v. 29./IV. 1869 Art. 28, 29, Reichsgenossenschaftsgesetz vom 4. Juli 1868 §§ 28, 29, Reichsgenossenschaftsgesetz vom 1. Mai 1889 in den §§ 34—39, Art. 191, 192, 225, 225a, 226 H.-G.-B. Vergl. auch Art. 3 Ziff. 7 dieses Gesetzes, wonach das Statut, falls der Verein sich für Einsetzung eines Aufsichtsrates entscheidet, hierüber Aufschluß geben muß. Die Bestellung eines Aufsichtsrates ist sonach dem Ermessen der Vereine anheimgestellt, er ist kein notwendiges Organ, wie dies z. B. bei den modernen Genossenschaften (vergl. § 9 des R.-G. v. 1. Mai 1889) der Fall ist. Immerhin muß die Bestellung eines solchen bei einem größeren Verein und komplizierteren Vermögensverhältnissen als in jeder Hinsicht zweckmäßig und empfehlenswert bezeichnet werden.

2) **Aufgabe des Aufsichtsrates:**

Am richtigsten und kürzesten läßt sich der Aufsichtsrat, auch Ausschuß, Verwaltungsrat 2c. 2c. genannt — die Bezeichnung ist nebensächlich — als **Kontrollorgan** bezeichnen: er überwacht die Geschäftsführung des Vorstandes im Sinne des Art. 19, wobei es dem Ermessen der Vereine anheimgestellt ist, die Befugnisse, welche ihm als Kontroll-Organ zukommen und inwieweit er bei der Verwaltung mitzuwirken berechtigt bezw. verpflichtet ist, statutarisch zu normieren. So kann er gemäß Art. 15 die Aufgabe haben, bei Geschäftsabschlüssen mitwirken zu müssen, oder von seiner Zustimmung kann nach Art. 16 die Führung von Prozessen 2c. 2c. für den Vorstand abhängig gemacht sein. Der Aufsichtsrat ist ein „ständiger Ausschuß der Generalversammlung". Daraus folgt, daß sein Wirkungskreis auf die Rechtsverhältnisse nach **innen** beschränkt ist. Das **Gesetz** räumt ihm als **einziges**, unentziehbares Recht die Befugnis ein, sobald er es für nötig erachtet, eine Generalversammlung der Vereinsmitglieder zu berufen. Dieses Recht kann ihm weder durch Statut, noch durch die Generalversammlung genommen werden, es sei denn, daß die Suspendierung oder Absetzung des Aufsichtsrates durch letztere beschlossen wird. Die Genossenschaftsgesetze räumen dem Aufsichtsrat durch gesetzliche Bestimmungen noch weitere Befugnisse ein. Nach § 28 des ehemaligen Reichsgenossenschaftsgesetzes vom 4. Juli 1868 u. Art. 28 des gleichlautenden bayer. Gesetzes v. 29. April 1869 kann er sich von dem Gange der Angelegenheiten der Genossenschaften unterrichten, die Bücher und Schriften derselben jederzeit einsehen, den Bestand der Genossenschaftskasse untersuchen, Vorstandsmitglieder und Beamte vorläufig, und zwar bis zur Entscheidung der demnächst zu berufenden Generalversammlung, von ihren Befugnissen entbinden und wegen einstweiliger Fortführung der Geschäfte die nötigen Anstalten treffen. Er hat ferner die Jahresrechnungen, die Bilanzen und die Vorschläge zur Gewinnteilung zu prüfen und darüber alljährlich der Generalversammlung Bericht zu erstatten.

Sehr empfehlenswert ist die Bestimmung genannter Gesetze, daß der Aufsichtsrat ermächtigt ist, *gegen die Vorstandsmitglieder die Prozesse* zu führen, welche die Generalversammlung beschließt und die Genossenschaft bei *Abschließung von Verträgen mit dem Vorstande* zu vertreten. Auch eine Bestimmung über die wichtige Frage, wer die Genossenschaft *in einem Prozesse gegen den Aufsichtsrat* zu vertreten hat, muß als zweckmäßig erachtet werden. Nach den erwähnten Gesetzen wird diese Vertretung Bevollmächtigten eingeräumt, welche in der Generalversammluug gewählt werden.

All' diese Rechte und andere mehr können auch dem Aufsichtsrate eines anerkannten Vereines statutarisch oder beschlußmäßig eingeräumt werden; es ist aber auch denkbar, daß die Thätigkeit des Ausschusses auf das *gesetzliche Minimum*, nämlich das Recht, nach Ermessen die Generalversammlung zu berufen, beschränkt wird.

Dem Ausschusse kann statutarisch auch die Stellung einer *Beschwerdeinstanz* bei Ausschluß von Mitgliedern und Verweigerung der Aufnahme, sowie das allgemeine Recht zur Einberufung der Generalversammlung eingeräumt sein. (Vergl. Art. 23.) Nach Art. 25 haben die Ausschußmitglieder das Recht, die Generalversammlungsbeschlüsse mitzuunterzeichnen.

3) *Bestellung und Zahl des Aufsichtsrates.*

Es empfiehlt sich, die Bestellung des Aufsichtsrates durch Wahl der Generalversammlung statutarisch zu normieren.

Das Gesetz schreibt *Wahl* aus der Mitte der Vereinsmitglieder vor, während beim Vorstande die *Art* der Bestellung dem Ermessen anheimgestellt ist. (Art. 12.)

Die *Zahl* der Aufsichtsratsmitglieder hängt von der Bestimmung des Statuts ab, Minimum sind drei Personen, welche Mitglieder des Vereins sein müssen. Aus der Interessenkollision ergibt sich, daß, wer Mitglied des Vorstandes gewesen, vor Dechargeerteilung nicht in den Aufsichtsrat gewählt werden darf und daß, wer als Vorstandsmitglied bestellt wird, wenn er dem Aufsichtsrate angehörte, zuvor ausscheiden muß. Auch wird es zweckmäßig sein, zu vermeiden, daß Verwandte oder Personen mit gleichen Interessen im Vorstande und im Aufsichtsrate gleichzeitig vertreten sind.

4) Auch der Aufsichtsrat steht zum Verein in einem Mandatsverhältnis, die Mitglieder des Aufsichtsrates haben die Sorgfalt ordentlicher Geschäftsführer anzuwenden. Ein Klagerecht steht nicht den einzelnen Genossen, sondern nur dem Verein zu. Vergl. Entsch. des R.-G. i. C.-S. Bd. XXVIII S. 71 u. Bd. XVIII S. 65, Bd. XIII, S. 45. Dagegen steht den einzelnen Mitgliedern des Vereins das Interventionsrecht nach § 63 R.-C.-P.-O. zu. Vergl. auch Art. 29 des bayer. Gen.-Ges. und § 29 des R.-Gen.-Ges. v. 4. Juli 1868 a. E. Der Aufsichtsrat, wie der Vorstand haben jeder selbständig ihre Pflichten: dieselben haften daher auch für den ihnen obliegenden Pflichtenkreis selbständig, der Aufsichtsrat also nicht subsidiär für den Vorstand. Trifft Beide ein Verschulden, den Vorstand in der Geschäftsführung, den Aufsichtsrat in deren Ueberwachung, so haften die Beteiligten zusammen.

5) Die Mitglieder des Aufsichtsrates können besoldet oder unbesoldet sein, die Amtsdauer ist dem Ermessen der Statuten anheimgestellt. Es empfiehlt sich, die alljährliche Neu- bezw. Wiederwahl und zwar in der Weise, daß nur ein Teil und nicht der gesamte Aufsichtsrat neugewählt wird, zu normieren. Ob die Bestellung zum Mitgliede des Aufsichtsrates vor Ablauf des Zeitraumes, für welchen dasselbe gewählt ist, durch die Generalversammlung widerrufen werden kann (vergl. Reichs-Genossenschafts-Gesetz v. 1. Mai 1889 § 34), ist Sache der Statutennormierung. Jedenfalls steht der Generalversammlung, falls sie dem Aufsichtsrate das bisherige Vertrauen nicht mehr schenkt, das Recht des Widerrufes zu, vorbehaltlich der Rechte aus bestehenden Verträgen.

Den Mitgliedern des Aufsichtsrates als Vereins-Organen kann, falls die Statuten nichts anderes normieren, das Recht des beliebigen Rücktrittes von diesem Amte nicht eingeräumt werden. (Vergl. Entsch. des R.-G. in C.-S. XIII S. 50.)

6) Stellvertretung:

Wenn der Aufsichtsrat in unparteiischer Weise als Kontrollorgan thätig werden soll, so muß statutarisch bestimmt sein, daß Mitglieder des Aufsichtsrates nicht zugleich Mitglieder oder dauernde Stellvertreter des Vorstandes sein dürfen.

Eine vorübergehende Stellvertretung von behinderten Mitgliedern des Vorstandes durch Mitglieder des Aufsichtsrates, deren Thätigkeit im Aufsichtsrat während der im voraus zu begrenzenden Zeit cessiert, läßt sich mit der Stellung der beiden Organe vereinigen. (Vergl. auch § 35 des erwähnten R.-Genossenschafts-Gesetzes.)

Wie für den Vorstand, können auch für den Aufsichtsrat statutarisch im voraus Stellvertreter für behinderte oder erkrankte Mitglieder des Aufsichtsrates aufgestellt sein. Es liegt aber in der Natur der Sache, daß die Mitglieder des Aufsichtsrates die Ausübung ihrer Obliegenheiten nicht andern Personen übertragen dürfen, d. h. solchen Personen, die nicht zum Aufsichtsrat gehören. Dagegen kann es vorkommen, daß innerhalb des Aufsichtsrates bestimmte Funktionen einem Einzelnen oder einer Kommission übertragen werden. (Vergl. Art. 22.) Ist dies mit Genehmigung der Generalversammlung geschehen, so werden in der Regel die Mitglieder des Aufsichtsrates für dieselben nicht einzustehen haben. Hat aber der Aufsichtsrat eigenmächtig die Ausübung bestimmter Funktionen dritten Personen übertragen, so wird es sich bei der Frage der Haftung darum handeln, ob der Aufsichtsrat bei der Auswahl die Sorgfalt eines ordentlichen Geschäftsmannes angewendet hat.

7) Das Recht, die Generalversammlung zu berufen, steht ganz im Ermessen des Aufsichtsrates. Falls sich herausstellt, daß die Einberufung unnötig war, kann der Aufsichtsrat für seinen Irrtum und dessen Folgen (Kosten) nicht verantwortlich gemacht werden. Die Statuten können Gegenteiliges bestimmen.

8) Die Formen der Legitimation des Aufsichtsrates hat das Statut zu normieren.

9) Das Sächsische Gesetz v. 15. Juni 1868 gibt die Bestellung eines Aufsichtsrates gleichfalls dem Ermessen der Vereine anheim (§ 28). Ihm steht nicht nur gleich dem Vorstande das Recht zur Berufung der Generalversammlung und zur Ernennung des Vorsitzenden in letzterer zu, sondern es ist dieses Aufsichtsorgan auch ermächtigt, die Genossenschaften gegen den Vorstand gerichtlich und außergerichtlich zu vertreten, erforderlichen Falles den Letzteren bis zur Beschlußfassung aller Mitglieder (Generalversammlung) zu suspendieren und wegen einstweiliger Besorgung seiner Geschäfte das Nötige zu verfügen. Die Haftung ist wie beim Vorstand eine solidarische (§ 27 Abs. 5).

10) Der II. Entwurf des Bürgerlichen Gesetzbuches enthält Bestimmungen über den Aufsichtsrat nicht: hienach ist die Bestellung dem statutischen Ermessen als freigestellt zu erachten.

11) Vergl. zu diesem Artikel die Ausführungen in den mehrerwähnten Kommentaren zum Reichs-Genossenschafts-Gesetz von Parisius-Crüger, Dr. Maurer, Pröbst ꝛc. ꝛc. zu den §§ 34—39, betreffend den Aufsichtsrat.

## Artikel 21.

Der Aufsichtsrat konstituiert sich selbständig unter einem aus seiner Mitte gewählten Vorsitzenden, und erledigt seine Geschäfte nach der in den Statuten zu regelnden Geschäftsordnung.

1) Über den Aufsichtsrat im allgemeinen vergl. Art. 20.

Art. 21 charakterisiert den Aufsichtsrat noch ausdrücklich als ein selbständiges Vereinsorgan mit besonderen Rechten und Pflichten wie sie des Näheren durch das Statut festgestellt sind. Er ist seinem Wesen nach eine Generalversammlung im Kleinen, eine verkürzte Generalversammlung, wie sie Parisius-Crüger in seinem Kommentare zum Reichs-Genossenschaftsgesetz bezeichnet. Es liegt im Interesse der Vereine, die Scheidung zwischen den Aufgaben des Vorstandes als Geschäftsorgan und des Aufsichtsrates als Kontrollorgan so sorgsam als möglich durchzuführen, insbesondere diejenigen Ausnahmsfälle, in welchen der Aufsichtsrat bei der Verwaltung als Exekutiv- und Repräsentationsorgan mitzuwirken hat, eigens zu normiren und auf die in der Natur der Sache liegenden Fälle zu beschränken. (Rechtsgeschäfte mit dem Vorstand, Klage gegen denselben.)

2) Der Ausschuß konstituiert sich selbständig unter einem aus seiner Mitte gewählten Vorsitzenden, d. h. die jeweiligen Mitglieder des Ausschusses sind berechtigt, sich aus ihrer Mitte einen Vorstand, der selbstverständlich auch aus mehreren Personen bestehen kann, zu wählen. Mangels besonderer Bestimmungen des Statuts ist es Sache des Ausschusses, zu bestimmen, wann und in welcher Form die Ausschußversammlungen stattzufinden haben und in welcher Weise die Beschlüsse gefaßt werden. (Vergl. § 6 der Statuten des Vereins für freiwillige Armenpflege München.) Der Ausschuß ist ebenso wie der Vorstand verpflichtet, alle Bestimmungen der Statuten und die in Gemäßheit derselben gefaßten Vereinsbeschlüsse bei seiner Geschäftsführung zu beobachten und auszuführen.

3) Über die Haftung, Stellvertretung des Aufsichtsrates vergl. Art. 20 Anm. 4 und 6.

---

## Artikel 22.

Der Betrieb von einzelnen Geschäften oder ganzen Geschäftszweigen des Vereins, sowie die Vertretung desselben in Beziehung auf diese Geschäfte oder Geschäftszweige kann, sowohl in den Statuten, wie durch besondere Vereinsbeschlüsse, auch sonstigen Bevollmächtigten oder Beamten des Vereins zugewiesen werden. In diesem Falle bestimmt sich die Befugnis dieser Vertreter nach der ihnen erteilten Vollmacht, und erstreckt sich im Zweifel auf alle Rechtshandlungen, welche die Ausführung derartiger Geschäfte gewöhnlich mit sich bringt.

1) Art. 30 des mehrerwähnten bayr. Gen.-Gesetzes vom 29. April 1869 sowie § 30 des Reichs-Genossenschafts-Gesetzes vom 4. Juli 1868 lauteten übereinstimmend:

„Der Betrieb von Geschäften der Genossenschaft, sowie die Vertretung der Genossenschaft in Beziehung auf diese Geschäftsführung kann auch sonstigen Bevollmächtigten oder Beamten der Genossenschaft zugewiesen werden. In diesem Falle bestimmt sich die Befugnis derselben nach der ihnen erteilten Vollmacht" 2c. 2c. (gleichlautend wie oben).

Hienach war, abgesehen von Handlungsbevollmächtigten und einfachen Bevollmächtigten auch die Bestellung von Prokuristen mit der Ermächtigung zu allen Geschäften und Rechtshandlungen, welche der Betrieb irgend eines Handelsgewerbes mit sich bringt, ausgenommen die Veräußerung und Belastung von Grundstücken (Art. 42 H.-G.-B.) wegen der Gleichstellung der Genossenschaften mit den Kaufleuten zulässig. Vergl. Art. 234 (jetzt 235) H.-G.-B.

§ 40 des R.-Gen.-Gesetzes vom 1. Mai 1889 bestimmt in einem 2. Absatz:

Die Bestellung von Prokuristen oder von Handlungsbevollmächtigten zum gesamten Geschäfts-Betriebe findet nicht statt.

Art. 22 steht mit den modernen Genossenschaften in Bezug auf die hier in Frage stehenden Bevollmächtigten, die man kurz als Geschäftsbevollmächtigte (vergl. Heinrich Becher a. a. O. S. 363) bezeichnen kann, auf gleichem Standpunkte:

Hienach können sowohl durch statutarische Bestimmung, als auch durch Beschluß der Generalversammlung, oder eines sonst kompetenten Organes (Vorstand, Aufsichtsrat) für den Verein zum Betrieb von einzelnen Geschäften oder ganzen Geschäftszweigen Vertreter mit besonderer Vollmacht bestellt werden.

Die einzelnen Geschäfte, Arten oder Gattungen von Geschäften, bezw. Geschäftszweigen können Obliegenheiten sein, die an sich in den Pflichtenkreis des Vorstandes oder des Aufsichtsrates fallen. Hat der Vorstand oder Aufsichtsrat solche Geschäfte mit Genehmigung der Generalversammlung dritten übertragen, dann haftet er, soweit ihn nicht hinsichtlich der sorgfältigen Auswahl oder bezüglich der Beaufsichtigung der Bevollmächtigten ein besonderes Verschulden trifft, für deren Handlungen bezw. Unterlassungen nicht.

2) Maßgebend für die Verantwortung der Geschäftsbevollmächtigten ist deren Vollmacht, welche vom Vorstande als Vertreter des Vereins ausgestellt sein muß; ob derselbe dabei an die Zustimmung des Aufsichtsrates oder der Generalversammlung gebunden ist, entscheidet das Statut. Schriftlichkeit ist jedenfalls im Interesse der Sicherheit empfehlenswert. Umfang und Dauer der Vollmacht sowie die Form der Zeichnung der Geschäftsbevollmächtigten richtet sich nach dem Inhalt der Vollmacht; um Irrtümer zu vermeiden wird es zweckmäßig sein, wenn dieselben im Sinne des Art. 48 H.-G.-B.'s mit einem das Vollmachtsverhältnis ausdrückenden Zusatze zeichnen, also z. B. „i. V." (in Vollmacht). Insoweit die Handlungen innerhalb der Schranken der Vollmacht sich bewegen, ist der Verein hiedurch berechtigt und verpflichtet;

überschreitet dagegen der Bevollmächtigte die Grenzen seiner Vollmacht, so ist der Verein nicht gebunden, der Bevollmächtigte ist hiefür verantwortlich.

3) Die Vollmacht darf nur eine beschränkte sein: zum Betrieb einzelner Geschäfte, oder ganzer Geschäftszweige: sie darf nicht den Charakter der Prokura in dem Sinne annehmen, daß z. B. Vorstand oder Aufsichtsrat in ihrem gesamten Pflichtenkreis, in ihrer ganzen Stellung als überflüssig erscheinen. Abgesehen von dem Fall der hiemit nicht zu verwechselnden eigentlichen Stellvertretung, kann sich die Vertretung nur auf den Kreis äußerer Geschäfte erstrecken; sobald die Thätigkeit des Vorstandes oder ev. Aufsichtsrates zum Vereine, zur Gesamtheit der Vereinsmitglieder zum Gericht in Frage kommt, muß eine Bevollmächtigung als unzulässig erachtet werden. Die Geschäfts-Bevollmächtigten könnten also — falls die Statuten nichts Gegenteiliges bestimmen — keine Generalversammlung giltig berufen, keinesfalls aber die dem Vorstande obliegenden gerichtlichen Anzeigen erstatten. Vergl. Dr. Maurer a. a. O. § 40 Anm. 1 u. f. Die Geschäfts-Bevollmächtigten unterstehen daher in der Regel der Aufsicht des Vorstandes, sowie des Aufsichtsrates, welch' letzterem mangels anderer statutarischer Bestimmungen, das Recht eingeräumt werden muß, die vom Vorstande aufgestellten Bevollmächtigten zu suspendieren. In Bezug auf den ihnen zugewiesenen Geschäftskreis haben sie die Befugnis, alle Rechtshandlungen, welche in diesen Kreis gewöhnlich entfallen, mit rechtsverbindlicher Kraft für den Verein vorzunehmen.

Es wäre z. B. denkbar, daß als Mitglied eines anerkannten Vereines mit dem Sitze in München ein an einem anderen Orte mit nicht juristischer Persönlichkeit, aber korporativer Verfassung gegründeter Zweigverein aufgenommen würde und daß ein besonderer Bevollmächtigter oder Beamter vom Hauptverein zur Vertretung des genannten Zweigvereines aufgestellt wurde: in diesem Falle wäre der betreffende Bevollmächtigte für befugt zu erachten, alle Handlungen vorzunehmen, welche dem Vertreter solcher Korporationen in der Regel zukommen: also gerichtliche und außergerichtliche Vertretung des Zweigvereins, Berufung einer Generalversammlung rc. rc.

Es mag noch erwähnt werden, daß die Aufnahme eines Vereines als Zweigvereins eines mit dem Charakter einer öffentlichen Korporation bekleideten Vereins für jenen keine juristische Persönlichkeit begründet. Vergl. Entsch. des obersten Landes-Gerichts in Bayern Bd. VI, 1.

4) Vergl. zu diesem Artikel auch Art. 3 Ziff. 7 und II. Entwurf des Bürgerl. Gesetzbuches §§ 29 und 20 des mehrerwähnten Sächsischen Gesetzes.

## Artikel 23.

Die Generalversammlung der Vereinsmitglieder wird durch den Vorstand oder Aufsichtsrat berufen. Es kann aber in den Statuten auch anderen Personen die Befugnis dazu erteilt werden.

Außer den in den Statuten bestimmten Fällen ist eine Generalversammlung zu berufen, sobald dieses im Interesse des Vereins erforderlich erscheint. Sie muß sofort berufen werden, wenn mindestens der zehnte Teil der Vereinsmitglieder oder eine anderweit in den Statuten bestimmte Zahl von Mitgliedern, schriftlich unter Angabe des Zweckes und der Gründe darauf anträgt.

1) Vergl. auch: Art. 24 und 25 dieses Gesetzes mit Art. 3 Ziff. 8 und 9 und Art. 9, die Strafbestimmung Art. 34, endlich die Vorbemerkung zum III. Abschnitt oben S. 110 ferner:

Art. 31 des bayer. Gen.-Ges. v. 29. April 1869, § 31 des Reichs-Gen.-Ges. v. 4. Juli 1868, § 42 und 43 des Reichsgenossenschaftsgesetzes vom 1. Mai 1889, Art. 236, 337 H.-G.-B.

2) Die Bestimmungen über die Berufung der Generalversammlung, ihre Befugnisse und Beschlüsse sind hauptsächlich in dem Statute zu normiren: das Gesetz hat nur allgemeine Normen über die Zusammenberufung der Generalversammlung, die Vorbereitung und den Gegenstand ihrer Beschlüsse aufgestellt.

3) Wesen der Generalversammlung:

Art. 9 sagt: „Die Rechte, welche den Mitgliedern des Vereins in dessen Angelegenheiten zustehen, werden von ihnen in der Generalversammlung ausgeübt“ Sie ist das Willensorgan des Vereins, die Form, in welcher die Willensbethätigung seitens der Mitglieder erfolgt. Während der Vorstand das Vertretungsorgan nach außen ist, repräsentiert die Generalversammlung den Verein in den inneren Angelegenheiten. In Fällen, wo die Generalversammlung eine Thätigkeit nach außen zu entwickeln hat, z. B. in einem Rechtsgeschäft, oder Prozeß mit dem Vorstande, muß die Generalversammlung einen besonderen Vertreter aufstellen. Durch Statut kann bestimmt sein, daß der Vorstand oder Aufsichtsrat in Bezug auf einzelne oder gewisse Rechtsgeschäfte an die Beschlüsse der Generalversammlung gebunden sind. (Vergl. Art. 15.) Das Stimmrecht, welches das Statut dem Vereinsmitgliede einräumt (vergl. Art. 9), begründet, falls ihm dasselbe unberechtigt verkümmert wird, ein persönliches Klagerecht gegen den Verein.

In welchen Angelegenheiten die Vereinsmitglieder ihren Einfluß in der Generalversammlung bethätigen können, oder mit anderen Worten, was zur Zuständigkeit der Generalversammlung gehört, haben die Statuten zu bestimmen. Das Gesetz schreibt vor, daß jede Abänderung der Statuten in der Generalversammlung beschlossen werden muß (vergl. Art. 5), auch hat dieselbe das Bestimmungsrecht über Abänderung des Zweckes und Existenz des Vereins (vergl. Art. 26). Sonderrechte der Mitglieder können ohne deren Zustimmung durch Generalversammlungsbeschlüsse nicht beeinträchtigt werden. Abgesehen von der Wahl des Aufsichtsrates obliegt der Generalversammlung in der Regel die Wahl des Vorstandes, der Liquidatoren, eventuell auch der Geschäftsbevollmächtigten, endlich der Prozeßbevollmächtigten zu Prozessen gegen Vorstand oder Aufsichtsrat. Als das wesentlichste Recht der Generalversammlung kommt die Prüfung der Rechnungsablage und Dechargeerteilung in Betracht.

Bereits früher wurde hervorgehoben, daß der Generalversammlung häufig die Thätigkeit einer Art Berufungsinstanz zugewiesen ist. S. oben S. 103.

Wann und in welcher Weise die Generalversammlung zu berufen, wer stimmberechtigt und wie dieses Stimmrecht ausgeübt wird, haben die Statuten zu bestimmen.

4) Nach dem Gesetz sind außer dem Vorstande, dem Aufsichtsrate und der Generalversammlung selbst (vergl. Art. 24 Abs. 2), auch die Vereinsmitglieder unter den gegebenen Voraussetzungen zur Berufung der Generalversammlung befugt. Die besondere Erwähnung des Aufsichtsrates erscheint mit Rücksicht auf Art. 20, dritter Absatz überflüssig; Art. 31 des bayer. Gen.-Gesetzes vom 29./IV. 1869 und das Reichs-Gen.-Ges. vom 4. Juli 1868 lassen daher diese Bestimmung ebenso wie das z. Zt. geltende Reichs-Genossenschafts-Gesetz (§ 42) bei Seite, ersetzen sie vielmehr durch die Fassung: „die Generalversammlung wird durch den Vorstand berufen, soweit nicht nach dem Statut (Genossenschaftsverträge) oder diesem Gesetze auch andere Personen dazu befugt sind.

5) Das Gesetz schreibt vor, daß die Generalversammlung zu berufen ist, sobald dieses im Interesse des Vereines erforderlich erscheint; der Wortlaut will wesentlich nichts anderes besagen, als wie Art. 20 a. E.: „sobald er (Aufsichtsrat) es für nötig erachtet, also hier sobald Vorstand oder die statutarische Anzahl der Vereinsmitglieder es im Interesse des Vereines für nothwendig erachten.

6) Nach dem Reichs-Genossenschaftsgesetze (§ 31) vom 4. Juli 1868 konnte der Antrag auf Einberufung einer Generalversammlung nur an den Vorstand, nach gegenwärtigem Gesetze auch an den Aufsichtsrat sowie an diejenigen Personen, denen statutengemäß die Einberufung der Generalversammlung zusteht, gerichtet werden.

7) Auch die Bestimmungen über die Zahl der Antragsteller war verschieden: das bayer. Gen.-Gesetz vom 29./IV. 1869 verlangte gesetzlich mindestens 1/10 der Genossenschafter, durch Statut konnte das Recht einem geringeren Teile beigelegt werden Das Reichsgesetz vom 4. Juli 1868 bestimmte, bei gleichem gesetzlichen Minimum, daß durch

Gesellschaftsvertrag genanntes Recht einem größeren oder geringeren Teile beigelegt werden konnte. Das moderne Genossenschafts-Gesetz steht auf dem gleichen Standpunkte wie das bayer. Gen.-Gesetz vom 29./IV. 1869. Nach dem gegenwärtigen Gesetz ist das gesetzliche Minimum der zehnte Teil der Vereinsmitglieder, d. h. falls die Statuten keine Bestimmung hierüber enthalten; ist dies aber der Fall, so kann, falls nicht das gesetzliche Minimum rezipiert wird, die Befugnis zur Berufung der Generalversammlung einer größeren oder auch kleineren Anzahl eingeräumt werden.

8) Form des Antrages.

In formeller Beziehung wird verlangt, „daß schriftlich unter Angabe des Zweckes und der Gründe darauf angetragen wird". Der Wortlaut unterscheidet sich nur redaktionell von dem der drei Genossenschaftsgesetze: wenn der zehnte Teil &c. &c. in einer von ihnen zu unterzeichnenden (unterschriebenen) Eingabe &c. &c. darauf anträgt. Die Antragsteller haben lediglich die betreffende Eingabe mit ihrem Namen zu unterzeichnen und dieselbe demjenigen Organ zu unterbreiten, welches die Berufung der Generalversammlung vorzunehmen hat; die Eingabe muß Zweck und Gründe der Berufung enthalten, d. h. welche Gegenstände und warum dieselben zur Besprechung, bezw. Beschlußfassung der Generalversammlung gebracht werden sollen. Auch das Verlangen, daß Gegenstände zur Beschlußfassung einer Generalversammlung angekündigt werden sollen, kann in einem derartigen Antrage zweifellos gestellt werden (vergl. Art. 28).

9) Muß berufen werden, d. h. das statutenmäßig zur Einberufung der Generalversammlung ermächtigte Organ ist verpflichtet, einem solchen Antrage der Vereinsmitglieder stattzugeben, sobald die formellen Voraussetzungen gegeben sind. Sollte der Vorstand dem Antrage nicht stattgeben, so müssen sich die Antragsteller an den Aufsichtsrat oder sonstige zur Einberufung berechtigte Organe wenden. Bei Verzögerung, oder wenn dem Antrage keine Folge geleistet wird, tragen Vorstand oder sonstige Organe die Verantwortung. (Art. 19.) Im äußersten Falle wird den Antragstellern kein anderer Ausweg übrig bleiben, als im Wege der Klage die Einberufung zu erzwingen. Vergl. v. Sicherer a. a. O. zu § 31 des R.-Gen.-Gesetzes v. 4. Juli 1868 S. 739, (v. Dollmann'sche Sammlung). § 43 der gegenwärtig geltenden Reichs-Gen.-Gesetzes bestimmt in dieser Hinsicht:

„Wird dem Verlangen nicht entsprochen, so kann das Gericht die Genossen, welche das Verlangen gestellt haben, zur Berufung der Generalversammlung oder zur Ankündigung des Gegenstandes ermächtigen. Mit der Berufung oder Ankündigung ist die gerichtliche Ermächtigung bekannt zu machen."

10) Der II. Entwurf des Bürgerl. Gesetzbuches enthält in den §§ 34 und 35, das Sächsische Gesetz im § 22 die einschlägigen Bestimmungen.

## Artikel 24.

Die Berufung der Generalversammlung hat in der durch die Statuten bestimmten Weise zu erfolgen. Der Vorsitzende und Schriftführer in derselben wird von dem Organ des Vereins, von welchem die Berufung ausgeht, bestimmt, doch kann die Versammlung sofort anders darüber beschließen.

Der Zweck der Generalversammlung muß jederzeit bei der Berufung bekannt gemacht werden. Über Gegenstände, deren Verhandlung nicht in dieser Weise angekündigt ist, können Beschlüsse nicht gefaßt werden; jedoch sind die Beschlüsse über Leitung der Versammlung, sowie über Anträge auf Berufung einer außerordentlichen Generalversammlung ausgenommen.

Zur Stellung von Anträgen und zu Verhandlungen ohne Beschlußfassung bedarf es der Ankündigung nicht.

1) Die Gültigkeit der Generalversammlungsbeschlüsse hängt davon ab, daß die Generalversammlung in der durch das Statut bestimmten Weise berufen ist. Von wem, wann, in welcher Form und Frist die Berufung zu erfolgen hat, haben die Statuten zu bestimmen. Das Gesetz verlangt lediglich, daß der Zweck bei der Berufung bekannt gemacht werden muß. Die Form der Bekanntmachung ist wiederum Sache der Statutenbestimmung. Diese Vorschrift entspringt dem Gedanken, daß die Vereinsmitglieder ein Interesse daran haben, zu wissen, welche Gegenstände in der Generalversammlung zur Besprechung und Beratung kommen. Auf diese Weise werden Überraschungen verhütet und haben die Mitglieder Gelegenheit, zur Ausübung und Wahrung ihrer Rechte sich auf die Debatte und Anträge vorzubereiten.

2) Das Gesetz verlangt Bekanntgabe des Zweckes bei der Berufung und spricht aus, daß über Gegenstände, deren Verhandlung nicht in dieser Weise angekündigt ist, Beschlüsse nicht gefaßt werden können.

Hieraus folgt, daß es nicht genügt, wenn bei der Einladung zur Generalversammlung nur der Ort angezeigt wird, woselbst die Tagesordnung zur Einsicht aufliegt. Vergl. die Kommentare zum Reichs-Genossenschaftsgesetz von Parisius-Crüger, Dr. Maurer, Pröbst (§ 44), Seufferts Archiv XI S. 13, Entsch. d. R.-G. i. C.-S. VIII S. 13, XII S. 233

3) Die Mehrzahl der Statuten anerkannter Vereine schreiben für die Berufung der Generalversammlung und die Ankündigung der Tagesordnung in zweckmäßiger Weise die Einhaltung bestimmter Fristen vor. Auch das Reichs-Genossenschaftsgesetz vom 1. Mai 1889 bestimmt, daß die Berufung der Generalversammlung mit einer Frist von mindestens einer Woche erfolgen muß und verlangt zur gültigen Beschlußfassung Ankündigung mindestens drei Tage vor der Generalversammlung. (Vergl. § 44 angeführten Gesetzes.)

4) Zur Erörterung in der Generalversammlung können alle auf den Vereinszweck bezüglichen Fragen gebracht werden, ausgenommen Gegenstände, deren Beschlußfassung durch Statut oder Gesetz derselben entzogen ist.

Die Erörterung öffentlicher Angelegenheiten steht nur den anerkannten politischen Vereinen zu (vergl. hieher die Strafbestimmung § 143 Reichs-Gen.-Ges. v. 1. Mai 1889); ein bindender Beschluß kann nur bezüglich derjenigen Fragen gefaßt werden, welche auf die Tagesordnung gestellt und deren Zweck in statutenmäßiger Weise bekannt gemacht worden ist: welche Gegenstände auf die Tagesordnung zu bringen sind, darüber haben die Statuten bezw. die einberufenen Organe zu entscheiden. Nach richtiger Interpretation müssen die Beratungsgegenstände genau präzisiert sein, z. B. Wahl des Vorstandes, Rechnungsablage pro 1894, Änderung des Statutes betr. die Höhe der Mitgliederbeiträge. Die allgemeine Ankündigung und Änderung des Statutes genügt nicht. Die Generalversammlung kann den zur Beratung und Beschlußfassung gestellten Antrag annehmen, ablehnen oder abändern, auch kann sie den Gegenstand behufs weiterer Information der Tagesordnung wieder absetzen und denselben auf die Tagesordnung einer anderen ordentlichen oder außerordentlichen Generalversammlung setzen.

5) Wird über einen Gegenstand, der nicht in gehöriger Weise angekündigt war, dennoch in der Generalversammlung beschlossen, so ist der Beschluß ungültig: er kann im Wege der Feststellungsklage § 231 R.-C.-P.-O. angefochten werden (vergl. hieher auch die gesetzlichen Bestimmungen in § 49 des Reichs-Genossenschaftsgesetzes v. 1. Mai 1889, sowie in Art. 190a und 222 H.-G.-B. im Zusammenhalt mit der Entsch. des R.-G. i. C.-S. Bd. 17 S. 17, Bd. 3, S. 126).

Das Recht der Anfechtung muß nicht nur dem Vorstande, und dem Aufsichtsrate, sondern auch jedem Vereinsmitgliede, als rechtlich interessiert eingeräumt werden. Zuständig ist das Landgericht, in dessen Bezirk der Verein seinen Sitz hat. Die Klage ist gerichtet gegen den Verein mit dem Antrage auf Feststellung des Bestehens oder Nichtbestehens eines von dem Beschlusse abhängigen Rechtverhältnisses. Vergl. Motive z. Bürgerl. Gesetzbuch Bd. I S. 109.

6) Der Ankündigung bedürfen nicht:
a) Beschlüsse über Leitung der Versammlung,
b) Anträge auf Berufung einer außerordentlichen Generalversammlung.

Das bayer. Gen.-Gesetz (Art. 32) erwähnt den unter a erwähnten Ausnahmefall nicht, „weil die Berechtigung jeder Generalversammlung, über ihre Leitung Beschluß zu fassen, selbstverständlich sei".

In der Regel schreiben die Statuten ein für alle Mal vor, wer den Vorsitz in der Generalversammlung zu führen hat und muß dies auch als zweckmäßig bezeichnet werden.

Des Antrages auf Einberufung einer außerordentlichen Generalversammlung, welche gewissermaßen als Fortsetzung der Generalversammlung zu betrachten ist, wurde bereits oben Erwähnung gethan. (Anm. 4 a. E.)

Die Statuten können selbstverständlich auch bezüglich obiger Ausnahmen andere Normen treffen. Vergl. hieher auch § 32 des Reichs-Gen.-Ges. v. 4. Juli 1869.

7) Der II. Entwurf des Bürgerl. Gesetzbuches bestimmt: „Zur Gültigkeit des Beschlusses ist erforderlich, daß der Gegenstand desselben bei Berufung der Versammlung bezeichnet ist. Bei der Beschlußfassung entscheidet die Mehrheit der erschienenen Mitglieder." (§ 31.) Das Statut kann anderes bestimmen. (§ 37.) Vergl. auch Motive S. 106 Bd. I.

Nach dem sächs. Gesetz ist die Angabe der Beratungsgegenstände nicht erforderlich, soweit es sich um bloß formelle Beschlüsse handelt, wie die Wahl von begutachtenden Ausschüssen, die Einberufung einer außerordentlichen Versammlung, oder um Beschlüsse über Gegenstände, welche nach den Statuten von dem Vorstande oder anderen Organen erledigt werden können.

8) Vergl. zu diesem Artikel auch Art. 3, Z. 8 und 9.

---

## Artikel 25.

Die Beschlüsse der Generalversammlung sind in ein Protokollbuch einzutragen, dessen Einsicht jedem Vereinsmitgliede gestattet ist. Die Unterzeichnung erfolgt durch den Vorsitzenden und den Schriftführer der Versammlung, die anwesenden Vorstands- und Aufsichtsrats- und die anderen Vereinsmitglieder, wenn diese es wünschen.

1) Vergl. Art. 33 des bayer. Genoss.-Ges. v. 29. April 1869, § 33 des Reichs-Genoss.-Ges. v. 4. Juli 1868, § 45 des Reichs-Genoss.-Gesetzes vom 1. Mai 1889.

2) Die Beschlüsse der Generalversammlung stehen rechtlich den Statuten gleich, der Vorstand ist gemäß Art. 19 zur Beobachtung und Ausführung der in Gemäßheit der Statuten gefaßten Vereinsbeschlüsse verpflichtet und dem Vereine verantwortlich. Es ist daher im allgemeinen Interesse gelegen, wenn die Beschlüsse, als das Resultat des Vereinswillens, in unzweideutiger Weise fixiert werden. Das Gesetz verlangt daher die Eintragung in ein sog. Protokollbuch, das vom Vorsitzenden und Schriftführer, welche bei der betreffenden Generalversammlung beteiligt waren, zu unterzeichnen, d. h. mit ihrer Namensunterschrift zu versehen ist.

3) In welcher Form die Eintragung zu geschehen hat, darüber haben die Statuten zu bestimmen, das Gesetz verlangt ausdrücklich Buchformat, keine losen Blätter oder Hefte. Es empfiehlt sich, nicht zu viele Unterschriften, aber genaue Vermerkung der gestellten Anträge und Beschlüsse zu verlangen.

4) Die Einsicht muß jedem Vereinsmitgliede gestattet sein: bis zum Beweis des Gegenteils hat der Inhalt des Protokollbuches volle Beweiskraft für die in demselben beurkundeten Thatsachen. Über den prozessualen Wert der Eintragungen in das Protokollbuch vergl. Urteil des Reichsgerichts vom 29. Sept. 1882 Entsch. Bd. VIII S. 12.

5) Abweichend bestimmen die beiden Reichs-Genossenschafts-Gesetze, daß die Einsicht auch der Staatsbehörde gestattet werden muß. § 33 des bayer. Genossenschaftsgesetzes enthält ebenso wie gegenwärtiges Gesetz diesen Beisatz nicht. Dr. Völk bezeichnete eine solche Bestimmung für überflüssig, indem er bemerkt: „Kommen strafbare Übertretungen des Gesetzes vor, so reichen die allgemeinen Gesetze aus. Zudem werden strafbare Handlungen oder Übertretungen der Gesetze sicher nicht in den Protokollen erscheinen." (S. Verh. d. Kammer d. Abg. 1866—69, S. 329.)

6) Art. 66 des bayer. Genoss.-Gesetzes und § 66 des Reichs-Genoss.-Ges. v. 4. Juli 1868, endlich das z. Zt. geltende Reichs-Genossenschafts-Gesetz § 152 halten die Vorstandsmitglieder zur Befolgung der hier fraglichen Vorschrift durch Ordnungsstrafen an. Den Art. 34 führt Art. 25 nicht auf.

7) Der II. Entwurf des Bürgerl. Gesetzbuches enthält in § 52 lediglich die Normativbestimmung, daß das Statut über die Form der Beurkundung der in der Mitgliederversammlung gefaßten Beschlüsse bestimmen müsse.

Bezüglich des sächs. Gesetzes vergl. § 25.

## IV. Abschnitt.

### Von der Auflösung des Vereins, dem Konkurs über das Vereinsvermögen und Ausscheiden einzelner Mitglieder.

Artikel 26.

Ein Verein wird aufgelöst:

1. durch Ablauf der in den Statuten bestimmten Zeit;
2. durch Beschluß des Vereines in der Generalversammlung;
3. durch die in Gemäßheit der gesetzlichen Bestimmungen über Versammlungen und Vereine erfolgte Schließung;
4. durch Eröffnung des Konkurses (Gant) über das Vereinsvermögen.

In den Fällen 1—3 hat der Vorstand sofort die erfolgte Auflösung dem Gericht in Person oder mittels beglaubigten Aktes anzuzeigen.

1) Art. 26 führt als gesetzliche Auflösungsgründe, Zeitablauf, Beschluß, Schließung und Konkurseröffnung auf. Die Statuten können noch andere Gründe enthalten, z. B. Herabsinken der Mitglieder auf eine bestimmte Zahl, Unmöglichkeit des Zweckes 2c. 2c.

2) Vergl. zu diesem Artikel: Art. 34 bayer. Genoss.-Ges. vom 29. April 1869, § 34 des Reichs-Genoss.-Gesetzes vom 4. Juli 1868, §§ 76—79, 91—94 des Reichs-Genoss.-Gesetzes vom 1. Mai 1889, H.-G.-B. Art. 242, Hilfskassengesetz vom 7. April 1876 § 29, Reichs-Gewerbeordnung § 103.

Im Allgemeinen vergl. auch: Regelsberger, Pand. I § 85, H. Becher a. a. O. S. 365—368, Motive zum Bürgerl. Gesetzbuch S. 91—93, 113—118.

3) 1. Zeitablauf.

Bei Zeitablauf tritt die Auflösung von selbst ein und kann dieselbe nur durch rechtzeitigen Antrag auf Statutenänderung vermieden werden. Ein Beschluß über die Auflösung ist nicht notwendig, wenn ein bestimmter Tag als Endtermin festgesetzt ist. Ist aber der Termin ein unbestimmter, indem z. B. der Verein sich die Erreichung eines bestimmten Zweckes zur Aufgabe gemacht hat, so wird es eines Beschlusses der Generalversammlung bedürfen, durch welchen anerkannt wird, daß der Zweck erreicht ist, wonach dann die Auflösung zu beschließen ist. Vergl. Erkenntnis des Reichs-Ger. v. 18. Juni 1881

Seufferts Archiv Bd. 37 Nr. 55. Maßgebend für die Stimmenzahl bei dem Beschluß auf Fortsetzung des Vereins nach Zeitablauf ist das Statut, von manchen wird mangels statutarischer Bestimmung Stimmeneinhelligkeit verlangt. Vergl. v. Sicherer zu § 30 des Ges. v. 1868. Auch vor Zeitablauf kann durch Vereinsbeschluß der Verein aufgelöst werden. (Vergl. Ziff. 2.) — S. auch R.-G.-E. VI Nr. 32 S. 120.

4) 2. Generalversammlungsbeschluß.

Auch hier entscheiden bezüglich der Stimmenzahl die Statuten: die Aufnahme einer diesbezüglichen Bestimmung ist empfehlenswert. Vergl. v. Sicherer a. a. O., welcher mangels statutarischer Vorschriften auch in diesem Falle Stimmeneinhelligkeit verlangt; nach der allgemeinen Anschauung muß Stimmen-Majorität als genügend erachtet werden. Außer einer bestimmten Stimmenanzahl können die Statuten noch andere Erfordernisse, wie z. B. wiederholte Ausschreibung der Versammlung unter Bekanntgabe des Antrages auf Auflösung ꝛc. ꝛc. verlangen. Nach § 76 des R.-Genoss.-Ges. v. 1889 und Art. 242 Z. 2 H.-G.-B. bedarf es einer Mehrheit von drei Vierteln der Mitglieder. Vergl. auch Bl. f. R.-A. XXXVI, S. 297.

5) 3. Schließung.

Art. 34 des bayer. Genoss.-Gesetzes v. 29. April 1869 sowie § 24 des Reichsgesetzes von 1868 läßt Ziffer 3 weg wegen der in Abs. 2 Art. bezw. § 27 genannten Gesetzes enthaltenen Strafbestimmung, welche der analoge Art. 19 gegenwärtigen Gesetzes nicht enthält. Vergl. Ausführungen des Kammerreferenten Dr. J. Völk, Verh. der K. d. A. 1866—69 S. 329 zu Art. 34. Eine Schließung anerkannter Vereine ist demnach nur im Falle der Art. 19 und 24 des Gesetzes vom 26. Febr. 1850, die Versammlungen und Vereine betr. denkbar. Eine Auflösung wegen Verfolgung anderer nicht im Sinne dieses Gesetzes (Art. 1) liegender Zwecke (z. B. Ausgehen auf Erwerb und Gewinn), wie dies z. B. Art. 35 des bayer. Genoss.-Ges. v. 1869 und § 35 des Reichs-Ges. v. 1868, sowie § 79 des Reichs-Genossenschafts-Gesetzes v. 1. Mai 1869 zuläßt, ist nicht denkbar und hat sich ein diesbezügliches Bedürfnis auch nicht herausgestellt.

Vergl. auch R.-Gew.-O. § 103 und Hilfskassengesetz § 29.

Über die Schließung von Vereinen seitens der Gerichte vergl. Bl. f. R.-A. XXXIX, S. 400.

6) 4. An die Stelle des Gantverfahrens sind nunmehr die Bestimmungen der Konkursordnung für das deutsche Reich vom 10. Febr. 1877 getreten. Vergl. § 4 Abs. 1 des E.-G. z. R.-K.-O. und § 6 ebendaselbst mit §§ 193, 194, 196, 214 (s. Anlage). Vergl. ferner H. Becher a. a. O. S. 367, Seufferts Archiv XLI, 165, XLIII 201, Reichs-Ges. über die eingeschr. Hilfskassen § 29, R.-Gew.-O. in der Fassung v. 1886 § 104m.

7) Nach manchen Statuten muß die Auflösung erfolgen, wenn die Mitgliederzahl unter eine bestimmte Zahl herabsinkt. Vergl. auch

R.-Gen.-Ges. v. 1889 § 78 (wenn unter sieben), Krankenversicherungsgesetz § 47 (wenn dauernd unter fünfzig). Auch wenn ein anerkannter Verein bis auf nur ein Mitglied zusammengeschmolzen ist, so ist die Auflösung keineswegs notwendig. Vergl. R.-G.-Entsch. XXIII, S. 203. Über Anmeldung der Auflösung in Person oder mittels beglaubigten Aktes vergl. oben Art. 4 Anm. 5, Strafe s. Art. 34.

9) Der II. Entwurf des Bürgerl. Ges.-Buches führt an:

1. Beschluß der Mitgliederversammlung durch ³/₄ Mehrheitsbeschluß (§ 38),
2. durch Konkurs (Zahlungsunfähigkeit oder Überschuldung, § 39, 65),
3. Auflösung durch die Verwaltungsbehörden (§ 40, 64),
4. bei Herabsinken der Mitglieder unter drei (§ 63).

Vergl. auch sächs. Ges. §§ 30, 31, 35 und 78, sowie die Bestimmung derselben in § 29, wonach die juristische Persönlichkeit einer Genossenschaft außer den im § 56 des Bürgerl. Gesetzbuches gedachten Fällen auch dann erlöscht, wenn sämtliche Mitglieder ausgeschieden sind.

---

## Artikel 27.

In den Fällen der Auflösung, mit Ausnahme der durch den Konkurs herbeigeführten, erfolgt die Bekanntmachung derselben durch das Gericht.

Dabei hat das Gericht die betreffenden Exemplare der Statuten, sowie der darauf bezüglichen Abänderungsbeschlüsse, auf welchen sich die gerichtlichen Vormerkungen (Art. 4 und 5) befinden, einzufordern und zu den Akten zu nehmen.

Im Falle der Vorstand die Einreichung innerhalb der vom Gericht bestimmten Frist nicht bewirkt, ist in der über die Auflösung des Vereins zu erlassenden öffentlichen Bekanntmachung zugleich die Ungültigkeitserklärung der betreffenden Dokumente auszusprechen.

1) Vergl. Art. 36 des bayer. Ges. vom 29. April 1869; § 36 des Reichsgesetzes vom 4. Juli 1868, § 76 des Reichs-Gen.-Ges. vom 1. Mai 1889.

2) In allen drei Fällen der Auflösung, Zeitablauf, Selbstauflösung und Schließung erhält das Gericht durch den Vorstand von der Auflösung Kenntnis; auch schon vorher kann das Gericht auf anderem Wege von der Auflösung Kenntnis erhalten. So wird das

Gericht von der Schließung in den meisten Fällen amtliche Nachricht erhalten und ist die Auflösung eines Vereines mit bestimmtem Endtermin schon aus den bei den Gerichtsakten befindlichen Statuten ersichtlich. Mit der Existenz eines der im Art. 26 aufgeführten Auflösungsgründe ist die juristische Persönlichkeit erloschen, d. h. insoweit es sich um künftig neu entstehende Rechtsverhältnisse handelt. Wie der Staat bei der Entstehung der Vereine als juristische Personen die Einreichung der Statuten verlangt und durch Rückgabe des vidimierten Originalstatutes an den Vorstand denselben die Rechte eines anerkannten Vereines verleiht (Art. 4 und 6), so verlangt er, sobald er Kenntnis von der Auflösung erhält, das Originalstatut, sowie die Statutenabänderungsurkunden, auf denen sich die gerichtlichen Vermerke der Einreichung befinden (Art. 5) durch das Gericht vom Vorstande zurück. Man kann nicht sagen, daß mit diesem Augenblick die juristische Person erlöscht, sie ist vielmehr längst erloschen, es ist lediglich ein Formalakt, durch den das Gericht einem Verein in seiner Eigenschaft als anerkannter Verein nicht mehr anerkennt, und durch welchen es nach außen kundgibt, daß derselbe diese Eigenschaft nicht mehr besitze.

3) Aus Absatz 3 geht hervor, daß das Zurückverlangen der Originalstatuten und sonstigen gerichtlichen Aktenprodukte speziell den Zweck hat, einem etwaigen Mißbrauche vorzubeugen. Aus diesem Grunde wird durch eine Art abgekürztes Amortisationsverfahren anläßlich der öffentlichen Bekanntmachung ausgesprochen, daß die fraglichen Dokumente ungültig seien.

4) Man könnte die öffentliche Bekanntmachung der Auflösung insofern als eine Inkonsequenz bezeichnen, als die Verleihung der Rechte eines anerkannten Vereins nicht verkündet wird; dem gegenüber steht die Publizität des Art. 7 und die weit größere Wichtigkeit, von dem Aufhören, als von der Entstehung einer juristischen Person Kenntnis zu erhalten.

5) Im Falle des Konkurses erfolgt die öffentliche Bekanntmachung gemäß § 103 R.-K.-O.

6) Vergl. hiezu auch: § 30 des Sächs. Gesetzes v. 15. Juni 1868, sowie §§ 63, 64, 67 des II. Entwurfes des Bürgerlichen Gesetzbuches.

---

## Artikel 28.

Spätestens acht Tage nach der Auflösung hat der Vorstand einen vollständigen Status des aktiven und passiven Vereinsvermögens nebst Bilanz beim Gericht einzureichen.

Werden im Falle der Insuffizienz vom Vorstande nicht die Mittel zur Deckung des Defizits dem Gericht in genügender Weise nachgewiesen, so hat dasselbe die Gant über das Vereinsvermögen zu eröffnen

1) Vergl Art 48 ff des bayer. Gesetzes vom 29 April 1869, § 48 ff des Reichsgesetzes v. 4. Juli 1868, § 87 ff. des Reichs-Gen.-Ges. v 1 Mai 1889. Vergl ferner über das Liquidationsverfahren: H.-G.-B Art 243—246, R.-G. über die eingeschriebenen Hilfskassen v 7 April 1876 §§ 30, 31, R-Gew-Ord § 103a.

2) In den seltensten Fällen der Auflösung eines anerkannten Vereins werden in diesem Augenblicke alle Rechtsverhältnisse beendet sein: der Verein tritt in das Stadium der Liquidation und bleibt in demselben bis zur völligen Abwickelung der Vermögensverhältnisse; auch nach Auflösung des Vereines kommen bis zur völligen Abwickelung aller Vermögensverhältnisse in Bezug auf die inneren Rechte und Pflichten die Bestimmungen des gegenwärtigen Gesetzes zur Anwendung (vergl Art 30). Die Thätigkeit des Vorstandes dauert fort, und treten ihm gegebenen Falls zur Seite eigene, in den Statuten bestimmte Organe oder von der Generalversammlung ernannte Liquidatoren, welche samt Stellvertretern gemäß Art. 13 vom Vorstande anzumelden sind Auch Art 17 findet auf die Liquidatoren analoge Anwendung.

3) Spätestens acht Tage nach der Auflösung, d. h. im Falle der Auflösung durch Zeitablauf spätestens am achten Tage nach diesem Zeitpunkt, im Falle der Selbstauflösung spätestens am achten Tage nach jenem, an welchem die Generalversammlung die Auflösung beschloß, im Falle der Schließung spätestens am achten Tage nach jenem, an welchem die Schließung öffentlich bekannt gemacht wurde Vergl. Ges vom 26. Febr 1850, Art 19 mit der Vollzugsvorschrift vom 3 März 1850 Ziff 40, 41 (Döllinger XXIX S. 331, Weber IV S 86). Siehe auch v Seydel bayer Staatsrecht S. 108 Bd V. Kammerreferent Dr J. Völk betonte ausdrücklich, daß, wenn die Schließung von der zuständigen Behörde endgültig ausgesprochen, der Verein auch als vermögensrechtliche Persönlichkeit aufzuhören hat. Verh. d K d A 1866—69 S. 351.

Art. 34 droht im Falle der Nichtbefolgung dem Vorstande, bezw dessen Stellvertreter Ordnungsstrafen an.

4) Werden im Falle der Insuffizienz ꝛc ꝛc

Der letzte Absatz ist durch die an Stelle der Gant tretenden Bestimmungen der Reichskonkursordnung als gegenstandslos zu erachten.

Gemäß § 194 R.-K.-O sind zum Antrage auf Eröffnung des Konkursverfahrens abgesehen von den Konkursgläubigern nur die Mitglieder des Vorstandes und jeder Liquidator berechtigt Dem Vereinsgerichte selbst steht sonach ein Antragsrecht nicht zu. Dagegen wird das Gericht, falls die Prüfung der Bilanz Zahlungsunfähigkeit bezw. Überschuldung ohne Deckungsmöglichkeit ergibt, das Recht und die Pflicht haben, den Vorstand bezw. die Liquidatoren zu veranlassen, den Antrag auf Eröffnung des Konkurses zu stellen.

Vergl. hieher H. Becher a. a. O. S. 367 Anm. 54, welcher mit Recht annimmt, daß die Strafbestimmung des Art. 34 auch auf den Fall, daß der Vorstand ꝛc. den Konkursantrag nicht stellen sollte, Anwendung zu finden hat.

5) Die Eröffnung des Konkurses über das Vereinsvermögen ist nach Auflösung des Vereins nur insolange zulässig, als die Verteilung des Vereinsvermögens nicht vollzogen ist. Vgl. § 193 Abs. 2 R.-K.-O. Ein Zwangsvergleich findet nicht statt, was sich aus der Natur der Sache ergibt, vergl. § 214 R.-K.-O. mit § 6 E.-Ges. zur R.-K.-O.

---

## Artikel 29.

Die Verteilung des Überschusses des Aktivvermögens eines aufgelösten Vereines erfolgt durch den Vorstand unter sämtliche Vereinsmitglieder und zwar in Ermangelung anderer Bestimmungen in den Statuten, gleichmäßig nach der Kopfzahl.

Dieselbe darf jedoch nicht vor Ablauf eines Jahres nach der durch das Gericht erlassenen öffentlichen Bekanntmachung der Auflösung vorgenommen werden.

1) Vergl. hieher: Art. 47 Ziff. c des bayer. Genoss.-Ges. vom 29. April 1869, § 47 Ziff. c des R.-Gen.-Ges. v. 4. Juli 1868, § 88, 89 des Reichsgenossenschaftsges. vom 1. Mai 1889, Art. 109 H.-G.-B. mit Art. 245, Abs. 1, Hülfskassengesetz § 3 Nr. 8, R.-Gew.-Ord. § 98a Nr. 11 mit §§ 103a Abs. 3 und 104o, Krankenversicherungsgesetz § 47 Abs. 5 mit § 68 Abs. 5, § 72 Abs. 3, endlich Motive zum Bürgerlichen Gesetzbuch Bd. I S. 109.

2) Für die Frage, in welcher Weise Überschüsse eines aufgelösten anerkannten Vereines zu verwenden sind und wie die Verteilung zu erfolgen hat, ist in erster Linie das Statut maßgebend. Das Gesetz schreibt vor, daß die Verteilung erst nach Ablauf eines Jahres (Sperrjahr) nach der durch das Gericht erlassenen öffentlichen Bekanntmachung der Auflösung bei Meidung von Ordnungsstrafen, welche gegen den Vorstand oder die Liquidatoren auf Anrufen der Gläubiger vom Vereinsgerichte zu verhängen sind (Art. 34) vorgenommen werden darf.

3) Als Aktivvermögen, welches zur Verteilung geeignet ist, kann nur das angesehen werden, was nach Befriedigung sämtlicher bis nach Ablauf des Sperrjahres bekanntgewordener Gläubiger, als reines Vermögen noch übrig geblieben ist (vergl. Art. 30 Abs. 2). Eine wiederholte Aufforderung der Gläubiger unter Bekanntgabe der bevorstehenden Verteilung in den öffentlichen Blättern ist zur Vermeidung etwaiger Regreßansprüche jedenfalls empfehlenswert. Die Frist ist keine Ausschlußfrist. Meldet sich ein Gläubiger vor Ablauf des Jahres, aber noch vor Verteilung des Überschusses, so muß er berücksichtigt werden. Ob und inwieweit nach der Verteilung hervortretende Gläubiger sich an die Mitglieder der Körperschaft halten können, regelt sich nach allgemeinen Grundsätzen. Es ist selbstverständlich, daß bis zur Verteilung auch eine längere Frist zugewartet werden kann und gegebenen Falls zugewartet werden muß. Die Entscheidung hierüber liegt in der Hand des Vorstandes bezw. der Liquidatoren. Nichterhobene Schuldbeträge müssen zurückbehalten werden. Für entstehenden Schaden sind die Liquidatoren der Genossenschaft und den Gläubigern verantwortlich, ebenso der Aufsichtsrat, wenn ihn ein Verschulden trifft. Vgl. speziell § 88 R.=Gen.=Ges. vom 1. Mai 1889 und Motive zum Bürgerl. Ges.=B. Bd. I S. 117.

4) Erst wenn das Statut keine Bestimmungen darüber enthält, was bei der Auflösung mit dem Vereinsvermögen zu geschehen hat, tritt die gleichmäßige Verteilung unter sämtliche Vereinsmitglieder nach Köpfen ein, d. h. unter diejenigen Personen, welche zur Zeit der Auflösung noch Vereinsmitglieder waren. Es ist nicht ausgeschlossen, daß der Verein noch während seines Bestehens über die Verwendung einen Beschluß faßt. Es liegt dann eine Verfassungsänderung vor und zwar nicht nur in dem Falle, wenn das Statut keine Bestimmung enthielt, sondern auch dann, wenn an Stelle der ursprünglichen Bestimmung eine andere tritt. Der betreffende Beschluß muß daher den Voraussetzungen der Statutenänderung entsprechen. Die ausgetretenen oder ausgeschlossenen Mitglieder haben keinen Anspruch, es sei denn, daß die Statuten anders bestimmen (vergl. Art. 33). Unter den sämtlichen Mitgliedern sind im Zweifel auch die sog. passiven, außerordentlichen Mitglieder zu verstehen.

5) Sind gar keine Mitglieder mehr vorhanden, so fällt das Vermögen nach moderner Rechtsanschauung mangels diesbezüglicher statutarischer Bestimmungen, wenn der Vereinszweck ein lokaler gemeinnütziger war, an die Gemeinde, wenn er ein solcher von allgemeinem Interesse war, an den Staat. Vergl. auch Seuffert's Archiv XIII S. 207. Im einzelnen ist das einschlägige bürgerliche Recht entscheidend.

6) II. Entwurf des Bürgerl. Gesetzbuches vergl. §§ 41, 42, 45 bis 48.

Das Sächsische Gesetzbuch § 57 bestimmt, daß wenn eine juristische Person aufhört, ohne daß über das Vermögen derselben verfügt

**worden, letzteres, soweit es nicht zur Deckung der Schulden erforderlich ist, dem Staate zufällt. Vergl. auch Gesetz vom 15. Juni 1868 §§ 34, 81.**

---

## Artikel 30.

Auch nach der Auflösung des Vereins kommen bis zur völligen Abwickelung der Vermögensverhältnisse desselben in Bezug auf die inneren Rechte und Pflichten der Vereinsmitglieder, sowie die Rechte und Pflichten des Vereins gegen Dritte die Bestimmungen des gegenwärtigen Gesetzes zur Anwendung und bleibt demgemäß auch der Gerichtsstand, welchen der Verein zur Zeit seiner Auflösung hatte, bestehen.

Insbesondere haben sowohl der Vorstand unter Mitwirkung der dazu in den Statuten berufenen Organe, als auch besondere dazu von der Generalversammlung ernannte Bevollmächtigte, welche in solchem Falle gleich dem Vorstande dem Gerichte angemeldet werden müssen und verantwortlich sind, die Abwickelung etwaiger noch schwebender Geschäfte zu bewirken, namentlich für die Erfüllung der Verpflichtungen des aufgelösten Vereins zu sorgen und zu diesem Behufe auch den Verein, wie vor dessen Auflösung, gerichtlich und außergerichtlich zu vertreten.

Die Veräußerung unbeweglicher Sachen erfolgt, wenn die Statuten oder die sonst erteilten Vollmachten nichts anderes bestimmen, durch öffentliche Versteigerung.

1) Vergl. Abschnitt V speziell Art. 43 des bayer Genoss.-Ges. v. 29 April 1869, Abschnitt V des Reichs-Genoss.-Ges. v. 4 Juli 1868, §§ 85—87 des Reichs-Genoss.-Ges. vom 1. Mai 1889, Art. 133 ff., Art. 137, Art. 172, Art. 205 ff., 244a H.-G.-B., Motive zum Bürgerl. Gesetzbuch S. 113 ff. Bd. I.

2) Die Liquidation ist Pflicht und Aufgabe des **Vorstandes**. Der Verein besteht in Liquidation zwecks Abwickelung der Geschäfte fort, die Organe: Generalversammlung und Aufsichtsrat bleiben in Thätigkeit, der Verein kann nach wie vor klagen und verklagt werden, Eigentum und andere dingliche Rechte erwerben, insoweit dies zur Abwickelung der Geschäfte erforderlich ist; der Vorstand kann sich der Verpflichtung, als Liquidator den Verein weiter zu vertreten, nur ent-

ziehen, wenn er auf Grund der Statuten berechtigt wäre, die Vorstandschaft niederzulegen. Wenn die Thätigkeit des Vorstandes und der übrigen Organe zur Abwickelung der Geschäfte nicht ausreicht, dann erfolgt die Bestellung von Liquidatoren durch die Generalversammlung und zwar in derselben Weise wie jene des Vorstandes.

3) Die Liquidatoren sind gesetzliche Vertreter des Vereins in Liquidation, es gelten für dieselben die gleichen Bestimmungen der Statuten: sie haben daher dieselben Rechte und dieselben Pflichten wie der Vorstand (Art. 12—17, 19). Die Liquidatoren sind also in gleicher Weise wie der Vorstand bei Gericht anzumelden, sie zeichnen in gleicher Weise wie der Vorstand mit dem Beisatze „in Liquidation" zum Gesamtnamen, sie sind in materieller und formeller Hinsicht beschränkt durch die Vollmacht ꝛc. Auch instruktionelle Weisungen der Generalversammlung, insoweit es sich z. B. um Versilberung des Vermögens handelt, haben die Liquidatoren zu beachten. (Vgl. Entsch. des R.-G. III, No. 16 S. 54 ff.) Bei Pflichtverletzung sind die Liquidatoren ebenso wie der Vorstand dem Vereine, nicht den einzelnen Mitgliedern desselben verantwortlich. (Art. 19.)

4) Die Aufgaben der Liquidatoren lassen sich in Folgendem zusammenfassen:

a) Beendigung der laufenden Geschäfte, insbesondere Einziehung ausstehender Forderungen.
b) Erfüllung der Verpflichtungen, speziell Bezahlung bekannter Gläubiger und Ermittlung unbekannter.
c) Flüssigmachen des Vermögens, bezüglich dessen bei Immobilien die öffentliche Versteigerung gesetzlich vorgeschrieben ist, falls Statut oder Vollmacht nichts anderes bestimmen. Für die öffentliche Versteigerung der unbeweglichen Sachen ist der Notar ausschließlich zuständig. Art. 18 bayr. Not.-Ges.
d) Eingehung neuer Geschäfte, insoweit diese zur Abwickelung schwebender Geschäfte dienen. Wann dies der Fall, welche neueren Geschäfte dazu erforderlich oder geeignet sind, ist Ermessenssache und oft schwierig zu entscheiden. Vergl. Ent. R.-G. IV S. 64, die Bemerkungen zu § 86 R.-Genoss.-Ges. v. 1. Mai 1889 von Parisius-Crüger, Pröbst, endlich v. Sicherer zu § 44 des R.-Ges. v. 4. Juli 1869.

5) Die Liquidatoren unterliegen wie der Vorstand der Ueberwachung durch den Aufsichtsrat, haben dessen Weisungen Folge zu leisten und haften für die Sorgfalt eines ordentlichen Geschäftsmannes, sie haben wenn Gesetz, Statut oder das Interesse es erfordert, das Recht bezw. die Pflicht, die Generalversammlung zu berufen und können durch Statut und Beschlüsse der Generalversammlung zur Befolgung bestimmter Vorschriften verpflichtet sein.

6) Den Liquidatoren obliegt die gerichtliche und außergerichtliche Vertretung. Der bisherige Gerichtsstand bleibt bestehen und zwar

bis zur Beendigung der Liquidation. Dies entspricht dem Grundgedanken, daß der Verein, soweit der Liquidationszweck es mit sich bringt, in seiner Gesamtorganisation fortbesteht.

7) Strafbestimmungen: s. Art. 34.

8) Der II. Entwurf des Bürgerl. Gesetzbuches enthält ausführliche und zweckentsprechende Bestimmungen: vergl. §§ 43 bis 48, § 66.

Sächs. Ges. v. 15. Juni 1868: § 36, 31 ff. Nach § 38 desselben findet eine öffentliche Aufforderung der bekannten Gläubiger zur Anmeldung ihrer Ansprüche nicht statt bei Genossenschaften, welche ausschließlich kirchliche, milde, oder gemeinnützige Zwecke verfolgen.

## Art. 31.

Über das Vermögen des Vereins wird, außer dem Falle des Art. 28, der Konkurs eröffnet, sobald derselbe vor oder nach der Auflösung seine Zahlungen einstellt und solches von einem Gläubiger des Vereins, einem Mitgliede des Vorstandes oder Liquidator beantragt wird.

1) Vergl. Art. 48 des bayr. Genoss.-Ges. v. 29. April 1869, § 48 des Reichs-Genoss.-Ges. v. 4. Juli 1869, § 134 des Reichs-Genoss.-Ges. v. 1. Mai 1889.

Ferner s. §§ 39, 65 II. Entwurf des Bürgerl. Gesetzbuches, Sächs. Gesetz v. 11. Juni 1868 §§ 26 und 78 Abs. 2.

2) Konkurseröffnung erfolgt, wenn sich vor oder nach der Auflösung Zahlungsunfähigkeit oder Ueberschuldung ergibt. Gemäß Art. 28 ist der Vorstand bei sich herausstellender Ueberschuldung nur dann zum Antrag auf Konkurseröffnung verpflichtet, wenn er dem Gerichte nicht die Mittel zur Deckung des Defizits in genügender Weise nachweisen konnte. Vergl. Anm. 4 zu Art. 28. Nach § 94 Abs. 2 der R.-K.-O. ist Zahlungsunfähigkeit insbesondere anzunehmen, wenn Zahlungseinstellung erfolgt ist. Ist der Verein aufgelöst, so ist die Eröffnung des Konkursverfahrens nur insolange zulässig, als die Verteilung des Vereinsvermögens nicht vollzogen ist, § 193 Abs. 2 R.-K.-O.

Art. 31 ist demnach gemäß § 194 R.-K.-O. im Zusammenhalt mit § 6 E.-G. z. R.-K.-O. dahin zu erweitern, daß bei Zahlungseinstellung bezw. Zahlungsunfähigkeit der Konkurs auf Antrag eines Konkursgläubigers, eines Vorstandsmitgliedes oder eines Liquidators zu eröffnen ist.

### Art. 32.

Auch während der Dauer des Vereines hat jedes Mitglied desselben das Recht, unter Beobachtung der im Gesellschaftsvertrag zu diesem Zwecke vorgeschriebenen Formalitäten, auszutreten, selbst wenn der Gesellschaftsvertrag auf bestimmte Zeit geschlossen ist. Ebenso erlischt die Mitgliedschaft durch den Tod. Entgegengesetzte Bestimmungen im Statute sind ohne rechtliche Wirkung.

Außerdem kann der Verein Mitglieder aus den im Gesellschaftsvertrage angegebenen Gründen, sowie wegen Verlustes der bürgerlichen Ehrenrechte ausschließen.

1) Vergl. Art. 38 des bayr. Genoss.-Ges. v. 29. April 1869, § 38 des Reichs-Genoss.-Ges. v. 4. Juli 1868, §§ 63—75 Reichs-Genoss.-Ges. v. 1. Mai 1889, Art. 3 Anm. 4, b) gegenwärtigen Gesetzes. Auch Art. 128 ff. H.-G.-B.

2) Das Recht des jederzeitigen Austrittes unter Beobachtung der durch die Statuten vorgeschriebenen Formalitäten darf statutarisch nicht beschränkt werden. Entgegengesetzte Bestimmungen sind ohne rechtliche Wirkung. Es entspricht dies dem Grundcharakter gegenwärtigen Gesetzes: Vereinigungen von nicht geschlossener Mitgliederzahl, ohne Zwang in Bezug auf Ein- und Austritt. Bereits oben. (Art. 1 Anm. 2) wurde dargethan, daß das Recht des freien Eintritts durch die statutarischen Bedingungen in hohem Maße beschränkt und geradezu in der Weise illusorisch gemacht werden kann, daß es infolge der Ballotage im freiesten Ermessen der Vereine steht, ob sie eine Person aufnehmen wollen oder nicht. Das Gleiche läßt sich aber von dem Rechte des Austrittes nicht sagen, und wäre es unzulässig, wenn z. B. dieses Recht an die Zustimmung der Generalversammlung geknüpft würde; dies wäre eine ungesetzliche Beschränkung der persönlichen Freiheit. Manche Statuten verlangen ähnlich den Bestimmungen für Genossenschaften (vergl. § 63 R.-G. v. 1. Mai 1889) vor dem Austritt eine Aufkündigung in bestimmter Form und Frist. Jedenfalls macht es keinen Unterschied, ob der Verein mit oder ohne Zeitgrenze gegründet ist: (Vergl. Art. 3, Anm. 3) das freie Austrittsrecht muß gewahrt sein; einer besondern Erwähnung im Statut bedarf es nicht, wo das Statut schweigt, gilt gegenwärtiges Gesetz. Separatverzichte einzelner Vereinsmitglieder auf die Geltendmachung ihres gesetzlichen oder statutarischen Austrittsrechtes sind ungültig.

3) Im Falle des Todes erlischt die Mitgliedschaft mit dem Todestage, eine Fortsetzung der Mitgliedschaft durch die Erben ist unzulässig. Gegenteilige Statutenbestimmungen sind ohne rechtliche Wirkung. Selbstverständlich haften die Erben für etwaige Verpflichtungen.

(Vergl. Art. 33 dieses Gesetzes und § 75 des R.-Genoss.-Ges. v. 1. Mai 1889.)

4) Der 2. Absatz lautete ursprünglich:

„Außerdem kann der Verein Mitglieder aus den im Gesellschaftsvertrage angegebenen Gründen ausschließen; ebenso wegen rechtskräftiger Verurteilung in eine Strafe, womit die in Art. 28 des Strafgesetzbuches vom 10. November 1861 bezeichneten Straffolgen oder einzelne derselben verbunden sind."

Die neuerliche Fassung wurde durch Art. 80 des Ges. z. Ausführung der R.-C.-P.-O. u. K.-O. v. 13. Februar 1879 eingeführt. Bezüglich der bürgerlichen Ehrenrechte kommen die Bestimmung der §§ 32 ff. R.-St.-G.-B. v. 15. Mai 1871 in Betracht.

Wegen statutenwidrigen Ausschlusses kann vor dem Civilgericht geklagt werden, aber nicht weil der Ausschließungsgrund nicht triftig war. Vergl. E. des R.-Ober-H.-H. XXIII No. 121, S. 318, XXXII S. 308, Seufferts Archiv LXVII, 4.

Wenn das Statut eine Berufung an ein Gesellschaftsorgan vorschreibt, muß das ausgeschlossene Mitglied erst diesen Instanzenzug erledigen, bevor es an das Gericht mit einer Klage auf Aufhebung des Ausschließungsbeschlusses sich wenden kann. Vergl. Erk. des R.-O.-H.-G. v. 7. März 1877 E. Bd. 22 S. 103. Es ist selbstverständlich, daß der Verein den auf Ausschließung gerichteten Beschluß wieder rückgängig machen kann.

5) Vergl. §§ 36, 37 des II. Entwurfes zum Bürgerl. Gesetzbuch; s. auch Sächs. Gesetz v. 15. Juni 1868 § 11, Z. 4.

---

## Artikel 33.

Die ausgetretenen oder ausgeschlossenen Mitglieder bleiben dem Vereine wegen der bis zum Ausscheiden fälligen Beiträge zur Vereinskasse haftbar, haben aber, insoferne die Statuten nichts anderes bestimmen, keinerlei Anrecht an das bei ihrem Ausscheiden vorhandene Vereinsvermögen.

1) Vergl. Art. 39 des bayr. Genoss.-Ges. v. 29. April 1869, § 39 des R.-Genoss.-Ges. v. 4. Juli 1869, § 71 des R.-Gen.-Ges. v. 1. Mai 1889, Art. 3 Ziff. 4, Art. 10, 11, 29 dieses Gesetzes.

2) Nach Art. 11 sind die Vereinsmitglieder lediglich zur Entrichtung der in den Statuten festgesetzten Beiträge dem Vereine gegenüber verpflichtet: konsequenterweise ist umgekehrt der Verein berechtigt, fällige Beträge von den Mitgliedern beizutreiben, auch nach Ausschluß bezw. Austritt; im Falle des Todes gehen die Ansprüche auf

die betr. Erben der Mitglieder über und haften diese, soweit sie die Erbschaft nicht mit der Rechtswohlthat des Inventars angetreten haben; selbstverständlich können dem Vereine auch sonstige Ansprüche, z. B. aus Rechtsgeschäften, wegen Schadensersatz rc. gegen ausgetretene oder ausgeschlossene Mitglieder zustehen und müssen solche gegebenen Falls im Wege der Klage gegen die Mitglieder selbst, bezw., soweit zulässig, gegen deren Erben nach den allgemein landesrechtlichen Bestimmungen geltend gemacht werden.

3) Das Vermögen ist Vereinsvermögen, nicht Eigentum der einzelnen Mitglieder. Das Vermögen dient den Vereinszwecken unabhängig vom Wechsel der Mitglieder, von dem Eintritt neuer, dem Austritt oder Ausschluß alter Mitglieder. Hieraus folgt, daß die Ausscheidenden keine Anrechte an das vorhandene Vereinsvermögen haben. Dies schließt selbstverständlich nicht aus, daß statutarisch Besonderes bestimmt sein kann und daß einem ausscheidenden Mitgliede aus irgend welchen Gründen, aus einem Rechtsgeschäft rc. Sonderansprüche gegen den Verein als Vermögensträger, als juristische Person zustehe. Die Statuten können auch bestimmen, daß erst bei Auflösung des Vereines sämtlichen derzeitigen und früheren Mitgliedern, bezw. deren Erben Ansprüche am Vereinsvermögen zustehen sollen, oder daß dieses Recht erst noch durch Erfüllung besonderer Bedingungen (Ein-, Austrittsgeld rc.) erworben wird. (Vergl. auch Art. 29.) Ebenso kann statutarisch ein Anteilsrecht am Vermögen in der Weise normiert sein, daß eine bestimmte Summe an jeden Ausscheidenden gewissermaßen als Abschlagszahlung ausgefolgt wird.

Daß das Anrecht am Vereinsvermögen auch in aktienähnlichen Anteilscheinen bestehen kann, wurde bereits oben Art. 3 Anm. 5 a. E. erwähnt. Ob und in welcher Weise die Flüssigmachung solcher Rechte beim Ausscheiden verlangt werden kann, richtet sich in erster Linie nach den Statuten bezw. nach den allgemeinen Grundsätzen.

# V. Abschnitt.

## Schlußbestimmungen.

### Artikel 34.

Das Gericht hat den Vorstand, sowie im Falle der Auflösung die an seine Stelle tretenden Bevollmächtigten zur Befolgung der in den Art. 5, 13, 17, 18, 26 Abs. 2, Art. 28, 30 Abs. 2 dieses Gesetzes enthaltenen Vorschriften von Amtswegen und der Vorschriften der Art. 23 Abs. 2 und Art. 29 auf Anrufen der Vereinsmitglieder oder Gläubiger zur Befolgung durch Ordnungsstrafen anzuhalten.

Für das hiebei zu befolgende Verfahren sind die in Art. 9 bis 23 des Einführungsgesetzes zum Handelsgesetzbuch getroffenen Bestimmungen maßgebend.

1) Vergl. Art. 66 und 27 des bayer. Genoss.-Ges. v. 29. April 1869, § 66 und 27 des Reichsgenoss.-Ges. vom 4. Juli 1868, §§ 140 bis 145 Reichsgenoss.-Ges. vom 1. Mai 1889, H.-G.-B. Art. 228, 233, 243, 244, 247, 249, 249a, endlich Art. 35 dieses Gesetzes.

2) Die Handlungen des Vorstandes bezw. der Vorstandsmitglieder, sowie im Falle der Auflösung der Liquidatoren unterliegen — abgesehen von den Normen des gemeinen Strafrechtes — bei Nichterfüllung der gesetzlichen Obliegenheiten, wie solche in den aufgeführten Artikeln enthalten sind, den besonderen Ordnungsstrafen des gegenwärtigen Gesetzes. Aufgabe des Gerichtes, und zwar des betreffenden Vereinsgerichtes ist es, von Amtswegen bezw. auf Antrag die Genannten zur Befolgung ihrer gesetzlichen Pflichten anzuhalten; bezüglich unrichtiger Angaben s. Art. 35.

3) Maßgebend für das Verfahren sind die nunmehr durch Art. 76 A.-G. z. R.-C.-P.-O. in Bezug auf Art. 9, 12, 13, 19 und 20 abgeänderten Bestimmungen des Einführungsgesetzes zum Handelsgesetzbuch vom 10. Nov. 1861: Art. 9—23, betr. die Nichteinhaltung der bei der Anmeldung zum Handelsregister geltenden Vorschriften. Dieselben bestimmen wesentlich folgendes:

Der zu Bestrafende erhält eine gerichtliche Verfügung, durch welche er unter Androhung einer Ordnungsstrafe aufgefordert wird, binnen einer festgesetzten Frist entweder die gesetzliche Vorschrift zu befolgen, oder Einspruch zu erheben. Der Einspruch kann schriftlich oder mündlich zu Protokoll des Gerichtsschreibers erfolgen. Wird weder Einspruch erhoben, noch innerhalb der gesetzten Frist die gesetzliche Vorschrift befolgt, so wird die angedrohte Strafe ausgesprochen und zugleich ergeht wie das erste Mal die wiederholte Aufforderung an den Beteiligten unter abermaliger Normierung einer Frist und Ordnungsstrafe.

Wird rechtzeitig Einspruch erhoben, so hat das Gericht öffentliche Sitzung in dem Falle anzuberaumen, wenn nicht aus dem Einspruche selbst die Rechtfertigung des Beteiligten sich ergibt. Letzterer wird hiezu geladen und vernommen, falls notwendig Beweis erhoben und sodann über den Einspruch Beschluß gefaßt.

Erscheint weder der Beteiligte noch ein Bevollmächtigter, so entscheidet das Gericht über den Einspruch.

Ist der Einspruch gerechtfertigt, so entscheidet das Gericht ohne mündliche Verhandlung je nach Lage der Sache. Ist der Einspruch unbegründet, dann wird dem Beteiligten unter Verurteilung in die Kosten eine neue Frist zur Befolgung der gesetzlichen Vorschrift gesetzt, jedoch ohne Vorbehalt und Gestattung weiteren Einspruchs.

Wird auch innerhalb dieser neuen Frist die Auflage nicht befolgt und auch nicht Beschwerde erhoben, dann erfolgt Verurteilung in die angedrohte Strafe und wird die frühere Auflage unter Androhung einer weiteren Ordnungsstrafe und die Verurteilung hiezu solange wiederholt, bis die Vorschrift befolgt bezw. die Voraussetzung hiezu weggefallen ist.

4) Gegen die Beschlüsse, welche im Verfahren über Anordnung und Verurteilung zu Ordnungsstrafen ergehen, ist sofortige Beschwerde mit aufschiebender Wirkung binnen einer Notfrist von zwei Wochen seit Zustellung des Beschlusses zulässig. Vergl. Art. 76, Z. 3 A.-G. z. R.-C.-P.-O., Art. 56 ff. A.-G. z. R.-C.-P.-O., § 540 Abs. 2 R.-C.-P.-O.

Die Beschwerde geht an das Oberlandesgericht, die weitere Beschwerde an das oberste Landesgericht. Vergl. § 531 Abs. 1 R.-C.-P.-O., Art. 36 Ziff. 2, Art. 42 Abs. 2 und Art. 64, A.-G. z. R.-G.-V.-G. Art. 62 ff. A.-G. z. R.-C.-P.-O.

5) Die Ordnungsstrafe darf 540 ℳ nicht übersteigen. Vergl. Art. 18 E.-G. z. H.-G.-B. vom 10. Nov. 1861, sowie das Gesetz vom 8. Nov. 1875 betr. „die Bestimmung von Geldstrafen und einigen Geldsätzen nach der Reichswährung" (Ges.- und Verord.-Bl. S. 665, Weber Gesetzessammlung Bd. XI S. 179).

6) Vergl. auch Sächsisches Ges. v. 4. Juli 1868 § 66—68, § 27, sowie II. Entwurf des Bürgerl. Gesetzbuches § 68, die Ausführungen bei H. Becher a. a. O. S. 369 und 107—109.

## Artikel 35.

Unrichtigkeiten in den nach den Vorschriften des gegenwärtigen Gesetzes dem Vorstande obliegenden Anzeigen und sonstigen amtlichen Angaben ziehen gegen die Vorstandsmitglieder Ordnungsstrafen bis zu 45 Mark nach sich, ohne daß dadurch die Anwendung der Strafgesetze ausgeschlossen wäre.

1) Vergl gleichlautend Art. 67 und 68 des bayer. Genoss.-Ges vom 29. April 1869 sowie § 67 und 68 des Reichs.-Genoss.-Gesetzes vom 4 Juli 1868, § 141 des Reichs-Genoss.-Gesetzes v. 1. Mai 1889, § 249 ff H.-G.-B, Sächs. Gesetz vom 15. Juni 1868, § 27 Abs 3

2) Das Gesetz ahndet, abgesehen von der Nichtbefolgung der gesetzlichen Vorschriften (Art. 34) auch alle diesbezüglichen Unrichtigkeiten, deren sich der Vorstand in Bezug auf die ihm obliegenden gerichtlichen Anzeigen, Angaben und Anmeldungen schuldig macht, sei es, daß er hiebei mit Wissen (vorsätzlich) oder ohne Wissen (fahrlässig) nicht die Wahrheit sagt Unrichtige Angaben dem Vereine bezw den Vereinsorganen gegenüber können eine civilrechtliche Haftung bezw. strafrechtliche Verantwortlichkeit begründen.

3) Die Strafe ist in diesem Falle nur bis zur Höhe von 25 fl, nun 45 ℳ zulässig. Im übrigen gelten in Bezug auf das Verfahren ꝛc die gleichen Grundsätze wie im Falle des Art. 34 S denselben, speziell Anm. 3, 4, 5.

4) Die Strafe ist eine Ordnungsstrafe, welche neben den eventuell in Frage kommenden Strafgesetzen (speziell § 271 R.-St.-G.-B.) in Anwendung kommt Vergl besonders § 141 Reichs-Genoss.-Ges vom 1 Mai 1889.

## Artikel 36.

Die Vormerkungen der Gerichte auf die eingereichten Statuten und Abänderungen derselben, die Anmeldungen der bestellten Vorstände und die hiedurch veranlaßten Beschlüsse sind tax und stempelfrei.

1) Vergl Art. 4, 5, 13, 17 dieses Gesetzes, Art. 69 des bayer. Genoss.-Ges. vom 29 April 1869, § 69 des Reichs-Genoss.-Ges. vom 4 Juli 1868, § 151 des Reichs-Genoss.-Ges v 1. Mai 1889, sächsische Verordnung vom 23 Juli 1868 zu Ausführung des Ges vom 4. Juli 1868 (G.-V.-Bl. Nr. 119 Bd. I S 499)

2) Vergl. auch Art. 1 Note 3 S 41 und 42, sowie Art. 3 Z. 3 des bayer. Gebührengesetzes in der Fassung vom Jahre 1892 mit §§ 79, 80 des Gerichtskostengesetzes v. 18. Juni 1878 bezw der Novelle v 29. Juni 1881 mit Art 47 und 54 des erwähnten bayer. Gebührengesetzes

## Artikel 37.

An den Bestimmungen der II. Beilage zur Verfassungsurkunde, dem Gesetze vom 26. Februar 1850 über Versammlungen und Vereine und an den bestehenden Gesetzen über Erwerbungen zur toten Hand (Amortisationsgesetze) wird durch gegenwärtiges Gesetz nichts geändert.

1) Vergl. Einleitung S. 3, 16 und 29. Kammerreferent Dr. J. Völk bemerkt zu diesem Artikel (Verh. d. K. d. A. 1866—69 S. 351) „daß durch das vorliegende Gesetz verfassungsmäßige Bestimmungen nicht geändert werden können, besagt die Form der Erlassung des Gesetzes; daß die Bestimmungen des Gesetzes über Versammlungen und Vereine nicht geändert werden wollen, versteht sich eigentlich von selbst und ebenso, daß die Gesetze über Erwerbungen zur toten Hand, bei uns gewöhnlich Amortisationsgesetze genannt, nicht geändert werden wollten, folgt aus dem Zwecke des Gesetzes. Zur Vermeidung aller Bedenken war es aber geraten, solches in dem Artikel, wie geschehen, zu besagen".

2) Über die Bestimmungen der II. Verfassungsbeilage s. Anhang.

3) In Betracht kommen hier insbesondere die bayerischen Amortisationsgesetze vom 1. August 1701 und 13. Oktober 1764 (Weber Ges.-Sammlung S. 2 und 6). Vergl. über diese Materie Kahl, die deutschen Amortisationsgesetze 1880 S. 234—240, Roth bayer. Civilrecht I S. 313, 257—261, v. Seydel bayer. Staatsrecht VI S. 184, 185, 314, sowie die sehr ausführliche Darstellung bei H. Becher a. a. O., § 47, S. 310 ff., § 51 S. 353.

---

## Artikel 38.

Gegenwärtiges Gesetz tritt mit dem Tage der Verkündigung im Gesetzblatt, beziehungsweise Amtsblatt der Pfalz in Wirksamkeit.

Siehe Näheres S. 35 zu Art. 1 gegenwärtigen Gesetzes und Einleitung S. 18 Anm. 3.

**Beilage I.**

# II. Entwurf eines Bürgerlichen Gesetzbuches für das Deutsche Reich.

## Zweiter Titel.

## Juristische Personen

### 1. Vereine.

#### 1. Allgemeine Vorschriften.

#### § 23 (41, 42).[1])

Vereine zu gemeinnützigen, wohlthätigen, geselligen, wissenschaftlichen, künstlerischen oder anderen nicht auf einen wirtschaftlichen Geschäftsbetrieb gerichteten Zwecken erlangen Rechtsfähigkeit durch Eintragung in das Vereinsregister des zuständigen Amtsgerichts oder durch staatliche Verleihung.

Andere Vereine erlangen Rechtsfähigkeit in Ermangelung besonderer reichsgesetzlicher Vorschriften nur durch staatliche Verleihung.

Die Verleihung der Rechtsfähigkeit steht dem Bundesstaate zu, in dessen Gebiete der Verein seinen Sitz hat.

Als Sitz des Vereines gilt, wenn nicht ein anderes erhellt, der Ort, an welchem die Verwaltung geführt wird.

Prot. S. 44, 957—1014, 1153—1157.

1) In den Entwurf des Einführungsgesetzes soll an geeigneter Stelle folgende Vorschrift eingestellt werden:

Unberührt bleiben die landesgesetzlichen Vorschriften über die zur Zeit des Inkrafttretens des Bürgerlichen Gesetzbuchs bestehenden Realgemeinden und ähnlichen Verbände, deren Mitglieder als solche zu Nutzungen an land- oder forstwirtschaftlichen Grundstücken berechtigt sind. Es macht keinen Unterschied, ob die Realgemeinden oder sonstigen Verbände juristische Personen sind oder nicht und ob die Berechtigung der Mitglieder an Grundbesitz geknüpft ist oder nicht.

Prot. S. 1225—1239.

2) Bis zur Beratung des Entwurfes des Einführungsgesetzes ausgesetzt ist die Beschlußfassung über den Antrag, folgende Vorschriften in dasselbe aufzunehmen:

I. Die öffentlich rechtlichen Vorschriften der Landesgesetze über Zulassung, Schließung und Auflösung der Vereine bleiben unberührt.

II. Die landesgesetzlichen Vorschriften, nach welchen Religionsgesellschaften sowie geistliche Gesellschaften Korporationsrechte nur durch ein besonderes Gesetz erlangen, bleiben unberührt.

Prot. S. 1240—1241.

## § 25 (44 Abs. 1, 4).

Der Verein muß einen Vorstand haben. Der Vorstand kann aus mehreren Personen bestehen.

Der Vorstand vertritt den Verein gerichtlich und außergerichtlich; er hat die Stellung eines gesetzlichen Vertreters. Der Umfang seiner Vertretungsmacht kann durch das Statut mit Wirkung gegen Dritte beschränkt werden.

Prot. S. 1019—1024, 1030, 1031.

## § 26 (44 Abs. 2, 3).

Die Bestellung des Vorstandes erfolgt durch Beschluß der Mitgliederversammlung.

Die Bestellung ist jederzeit widerruflich, unbeschadet der Entschädigungsansprüche aus bestehenden Verträgen. Die Widerruflichkeit kann durch das Statut auf den Fall beschränkt werden, daß ein wichtiger, den Widerruf rechtfertigender Grund vorliegt; ein solcher Grund ist insbesondere grobe Pflichtverletzung oder Unfähigkeit zur ordnungsmäßigen Geschäftsführung.

Auf die Rechte und Pflichten des Vorstandes gegenüber dem Vereine finden die für den Auftrag geltenden Vorschriften der §§ 585, 588—596 (Entw. I) entsprechende Anwendung.

Prot. S. 1025—1030, 1106—1108.

## § 27 (44 Abs. 5, 6 Satz 1).

Besteht der Vorstand aus mehreren Personen, so erfolgt die Beschlußfassung nach den für die Beschlüsse der Mitgliederversammlung geltenden Vorschriften.

Ist eine Willenserklärung dem Vereine gegenüber abzugeben, so genügt die Abgabe gegenüber einem Mitgliede des Vorstandes.

Prot. S. 1031—1037.

§ 28 (44 Abs. 6 Satz 2).*)

Soweit die erforderlichen Mitglieder des Vorstandes fehlen, sind sie bei Gefahr im Verzug auf Antrag eines Beteiligten von dem Amtsgerichte, in dessen Bezirke der Verein seinen Sitz hat, für die Zeit bis zur Hebung des Mangels zu bestellen.

Prot. S. 1037—1040.

§ 29.

Durch das Statut kann bestimmt werden, daß neben dem Vorstande für gewisse Geschäfte besondere Vertreter zu bestellen sind. Die Vertretungsmacht eines solchen Vertreters erstreckt sich im Zweifel auf alle Rechtsgeschäfte, welche der ihm zugewiesene Geschäftskreis gewöhnlich mit sich bringt.

Prot. S. 1047—1049.

§ 30 (46).

Der Verein haftet für den Ersatz des Schadens, welchen der Vorstand, ein Mitglied desselben oder ein sonst verfassungsmäßig berufener Vertreter durch eine in Ausführung der ihm zukommenden Verrichtungen begangene, zum Schadensersatze verpflichtete Handlung einem Dritten zufügt.

Prot. S. 1049—1052.

§ 31 (48 Abs. 1—4).

Die Angelegenheiten des Vereins werden, soweit sie nicht von dem Vorstand oder einem anderen Vereinsorgane zu besorgen sind, durch Beschlußfassung in einer Versammlung der Mitglieder geordnet. Zur Gültigkeit des Beschlusses ist er-

*) Der § 45 des Entw. I ist gestrichen; Prot. S. 1040—1045. Vergl. § 149 und die Anmerkung dazu.

forderlich, daß der Gegenstand desselben bei Berufung der Versammlung bezeichnet ist. Bei der Beschlußfassung entscheidet die Mehrheit der erschienenen Mitglieder.

Ein auf der Zustimmung aller Mitglieder beruhender Beschluß ist auch ohne Versammlung der Mitglieder gültig, wenn die Zustimmung schriftlich erklärt ist.

Ein Mitglied ist nicht stimmberechtigt, wenn die Beschlußfassung die Eingehung eines Rechtsgeschäftes mit ihm oder die Einleitung oder Erledigung eines Rechtsstreites zwischen ihm und dem Vereine betrifft.

Prot S. 1053—1059.

§ 32 (48 Abs. 5).

Zur Gültigkeit eines Beschlusses, durch welchen das Statut geändert wird, bedarf es einer Mehrheit von drei Vierteilen der erschienenen Mitglieder. Zur Änderung des Zweckes des Vereins ist die Zustimmung aller Mitglieder erforderlich; die Zustimmung von nicht erschienenen muß schriftlich erfolgen.

Beruht die Rechtsfähigkeit eines Vereines auf staatlicher Verleihung, so bedarf jede Änderung des Statuts der staatlichen Genehmigung.

Prot S. 1059—1063.

§ 33.

Sonderrechte der Mitglieder können ohne deren Zustimmung durch Beschlüsse der Mitgliederversammlung nicht beeinträchtigt werden.

Prot S. 1063, 1064, 1066.

§ 34.

Die Mitgliederversammlung ist außer den im Statute bestimmten Fällen zu berufen, wenn es das Interesse des Vereines erfordert.

Prot. S. 1068—1071.

§ 35.

Die Mitgliederversammlung ist zu berufen, wenn der zehnte Teil oder der im Statute hierfür bestimmte größere oder geringere Teil der Mitglieder in einer von ihnen unterschriebenen Eingabe unter Anführung des Zweckes und der Gründe die Berufung verlangt.

Wird dem Verlangen nicht entsprochen, so kann das Amtsgericht, in dessen Bezirke der Verein seinen Sitz hat, die Mitglieder, welche das Verlangen gestellt haben, zur Berufung der Versammlung ermächtigen, auch über die Führung des Vorsitzes in der Versammlung Bestimmung treffen.

Auf die Ermächtigung muß bei der Berufung der Versammlung Bezug genommen werden.

Prot. S. 1068—1072.

§ 36.

Die Mitgliedschaft ist nicht übertragbar und nicht vererblich. Die Ausübung der Mitgliedschaftsrechte kann einem Andern nicht überlassen werden.

Die Mitglieder sind zum Austritt aus dem Vereine berechtigt. Durch das Statut kann bestimmt werden, daß der Austritt nur am Schlusse eines Geschäftsjahres stattfindet; auch kann eine Kündigungsfrist von höchstens zwei Jahren bestimmt werden.

Prot. S. 1072—1074.

§ 37.

Die Vorschriften des § 26 Abs. 1, 3, des § 27 Abs. 1, der §§ 31, 32 sowie des § 36 Abs. 1 finden insoweit keine Anwendung, als das Statut ein Anderes bestimmt.

Prot. S. 1064—1068.

§ 38.

Der Verein kann durch Beschluß der Mitgliederversammlung aufgelöst werden. Zu dem Auflösungsbeschlusse bedarf es einer Mehrheit von drei Vierteilen der erschienenen Mitglieder, soweit das Statut nicht ein anderes bestimmt.

Prot. S. 1079—1080.

§ 39 (47).

Der Verein wird aufgelöst durch Eröffnung des Konkurses.

Der Vorstand hat im Falle der Überschuldung die Eröffnung des Konkurses zu beantragen. Wird die Stellung des Antrags verzögert, so haften die Vorstandsmitglieder, welchen ein Verschulden zur Last fällt, den Gläubigern für den Ersatz des daraus entstandenen Schadens als Gesamtschuldner.

Prot. S. 1052, 1053, 1080.

§ 40.

Der Verein kann aufgelöst werden, wenn er durch gesetzwidrige Beschlüsse der Mitgliederversammlung oder durch gesetzwidriges Verhalten des Vorstandes das Gemeinwohl gefährdet.

Ein Verein, dessen Zweck nach dem Statute nicht auf einen wirtschaftlichen Geschäftsbetrieb gerichtet ist, kann aufgelöst werden, wenn er einen solchen Zweck verfolgt.

Ein Verein, welcher nach dem Statut einen politischen, sozialpolitischen oder religiösen Zweck nicht hat, kann aufgelöst werden, wenn er solchen Zweck verfolgt.

Das Verfahren und die Zuständigkeit der Behörden richten sich nach den für streitige Verwaltungssachen landesgesetzlich geltenden Vorschriften. Wo ein Verwaltungsstreitverfahren nicht besteht, finden die Vorschriften der §§ 20, 21 der Gewerbeordnung mit der Maßgabe Anwendung, daß die Entscheidung in erster Instanz durch die höhere Verwaltungsbehörde erfolgt, in deren Bezirke der Verein seinen Sitz hat.

Prot. S. 1144—1151.

§ 41 (49 Abs. 1).[1])

Mit der Auflösung des Vereins fällt das Vermögen an diejenigen, welche durch das Statut oder durch einen im Statute vorgesehenen Beschluß der Mitgliederversammlung oder eines anderen Vereinsorgans als anfallberechtigt bestimmt sind.

Fehlt es an einer solchen Bestimmung, so fällt das Vermögen, wenn der Verein nach dem Statut ausschließlich den Interessen seiner Mitglieder diente, an die zur Zeit der Auflösung vorhandenen Mitglieder zu gleichen Teilen, anderenfalls an den Fiskus des Bundesstaates, in dessen Gebiete der Verein seinen Sitz hatte.

Gehört der Verein zu den im § 23 Abs. 1 bezeichneten Vereinen, so kann der Anfall an die Mitglieder oder an den Fiskus dadurch ausgeschlossen werden, daß die Mitgliederversammlung das Vermögen einer öffentlichen Stiftung oder Anstalt zuweist. Zur Gültigkeit des Beschlusses genügt einfache Stimmenmehrheit.

Prot. S. 1081—1094.

1) Die Frage, ob für diejenigen Vereine, welche vor dem Inkrafttreten des Bürgerlichen Gesetzbuches die Rechtsfähigkeit erlangt haben, die Landesgesetze darüber entscheiden sollen, an wen das Vermögen eines solchen Vereines nach dessen Auflösung fällt, bleibt der Beratung des Entwurfes des Einführungsgesetzes vorbehalten.

Prot. S. 1086, 1087, 1089.

§ 42 (49 Abs. 2).

Fällt das Vereinsvermögen an den Fiskus, so finden die Vorschriften über eine in Ermangelung anderer Erben dem Fiskus anfallende Erbschaft entsprechende Anwendung. Der Fiskus hat das Vermögen thunlichst in einer den Zwecken des Vereins entsprechenden Weise zu verwenden.

Fällt das Vereinsvermögen nicht an den Fiskus, so muß eine Liquidation stattfinden.

Prot. S. 1092—1095.

§ 43 (50).

Die Liquidation geschieht durch den Vorstand, wenn nicht andere Liquidatoren bestellt sind. Für die Bestellung der letzteren sind die für die Bestellung des Vorstandes geltenden Vorschriften mit Einschluß des § 28 maßgebend.

Die Liquidatoren haben, soweit sich nicht aus dem Zwecke der Liquidation ein anderes ergibt, die rechtliche Stellung des Vorstandes.

Sind mehrere Liquidatoren vorhanden, so ist zur Beschlußfassung Übereinstimmung sämtlicher Liquidatoren erforderlich, sofern nicht ein anderes bestimmt ist.

Prot. S. 1097—1099.

§ 44 (51).

Die Liquidatoren haben die laufenden Geschäfte des aufgelösten Vereines zu beendigen, die Gläubiger zu befriedigen, die Forderungen einzuziehen, das übrige Vermögen in Geld umzusetzen und den verbleibenden Überschuß den Anfallberechtigten auszuantworten. Zur Beendigung schwebender Geschäfte können die Liquidatoren auch neue Geschäfte eingehen. Die Einziehung der Forderungen und die Umsetzung des übrigen Vermögens in Geld kann unterbleiben, soweit diese Maßregeln zur Befriedigung der Gläubiger oder zur Verteilung des Überschusses unter den Anfallberechtigten nicht erforderlich sind.

Der Verein ist bis zur Beendigung der Liquidation als fortbestehend anzusehen, soweit der Zweck der Liquidation es erfordert.

Prot. S. 1099—1102.

§ 45 (52).

Die Auflösung des Vereins ist durch die Liquidatoren öffentlich bekannt zu machen. In der Bekanntmachung sind die Gläubiger zur Anmeldung ihrer Ansprüche aufzufordern. Die Bekanntmachung erfolgt durch das im Statute für Veröffentlichungen bestimmte Blatt, in Ermangelung eines solchen durch dasjenige Blatt, welches für Bekanntmachungen des Amtsgerichts, in dessen Bezirke der Verein seinen Sitz hatte, bestimmt ist. Die Bekanntmachung gilt als bewirkt mit Ablauf des zweiten Tages nach der Einrückung oder der ersten Einrückung.

Bekannte Gläubiger sind durch besondere Mitteilung zur Anmeldung aufzufordern.

Prot. S. 1102, 1103.

§ 46 (53).

Die Ausantwortung des Vermögens an die Anfallberechtigten darf erst nach Ablauf eines Jahres seit der im § 45 vorgeschriebenen Bekanntmachung vollzogen werden.

Prot. S. 1103, 1104.

§ 47 (51)[1].

Hat ein bekannter Gläubiger sich nicht gemeldet, so ist der Schuldbetrag, wenn die Berechtigung zur öffentlichen Hinterlegung vorhanden ist, zu hinterlegen.

Ist die Befriedigung eines Gläubigers zur Zeit nicht ausführbar, so darf das Vermögen den Anfallberechtigten nur ausgeantwortet werden, wenn dem Gläubiger Sicherheit geleistet worden ist; dies gilt insbesondere in Ansehung schwebender oder streitiger Verbindlichkeiten.

Prot. S. 1104.

1) Bei der Redaktionsberatung kam in Vorschlag, den Abs. 1 zu fassen:

„Hat . . . . . so ist der Gegenstand der geschuldeten Leistung, wenn er sich zur öffentlichen Hinterlegung eignet, zu hinterlegen."

Da jedoch in dieser Fassung eine materielle Änderung der gefaßten Beschlüsse erblickt wurde, so ist von derselben Abstand genommen.

§ 48 (56).[1])

Liquidatoren, welche die ihnen nach § 39 Abs. 2 und den §§ 45 bis 47 obliegenden Verpflichtungen verletzen oder vor Befriedigung der Gläubiger schuldhafter Weise Vermögen den Anfallberechtigten ausantworten, haften den Gläubigern für den Ersatz des daraus entstandenen Schadens als Gesamtschuldner,

Prot. S. 1105.

1) Zu § 55 des Entw. I vergl. § 39 Abs. 2, § 43 Abs. 2, Prot. S. 1104, 1105, zu § 57 des Entw. I die Anmerkung 1 zu § 77, Prot. S. 1105, 1106.

Die Entscheidung der Frage, ob besondere Bestimmungen für solche Vereine zu treffen sind, die nicht rechtsfähig sind, ist bis zur Beratung des Gesellschaftsrechts ausgesetzt. Prot. S. 1108, 1109.

## 2. Eingetragene Vereine.

§ 49.

Die Eintragung eines Vereines der im § 23 Abs. 1 bezeichneten Art in das Vereinsregister hat bei dem Amtsgericht zu geschehen, in dessen Bezirke der Verein seinen Sitz hat.

Prot. S. 1002, 1003.

§ 50.

Die Eintragung darf nur erfolgen, wenn die Zahl der Mitglieder mindestens sieben beträgt.

Prot. S. 1110.

§ 51.

Das Statut muß den Zweck, Namen und Sitz des Vereins enthalten und ergeben, daß der Verein eingetragen werden soll.

Der Name soll sich von den Namen der an demselben Orte oder in derselben Gemeinde bestehenden eingetragenen Vereine deutlich unterscheiden.

Prot. S. 1111—1114.

§ 52.

Das Statut soll Bestimmungen enthalten:

1. über den Eintritt und Austritt der Mitglieder;
2. darüber, ob und welche Beiträge von den Mitgliedern zu leisten sind;
3. über die Bildung des Vorstandes;
4. über die Voraussetzungen, unter welchen eine Berufung der Mitgliederversammlung zu erfolgen hat, über die Form der Berufung, sowie über die Beurkundung der in der Versammlung gefaßten Beschlüsse.

Prot. S. 1114.

§ 53.

Der Vorstand hat den Verein bei dem Amtsgerichte zur Eintragung anzumelden.

Der Anmeldung sind beizufügen:

1. Das von mindestens sieben Mitgliedern unterzeichnete Statut und eine Abschrift desselben;
2. ein Verzeichnis der Mitglieder;
3. eine Abschrift der Urkunden über die Bestellung des Vorstandes.

Prot. S. 1114—1116.

§ 54.

Die Anmeldung ist, wenn den Erfordernissen der §§ 50 bis 53 nicht genügt ist, von dem Amtsgerichte unter Angabe der Gründe zurückzuweisen; andernfalls ist sie der nach den Landesgesetzen zuständigen Verwaltungsbehörde mitzuteilen.

Prot. S. 1117—1119, 1129, 1130.

§ 55.

Die Verwaltungsbehörde kann gegen die Eintragung Einspruch erheben, wenn der Verein nach dem öffentlichen Vereinsrecht unerlaubt ist oder verboten werden kann, oder wenn er einen politischen, sozialpolitischen oder religiösen Zweck verfolgt.

Wird Einspruch erhoben, so hat ihn das Amtsgericht unter Aussetzung der Eintragung dem Vorstande mitzuteilen.

Der Einspruch kann im Wege des Verwaltungsstreitverfahrens, wo ein solches nicht besteht, im Wege des Rekurses nach Maßgabe der §§ 20, 21 der Gewerbeordnung angefochten werden. Prot. S. 1117--1130.

§ 56.

Sind nach Mitteilung der Anmeldung an die Verwaltungsbehörde sechs Wochen abgelaufen und ist Einspruch nicht erhoben, oder wird der erhobene Einspruch endgültig aufgehoben, so ist der Verein in das Vereinsregister einzutragen.

Bei der Eintragung sind der Name und der Sitz des Vereins, das Datum des Statuts, sowie die Mitglieder des Vorstandes anzugeben. Bestimmungen, welche den Umfang der Vertretungsmacht des Vorstandes beschränken oder die Beschlußfassung desselben abweichend von der Vorschrift des § 27 Abs. 1 regeln, sind gleichfalls einzutragen.

Prot. S. 1120, 1130, 1131.

§ 57.

Nach der Eintragung ist das Statut, mit der Bescheinigung derselben versehen, zurückzugeben. Die Abschrift des Statuts wird nach vorgängiger Beglaubigung samt den übrigen Schriftstücken bei Gericht aufbewahrt.

Prot. S. 1132.

§ 58.

Mit der Eintragung erhält der Name des Vereins die zusätzliche Bezeichnung „eingetragener Verein".

Das Amtsgericht hat die Eintragung durch das für seine Bekanntmachungen bestimmte Blatt zu veröffentlichen.

Prot. S. 1132.

§ 59.

Jede Änderung des Vorstandes kann, solange sie nicht in das Vereinsregister eingetragen ist, von dem Verein einem Dritten nicht entgegengesetzt werden, es sei denn, daß der Dritte die Änderung bei Vornahme des Rechtsgeschäftes kannte. Ist die Änderung eingetragen, so muß der Dritte sie gegen sich gelten lassen, es sei denn, daß er sie bei Vornahme des Rechtsgeschäfts weder kannte, noch kennen mußte.

Der Nachweis, daß der Vorstand aus den in das Register eingetragenen Personen besteht, wird Behörden gegenüber durch ein Zeugnis des Amtsgerichts über die Eintragung geführt.

Die Vorschriften des Abs. 1 finden auf die nach § 56 Abs. 2 Satz 2 einzutragenden Bestimmungen entsprechende Anwendung.

Prot. S. 1138, 1139.

§ 61.

Änderungen des Statuts bedürfen zu ihrer Wirksamkeit der Eintragung in das Vereinsregister. Die Änderung ist von dem Vorstand anzumelden. Der Anmeldung ist der die Änderung enthaltende Beschluß und eine Abschrift desselben beizufügen.

Die Vorschriften der §§ 54 bis 57 finden entsprechende Anwendung.

Prot. S. 1139, 1140.

§ 62.

Der Vorstand hat dem Amtsgericht auf dessen Verlangen zu jeder Zeit ein Verzeichnis der Vereinsmitglieder einzureichen.

Prot. S. 1135, 1136.

§ 63.

Sinkt die Zahl der Vereinsmitglieder unter drei herab, so hat das Amtsgericht auf Antrag des Vorstandes und, wenn der Antrag nicht binnen drei Monaten erfolgt, von Amtswegen nach Anhörung des Vorstandes die Auflösung des Vereins auszusprechen. Der Beschluß ist dem Vereine zuzustellen. Gegen den Beschluß findet die sofortige Beschwerde nach Maßgabe der Civilprozeßordnung statt. Der Verein erlischt mit der Rechtskraft des Beschlusses.

Prot. S. 1141, 1142.

§ 64.

Die Auflösung des Vereins ist in das Vereinsregister einzutragen, sofern sie nicht die Folge des eröffneten Konkurses ist.

Im Falle der Auflösung durch Beschluß der Mitgliederversammlung oder durch Ablauf der für die Dauer des Vereins bestimmten Zeit hat der Vorstand die Auflösung anzumelden. Der Anmeldung ist im ersteren Falle eine Abschrift des Auflösungsbeschlusses beizufügen.

Wird der Verein auf Grund des § 40 oder auf Grund des öffentlichen Vereinsrechtes aufgelöst, so erfolgt die Eintragung auf Anzeige der zuständigen Behörde.

Prot. S. 1151, 1152.

§ 65.

Die Eröffnung des Konkurses über das Vermögen des Vereins ist von Amtswegen einzutragen. Das Gleiche gilt von der Aufhebung des Eröffnungsbeschlusses sowie von der Einstellung und Aufhebung des Konkurses.

Prot. S 1151, 1152.

§ 66.

Die Liquidatoren sind in das Vereinsregister einzutragen. Das Gleiche gilt von Bestimmungen, welche die Beschlußfassung der Liquidatoren abweichend von der Vorschrift des § 43 Abs. 3 regeln.

Die Anmeldung hat durch den Vorstand, bei späteren Änderungen durch die Liquidatoren zu erfolgen. Die Eintragung gerichtlich bestellter Liquidatoren geschieht von Amtswegen.

Der Anmeldung der durch Beschluß der Mitgliederversammlung bestellten Liquidatoren ist eine Abschrift des Beschlusses, der Anmeldung einer Bestimmung über die Beschlußfassung der Liquidatoren eine Abschrift der die Bestimmung enthaltenden Urkunde beizufügen.

Prot. S. 1151, 1152.

§ 67.

Die Anmeldungen zum Vereinsregister sind von den Mitgliedern des Vorstandes, sowie von den Liquidatoren persönlich oder mittels öffentlich beglaubigter Erklärung zu bewirken.

Prot. S. 1151, 1152.

§ 68.

Das Amtsgericht kann die Mitglieder des Vorstandes zur Befolgung der Vorschriften des § 59 Abs. 1, des § 61 Abs. 1, des § 62, des § 64 Abs. 2 und des § 66 durch Ordnungsstrafen bis zu dreihundert Mark anhalten. In gleicher Weise können die Liquidatoren zur Befolgung der Vorschriften des § 66 angehalten werden.

Prot. S. 1152, 1153.

§ 69.

Das Vereinsregister ist öffentlich. Die Einsicht des Registers, sowie der von dem Vereine bei dem Amtsgericht eingereichten Schriftstücke ist während der gewöhnlichen Dienststunden jedem gestattet. Von den Eintragungen kann gegen Erlegung der Kosten eine Abschrift gefordert werden; die Abschrift ist auf Verlangen zu beglaubigen.

Prot. S. 1153.

### Beilage Ia.

# I. Entwurf zum Bürgerlichen Gesetzbuch für das Deutsche Reich.

## Juristische Personen.

§ 41.

Personenvereine und Stiftungen können die Fähigkeit haben, als solche selbständig Vermögensrechte und Vermögenspflichten zu haben (juristische Persönlichkeit).

§ 42.

Die juristische Persönlichkeit eines Personenvereines und der Verlust dieser Persönlichkeit bestimmen sich in Ermangelung besonderer reichsgesetzlicher Vorschriften nach den Landesgesetzen des Orts, an welchem der Personenverein seinen Sitz hat.

§ 43.

Die Verfassung eines mit juristischer Persönlichkeit versehenen Personenvereines (Körperschaft) wird, soweit sie nicht auf Reichsgesetz oder Landesgesetz beruht, durch den Gründungsvertrag und in Ansehung späterer Abänderungen durch den Willen der Mitglieder der Körperschaft bestimmt.

§ 44.

Für jede Körperschaft muß ein Vorstand bestellt werden. Der Vorstand ist der gesetzliche Vertreter der Körperschaft sowohl gegenüber Dritten als gegenüber den Mitgliedern der Körperschaft. Der Vorstand kann aus einer Person oder aus mehreren Personen bestehen.

Auf die Rechte und Pflichten des Vorstandes gegenüber der Körperschaft finden die Vorschriften der §§ 585, 588 bis 596 entsprechende Anwendung.

Die Bestellung des Vorstandes erfolgt durch Beschluß der Mitglieder.

Die Vertretungsmacht des Vorstandes kann durch die Verfassung mit Wirkung gegen Dritte beschränkt werden.

Besteht der Vorstand aus mehreren Personen, so ist zur Gültigkeit seiner Willenserklärung die Zustimmung aller Mitglieder erforderlich.

Für die Mitteilung der Willenserklärung eines Dritten, zu deren Entgegennahme die Körperschaft verpflichtet ist, genügt die Mitteilung an ein Mitglied des Vorstandes. Ist zu der Zeit, in welcher die Mitteilung einer solchen Willenserklärung erfolgen soll, eine zur Entgegennahme derselben berufene Person nicht vorhanden, so hat bei Gefahr im Verzuge auf Antrag des Dritten, welcher die Mitteilung bewirken will, das Amtsgericht, in dessen Bezirke die Körperschaft ihren Sitz hat, zur Entgegennahme der Willenserklärung einen besonderen Vertreter zu bestellen.

Die Vorschriften des zweiten, dritten und fünften Absatzes finden nur insoweit Anwendung als nicht die Verfassung ein anderes bestimmt.

§ 45.

Bei einem nicht ausschließlich in der Erfüllung einer Verbindlichkeit bestehenden Rechtsgeschäfte zwischen der Körperschaft und einem Mitgliede des Vorstandes sowie bei einem Rechtsstreite zwischen denselben ist das beteiligte Mitglied von der gesetzlichen Vertretung der Körperschaft ausgeschlossen. Wird ein besonderer Vertreter für die Körperschaft erforderlich, so erfolgt die Bestellung nach Maßgabe des § 44 Abs. 3, 7.

§ 46.

Die Körperschaft haftet für den Ersatz des Schadens, welchen ihr Vorstand oder ein Mitglied desselben durch eine in Ausübung seiner Vertretungsmacht begangene widerrechtliche, zum Schadensersatze verpflichtende Handlung einem Dritten zugefügt hat.

§ 47.

Im Falle der Überschuldung der Körperschaft ist der Vorstand verpflichtet, unverzüglich die Eröffnung des Konkurses zu beantragen. Mitglieder des Vorstandes, welche diese Verpflichtung verletzen, haften den Gläubigern der Körperschaft für den Ersatz des daraus entstandenen Schadens als Gesamtschuldner.

§ 48.

In den inneren Angelegenheiten der Körperschaft ist der Wille der Mitglieder maßgebend. Nach dem Willen der Mitglieder hat der Vorstand sich auch bei der Geschäftsführung zu richten.

Der Wille der Mitglieder wird durch Beschluß in einer Versammlung derselben festgestellt. Bei der Beschlußfassung entscheidet die Mehrheit der in der Versammlung erschienenen Mitglieder. Zur Gültigkeit eines Beschlusses ist erforderlich, daß der Gegenstand desselben bei Einberufung der Mitglieder zur Versammlung bezeichnet ist.

Ein auf der Zustimmung aller Mitglieder beruhender Beschluß ist auch dann gültig, wenn er nicht in einer Versammlung der Mitglieder gefaßt worden ist.

Bei der Beschlußfassung über ein zwischen der Körperschaft und einem Mitgliede einzugehendes Rechtsgeschäft oder über die Einleitung oder die Erledigung eines Rechtsstreites zwischen der Körperschaft und einem Mitgliede ist das beteiligte Mitglied nicht stimmberechtigt.

Zur Gültigkeit eines Beschlusses, durch welchen die Verfassung abgeändert wird, bedarf es der Zustimmung aller Mitglieder, insbesondere auch derjenigen, welche in der zur Beschlußfassung einberufenen Versammlung nicht erschienen sind.

Die Vorschriften des ersten bis fünften Absatzes finden nur insoweit Anwendung, als nicht die Verfassung ein anderes bestimmt.

§ 49.

Das Vermögen einer erloschenen Körperschaft fällt an denjenigen, welcher in der Verfassung und, sofern weder diese noch ein Reichsgesetz eine Anordnung enthält, in den Landesgesetzen des Ortes, an welchem die Körperschaft ihren Sitz hatte, als der Anfallberechtigte bestimmt ist.

Das Vermögen ist zunächst zur Befriedigung der Gläubiger der Körperschaft zu verwenden. Die Vorschriften über die in Ermangelung anderer Erben dem Fiskus anfallenden Erbschaften finden entsprechende Anwendung und dies auch dann, wenn der Anfallberechtigte nicht der Fiskus ist. Sofern jedoch das Vermögen unter die Mitglieder der Körperschaft zu verteilen ist, muß die Liquidation nach Maßgabe der §§ 50 bis 56 erfolgen.

§ 50.

Die Liquidation geschieht durch den Vorstand.

Zu Liquidatoren können auch andere Personen bestellt werden. Die Bestellung der letzteren erfolgt nach Maßgabe der für die Bestellung des Vorstandes geltenden Vorschriften.

Sind Liquidatoren nicht oder nicht in der erforderlichen Zahl vorhanden, so hat das Amtsgericht, in dessen Bezirke die Körperschaft ihren Sitz hatte, auf Antrag eines Beteiligten, soweit nötig, für die Zeit bis zur Beseitigung des Mangels an Stelle der fehlenden Person eine andere als Liquidator zu bestellen.

Die Liquidatoren haben, soweit nicht aus dem Zwecke der Liquidation ein anderes sich ergibt, die Rechte und Pflichten des Vorstandes. Auch finden die Vorschriften des § 44 Abs. 6 Satz 1, des § 45 Satz 2 und des § 46 entsprechende Anwendung.

§ 51.

Die Liquidatoren haben die laufenden Geschäfte der erloschenen Körperschaft zu beendigen, die Gläubiger zu befriedigen, die Forderungen der Körperschaft einzuziehen, das übrige Vermögen in Geld umzusetzen und den verbleibenden Überschuß unter die Mitglieder zu verteilen. Zur Beendigung schwebender Geschäfte können die Liquidatoren auch neue Geschäfte eingehen.

Bis zur Beendigung der Liquidation ist die Körperschaft noch insoweit als fortbestehend anzusehen, als es der Zweck der Liquidation zuläßt und erfordert.

§ 52.

Das Erlöschen der Körperschaft ist durch die Liquidatoren öffentlich bekannt zu machen. In der Bekanntmachung sind die

Gläubiger zur Anmeldung ihrer Ansprüche aufzufordern. Die Bekanntmachung erfolgt durch Einrückung in das Blatt, welches zur Veröffentlichung amtlicher Bekanntmachungen des Amtsgerichtes, in dessen Bezirke die Körperschaft ihren Sitz hatte, bestimmt ist. Sie gilt als bewirkt mit Ablauf des zweiten Tages nach der Einrückung oder der ersten Einrückung.

Bekannte Gläubiger sind durch besondere Mitteilung zur Anmeldung aufzufordern.

§ 53.

Die Verteilung des Vermögens unter die Mitglieder darf erst nach Ablauf eines Jahres seit der im § 52 vorgeschriebenen Bekanntmachung vollzogen werden.

§ 54.

Hat ein bekannter Gläubiger sich nicht gemeldet und ist die Berechtigung zur öffentlichen Hinterlegung vorhanden, so muß die letztere erfolgen.

Kann die Befriedigung eines Gläubigers zur Zeit nicht erfolgen, so darf die Verteilung des Vermögens unter die Mitglieder erst vollzogen werden, nachdem dem Gläubiger Sicherheit geleistet worden ist; es gilt dies insbesondere in Ansehung noch schwebender oder streitiger Verbindlichkeiten der Körperschaft.

§ 55.

Ergibt sich, daß das Vermögen überschuldet ist, so sind die Liquidatoren verpflichtet, unverzüglich die Eröffnung des Konkurses zu beantragen.

§ 56.

Liquidatoren, welche die nach den §§ 52 bis 55 ihnen obliegenden Verpflichtungen verletzen oder aus Vorsatz oder Fahrlässigkeit Vermögen unter die Mitglieder vor Befriedigung der Gläubiger verteilen, haften den Gläubigern für den Ersatz des daraus entstandenen Schadens als Gesamtschuldner.

§ 57.

In Ansehung des Konkurses über das Vermögen einer Körperschaft finden die Vorschriften der §§ 193, 194 der Konkursordnung entsprechende Anwendung.

§ 63.

Die landesgesetzlichen Vorschriften, nach welchen dem Fiskus juristische Persönlichkeit zusteht, bleiben unberührt.[1])

---

## Beilage II.

# Sächsisches Gesetz,

## die juristischen Personen betreffend,[2])

vom 15. Juni 1868. (G.=V.=Bl. Nr. 86. S. 31.)

§ 1. Gegenwärtiges Gesetz leidet Anwendung auf alle juristischen Personen mit Ausnahme der dem öffentlichen Rechte angehörigen oder durch besondere Gesetze bereits geregelten juristischen Personen, z. B. Gemeinden, Kreis= und Provinzial=

[1]) Beschlossen ist, in das Einführungsgesetz insbesondere die Bestimmung aufzunehmen:

> Die landesgesetzlichen Vorschriften über die Verwaltung und Beaufsichtigung der Körperschaften und Stiftungen, über die Beschränkung der Erwerbsfähigkeit derselben sowie über die Zulässigkeit des Konkurses über das Vermögen der im § 15 Nr. 4 des Einführungsgesetzes zur Civilprozeßordnung vom 30. Januar 1877 bezeichneten juristischen Personen bleiben unberührt.

[2]) Im Anschluß an §§ 52 flg. d. Sächs. Bürg. Gesetzbuchs v. 2. Jan. 1863 erlassen.

Das klein Gedruckte bezieht sich auf die nun durch die reichsrechtliche Regelung gegenstandslosen Bestimmungen über die Aktiengesellschaften und Genossenschaften mit beschränkter und unbeschränkter Haftpflicht.

stände, Berggewerkschaften, Innungen, Unterstützungskassen, hinsichtlich deren eine gesetzliche Pflicht zu Beisteuern besteht. Für solche bleiben die darauf bezüglichen besonderen Vorschriften maßgebend.

Inwieweit gegenwärtiges Gesetz auf Handelsaktiengesellschaften anzuwenden ist, wird im § 55 bestimmt.

§ 2. Die sogenannten Altgemeinden können, unbeschadet des Rechtes ihrer Mitglieder, unter den gesetzlichen Voraussetzungen auf Teilung der gemeinschaftlichen Grundstücke anzutragen, über Verwaltung und Veräußerung des gemeinschaftlichen Vermögens nach § 55 des Bürgerlichen Gesetzbuchs Beschluß fassen.

## I. Von juristischen Personen im allgemeinen.

§ 3. Jede juristische Person muß einen bestimmt bezeichneten Zweck haben.

§ 4. Juristische Personen haben ihren ordentlichen Gerichtsstand an dem Orte, an welchem sich der Sitz ihrer Verwaltung befindet.

§ 5. Ob ein Personenverein, eine Anstalt oder Vermögensmasse gegenwärtig bereits die juristische Persönlichkeit besitze, ist in jedem einzelnen Falle nach den bisher geltend gewesenen Grundsätzen zu beurteilen.

§ 6. Von Beginn der Wirksamkeit des gegenwärtigen Gesetzes an erfolgt die nach § 52 des Bürgerlichen Gesetzbuchs erforderliche Staatsanerkennung folgendermaßen:

a) für Stiftungen und Anstalten, welche zu dauernden kirchlichen, mildthätigen oder gemeinnützigen Zwecken selbständig errichtet sind, genügt hierzu die Genehmigung der Stiftung oder Anstalt und ihres Zweckes durch die kompetente Verwaltungsbehörde.

Stiftungen und Anstalten oder Vermögensmassen, welche anderen Zwecken dienen, bedürfen der ausdrücklichen Anerkennung als juristische Person Seitens der gedachten Behörde.

b) Personenvereine (Genossenschaften) erlangen die juristische

Persönlichkeit durch den Eintrag in das § 70 vorgeschriebene Genossenschaftsregister.

§ 7. Werden für juristische Personen Ausnahmen von bestehenden Gesetzen in Anspruch genommen, so bedarf es hiezu der Genehmigung des kompetenten Ministeriums. Nach deren Erteilung sind solche Ausnahmen im Gesetz- und Verordnungsblatte bekannt zu machen.

§ 8. Die Vertretung und Verwaltung von Stiftungen ist, wenn bei deren Begründung darüber keine Bestimmung getroffen worden ist, von der Behörde, welcher die Genehmigung oder Anerkennung zusteht, zu regeln.

§ 9. Juristische Personen der § 6 unter a gedachten Art können, soweit dies überhaupt statthaft ist, nur durch eine Verfügung der kompetenten Verwaltungsbehörde erlöschen.

## II. Von Genossenschaften insbesondere.

### Allgemeine Grundsätze.

§ 10. Personenvereine, welche die Rechte einer juristischen Person erlangen wollen (Genossenschaften), müssen ein schriftliches Statut errichten.

§ 11. Das Statut muß aussprechen, daß die Genossenschaft juristische Persönlichkeit haben soll, auch insbesondere angeben:

1. den Namen (oder die Firma), unter welchem die Genossenschaft die Rechte der juristischen Person ausüben will,
2. einen im Inlande gelegenen Sitz derselben,
3. den Zweck der Genossenschaft,
4. die Bedingungen für die Aufnahme und für das freiwillige Ausscheiden oder die Ausschließung der Mitglieder,
5. die Dauer der Vereinigung, dafern eine solche im Voraus festgesetzt ist,
6. Bestimmung darüber, ob und welche Geldleistungen die Mitglieder für den Zweck der Genossenschaft übernehmen, insbesondere ob die Verpflichtung zu dergleichen Leistungen (Haftpflicht) im voraus ihrem Umfange nach bestimmt (beschränkt), oder nach dem Bedarfe bemessen (unbeschränkt) sein soll,

7. Bestimmung darüber, ob der Vorstand aus einer oder mehreren Personen bestehen soll und wie er zu bestellen sei,

8. die der Beschlußfassung aller Mitglieder vorbehaltenen Gegenstände und die Art der Beschlußfassung selbst, insoweit solche von der Vorschrift im § 55 des Bürgerlichen Gesetzbuchs abweichen soll,

9. die Art der Zusammenberufung der Mitglieder, soweit eine solche stattfindet, und das denselben in dergleichen Versammlungen oder sonst zukommende Stimmrecht,

10. die Art, in welcher die in dem Statute vorgeschriebenen Bekanntmachungen zu erfolgen haben, und in Fällen, wo die Bekanntmachung durch öffentliche Blätter geschehen soll, die Angabe der letzteren,

11. bei Erwerbsgesellschaften die Vorschriften über Aufstellung und Prüfung der jährlichen Bilanz, Berechnung und Verteilung des Gewinns, ingleichen über die Verwendung, beziehentlich Verteilung des Vermögens im Falle der Auflösung, soweit hierüber nicht das Gesetz bereits Bestimmungen enthält (§ 25 Abs. 1, §§ 34, 45 und 46).

Die Mitglieder der Genossenschaft sind als solche nur der letzteren, nicht Dritten gegenüber verpflichtet. Soll aber von denselben außer ihrer Haftpflicht gegen die Genossenschaft (Nr. 6 oben) auch noch eine Verbindlichkeit zu direkter Haftung gegen die Gläubiger der Genossenschaft übernommen werden, so muß das Statut auch die nötigen Bestimmungen über Umfang und Dauer dieser Haftpflicht, sowie über die Voraussetzungen ihres Eintritts enthalten.

§ 12. Der Name der Genossenschaft (§ 11 Nr. 1) darf nicht Namen einzelner Personen enthalten, auch nicht zu Verwechselungen mit anderen Genossenschaften oder Anstalten oder mit bestehenden Handelsfirmen Veranlassung geben.

§ 13. Der gemeinsame Zweck kann, soweit das Statut nicht etwas anderes bestimmt, nur durch Übereinstimmung aller Mitglieder geändert werden.

§ 14. Durch das Statut kann auch eine von den gesetzlichen Vorschriften abweichende Form für die Legitimation der Genossenschaftsvertreter vorgeschrieben werden, ohne daß es dazu der § 7 gedachten Genehmigung bedarf.

§ 15. Für Verbindlichkeiten, welche vor Zusammentritt der Genossenschaft oder vor Erlangung der juristischen Persönlichkeit für dieselbe in deren Namen von einzelnen Personen eingegangen worden sind, haben diese Personen, wenn nicht unter den Beteiligten etwas anderes bestimmt worden, so lange als Selbstschuldner und Gesamtschuldner zu haften, bis die Genossenschaft, als juristische Person, die Haftung übernommen hat.

§ 16. Das Statut ist in gehörig vollzogenem Originale bei dem Gerichte (§ 4) einzureichen und dort mindestens eine beglaubigte Abschrift zu jedermanns Einsicht niederzulegen.

Das Gleiche gilt von allen Abänderungen des Statuts.

Ebenso hat jede Genossenschaft die Personen ihrer Vorstandsmitglieder und die bei denselben vorkommenden Veränderungen unter Beifügung der erforderlichen Legitimationen bei dem Gerichte anzuzeigen.

Genossenschaften, deren Zweck in gewerbmäßiger Betreibung von Handelsgeschäften besteht, haben die Niederlegung ihres Statuts und die vorerwähnte Anzeige bei dem Handelsgerichte zu bewerkstelligen.

§ 17. Die Verteilung eines Mehreren als des reinen Gewinns unter die Mitglieder ist nicht gestattet.

Zinsen von bestimmter Höhe dürfen für dieselben wegen der von ihnen gemachten Einlagen weder bedungen, noch ausgezahlt werden (vergl. aber § 47).

§ 18. Die Genossenschaft wird durch ihren Vorstand sowohl gegen die einzelnen Mitglieder, als gegen Dritte gerichtlich und außergerichtlich vertreten.

Von dem Vorstande werden auch die der Genossenschaft obliegenden Eide geleistet.

Die Bestellung des Vorstands ist jederzeit widerruflich, unbeschadet der Entschädigungsverbindlichkeiten aus bestehenden Verträgen.

Die Handlungen der dem Gerichte angezeigten oder nach § 14 legitimierten Vorstandsmitglieder bleiben gültig und für die Genossenschaft verbindlich, wenn sich auch später etwa die Ungültigkeit ihrer Wahl ergeben sollte.

§ 19. Genossenschaften können eine in den Personen des Vorstands vorgekommene Veränderung einem Dritten nur dann entgegensetzen, wenn dieselbe in das Genossenschaftsregister eingetragen (vergl. §§ 16 und 71) und bei Genossenschaften, welche die Legitimation ihres Vorstands durch Bekanntmachung in öffentlichen Blättern bewirken (§ 11 Nr. 10), überdies die öffentliche Bekanntmachung statutenmäßig erfolgt oder dem Dritten bei Abschluß des Geschäfts die Änderung bekannt gewesen ist. Ist die Änderung eingetragen und beziehentlich öffentlich bekannt gemacht worden, so muß jeder Dritte dieselbe gegen sich gelten lassen, sofern nicht durch die Umstände die Annahme begründet ist, daß er die Änderung bei Abschluß des Geschäfts weder gekannt habe, noch habe kennen müssen.

§ 20. Der Vorstand ist der Genossenschaft gegenüber verpflichtet, die ihm durch das Statut oder durch Beschlüsse der Genossenschaft auferlegten Beschränkungen einzuhalten.

Gegen dritte Personen haben jedoch dergleichen Beschränkungen keine rechtliche Wirkung. Dies gilt insbesondere für den Fall, daß die Vertretung sich nur auf gewisse Geschäfte oder Arten von Geschäften erstrecken, oder nur unter gewissen Umständen oder für eine gewisse Zeit oder an einzelnen Orten stattfinden soll, oder daß die Zustimmung der Generalversammlung, eines Verwaltungsrats, eines Aufsichtsrats oder eines anderen Organs der Genossenschaft für einzelne Geschäfte erfordert ist.

§ 21. Wenn der Vorstand aus mehreren Mitgliedern besteht, so ist zu bindenden Erklärungen für die Genossenschaft, insoweit das Statut nicht etwas anderes bestimmt, die Zustimmung sämtlicher Mitglieder erforderlich.

Zur gültigen Behändigung an die Genossenschaft genügt die Behändigung an ein Vorstandsmitglied.

§ 22. Der Vorstand beruft und leitet die nach dem Statute stattfindenden Versammlungen der Mitglieder, soweit nicht statutarisch oder nach den Gesetzen noch andere Personen dazu ermächtigt sind.

Eine solche Versammlung muß auch dann zusammenberufen werden, wenn der zehnte Teil der Mitglieder, oder bei Aktiengesellschaften ein oder mehrere Mitglieder, welche mindestens den zehnten Teil des Gesellschaftskapitals vertreten, darauf antragen. Das

Statut kann diese Quote erhöhen oder verringern, oder auch die Berufung einer Generalversammlung auf Antrag einer bestimmten Zahl von Mitgliedern vorschreiben.

§ 23. Die Gegenstände, über welche in einer Versammlung sämtlicher Mitglieder (Generalversammlung) Beschluß gefaßt werden soll, sind — insofern nicht das Statut hierunter besondere Beschränkungen enthält — bei der Zusammenberufung der Mitglieder mit anzuzeigen. Jedenfalls muß dies geschehen, wenn es sich um Änderung des Statuts, Auflösung der Genossenschaft oder Beschlüsse der § 53 gedachten Art[1]) handelt. Ohne diese Anzeige kann ein gültiger Beschluß nicht gefaßt werden.

Auf bloß formelle Beschlüsse, wie die Wahl von begutachtenden Ausschüssen, die Einberufung einer außerordentlichen Versammlung, ingleichen auf Beschlüsse über Gegenstände, welche nach den Statuten von dem Vorstande oder anderen Genossenschaftsorganen erledigt werden können, leidet obige Vorschrift keine Anwendung.

§ 24. In Genossenschaften, bei welchen das Stimmrecht der Mitglieder nicht gleich, sondern nach Verhältnis ihres Einschusses zum Gesellschaftskapitale oder nach der Höhe ihrer Versicherung u. s. w. verschieden ist, wird die § 55 des Bürgerlichen Gesetzbuchs zu Fassung gültiger Beschlüsse erforderte Hälfte nicht nach der Kopfzahl, sondern nach dem Gesellschaftskapitale u. s. w. berechnet.

§ 25. Der Vorstand hat Sorge zu tragen, daß über alle Beschlüsse der § 11 Nr. 8 gedachten Art, sowie des Vorstands selbst, dafern letzterer aus mehreren Personen besteht, wahrheitsgetreue Niederschriften aufgenommen, auch die zur Übersicht der Vermögenslage der Genossenschaft erforderlichen Bücher geführt werden. Er muß spätestens in den ersten sechs Monaten jedes Geschäftsjahres die Rechnung des verflossenen Jahres vorlegen, doch kann diese Frist statutarisch auf ein Jahr verlängert werden.

Die für die Genossenschaft geführten Bücher genügen den Mitgliedern gegenüber zum Beweise einer der Genossenschaft

[1]) Verteilung des Gesellschaftsvermögens unter die Mitglieder.

obliegenden Verbindlichkeit, und die in Generalversammlungen aufgenommenen Protokolle haben, wenn sie von dem die Verhandlung leitenden Vorsitzenden und mindestens zwei anderen, bei den Beschlüssen mitwirkenden Personen nach dem Vorlesen unterschrieben sind, gegen die Genossenschaftsmitglieder volle Beweiskraft.

Sämtliche Niederschriften und Bücher sind während zehn Jahren, vom Tage der Aufnahme, beziehentlich des letzten darin geschehenen Eintrags an gerechnet, aufzubewahren. Dasselbe gilt in betreff der Geschäftsbriefe, Inventuren und Bilanzen.

§ 26. Sobald sich die Unfähigkeit einer Genossenschaft, ihre Schuldverbindlichkeiten ganz zu erfüllen, ergibt, ist dem Gerichte vom Vorstande Anzeige davon zu machen, auch jede Zahlung zu unterlassen.

§ 27. Der Vorstand hat darüber zu wachen, daß der statutarische Zweck nicht überschritten wird, und ist, wenn gesetzwidrige Zwecke verfolgt oder ohne die § 72 Abs. 2 erforderte Genehmigung öffentliche Angelegenheiten zum Gegenstande der Beratung oder Beschlußfassung gemacht werden, mit einer Geldbuße bis zu zweihundert Thalern zu belegen.

Die Unterlassung der § 26 vorgeschriebenen Anzeige zieht Gefängnisstrafe bis zu drei Monaten nach sich. Übersteigt die Gefängnisstrafe nicht die Dauer von sechs Wochen, so kann statt der derselben auf Geldstrafe bis zu einhundert Thalern erkannt werden.

Jede Unterlassung anderer, dem Vorstande im gegenwärtigen Gesetze vorgeschriebenen Anzeigen ist, ebenso wie jede falsche Anzeige, außer der etwa verwirkten Kriminalstrafe, mit einer Geldbuße bis zu zwanzig Thalern zu ahnden.

Diese sämtlichen Strafen sind von dem Gerichte zuzuerkennen.

Übrigens werden, so oft der Vorstand gegen die Gesetze oder gegen das Statut handelt, dessen Mitglieder dadurch, soweit nicht einzelne derselben den Beweis führen, daß ihnen dabei keine Verschuldung zur Last fällt, als Gesamtschuldner verpflichtet.

§ 28. Ist nach dem Statute ein Organ zur Überwachung des Vorstands oder der Genossenschaftsverwaltung überhaupt (Aufsichtsrat, Ausschuß ꝛc.) bestellt, so kann derselbe sich von dem Gange der Angelegenheiten der Gesellschaft unterrichten, die Bücher und Schriften derselben jederzeit einsehen und den Bestand der Gesellschaftskasse untersuchen. Ihm steht nicht nur gleich dem Vorstande das Recht zur Berufung der Generalversammlung und zu Ernennung des Vorsitzenden in letzterer zu, sondern es ist dieses Aufsichtsorgan auch ermächtigt, die Genossenschaft gegen den Vorstand gerichtlich und außergerichtlich zu vertreten, erforderlichen Falles den letzteren bis zur Entscheidung der Genossenschaft (§ 11 Nr. 8) zu suspendieren und wegen einstweiliger Besorgung seiner Geschäfte das Nötige zu verfügen.

Hinsichtlich der Verantwortlichkeit der Aufsichtsorgane findet die Bestimmung im § 27 Abs. 5 Anwendung.

§ 29. Die juristische Persönlichkeit einer Genossenschaft erlischt außer den im § 56 des Bürgerlichen Gesetzbuchs gedachten Fällen auch dann, wenn sämtliche Mitglieder ausgeschieden sind.

§ 30. Die Auflösung von Genossenschaften findet statt:

a) nach Ablauf der im Statute bestimmten Zeit (§ 11 Nr. 5),

b) wenn die Genossenschaft dieselbe beschließt,

c) wenn das Recht der juristischen Persönlichkeit erloschen ist.

§ 31. Jede Auflösung ist sofort dem § 16 gedachten Gerichte anzuzeigen, auch nach erfolgtem Eintrage in das Genossenschaftsregister (vergl. § 71) von dem Vorstande unverzüglich einmal im Amtsblatte des Gerichts und dreimal in der Leipziger Zeitung bekannt zu machen.

Durch diese Bekanntmachungen sind zugleich die Gläubiger aufzufordern, sich bei der Genossenschaft zu melden.

§ 32. Die aus den Büchern ersichtlichen oder in anderer Weise bekannten Gläubiger der Genossenschaft sind hiezu außerdem durch besondere Erlasse aufzufordern. Unterlassen sie die

Anmeldung, so ist der Betrag ihrer Forderungen gerichtlich niederzulegen.

Das letztere muß auch in Ansehung der noch schwebenden Verbindlichkeiten und streitigen Forderungen geschehen, sofern nicht die Verteilung des Genossenschaftsvermögens bis zu deren Erledigung ausgesetzt bleibt, oder den Gläubigern eine angemessene Sicherstellung gewährt wird.

§ 33. Die Bücher und § 25 erforderten Vorschriften der aufgelösten Genossenschaft sind an einem in Mangel eines Beschlusses der letzteren von dem kompetenten Gerichte (§ 16) zu bestimmenden sicheren Orte auf die Dauer von zehn Jahren aufzubewahren und steht den vormaligen Mitgliedern, sowie deren Rechtsnachfolgern, die Einsicht derselben frei.

§ 34. Die Verteilung des Genossenschaftsvermögens darf in keinem Falle früher stattfinden, als nach Ablauf eines Jahres, von dem Tage an gerechnet, an welchem die § 31 vorgeschriebene Bekanntmachung der Auflösung zum dritten Male abgedruckt worden ist.

Im Falle der Zuwiderhandlung sind die Mitglieder des Vorstands und die sonstigen Genossenschaftsorgane nach Maßgabe von §§ 27 und 28 als Gesamtschuldner zu Erstattung der geschehenen Zahlungen verpflichtet.

§ 35. Auf den Fall, wenn die Auflösung einer Genossenschaft mit der Eröffnung des Konkurses zu ihrem Vermögen verbunden ist, leiden die Vorschriften in §§ 31 bis 34 keine Anwendung. Es ist aber den Bestimmungen der Konkursgesetzgebung nachzugehen.

§ 36. Der für eine Genossenschaft begründete Gerichtsstand bleibt für dieselbe auch nach der Auflösung oder dem Erlöschen der juristischen Persönlichkeit bis zur Beendigung der Liquidation bestehen.

Ebenso bleiben die Vertreter einer Genossenschaft, wenn nicht durch die Statuten oder durch einen Genossenschaftsbeschluß etwas anderes bestimmt ist, berechtigt und verpflichtet, die zur Liquidation erforderlichen Geschäfte zu erledigen und insoweit die bisherige juristische Person zu vertreten Es können auch zu diesem Zwecke später noch Vorstandswahlen vorgenommen werden.

Werden mit der Liquidation besondere Personen (Liquidatoren) beauftragt, so leiden auf sie alle auf den Vorstand bezüglichen Vorschriften Anwendung.

§ 37. Die Vorstandsmitglieder oder sonstigen Liquidatoren sind auch nach dem Auflösungsbeschlusse und überhaupt während der Dauer der Liquidationsgeschäfte zu Erstattung der § 26 vorgeschriebenen Anzeige gehalten.

§ 38. Auf Genossenschaften, welche ausschließlich kirchliche, milde oder gemeinnützige Zwecke verfolgen, leiden die Vorschriften im § 20 Abs. 2, § 22 Abs. 2, § 23, § 25 Abs. 1 und 3, §§ 32 bis 34 keine Anwendung. Doch hat auch hier der Vorstand die zur Übersicht der Vermögenslage erforderlichen Bücher zu führen und für treue Niederschrift der § 11 Nr. 8 gedachten Beschlüsse zu sorgen.

## III. Von dem Verfahren der Behörden.

§ 70. Bei jedem Gerichte (§ 16) ist ein Genossenschaftsregister zu halten, deren Einsicht jedem freisteht. Bei den Handelsgerichten ist dasselbe mit dem Handelsregister zu verbinden.

§ 71. In dieses Register sind nach Einreichung des Statuts (§ 16) der Name der Genossenschaft und deren Statut, sowie spätere Änderungen des letzteren, ingleichen die legitimierten Mitglieder des Vorstands, ferner die Auflösung der Genossenschaft (§ 31) und die von derselben nach § 41 Abs. 2 gefaßten Beschlüsse, endlich der Beschluß, auf die juristische Persönlichkeit zu verzichten, einzutragen.

Durch diesen Eintrag erhält der zuletzt gedachte Beschluß die § 56 des Bürgerlichen Gesetzbuchs erforderte Genehmigung.

Abänderungen des Statuts erlangen gegen Nichtmitglieder erst mit dem Eintrage rechtliche Wirkung.

§ 72. Vor dem Eintrage hat das Gericht zu prüfen, ob das Statut oder die Statutenänderungen dem gegenwärtigen

Gesetze entsprechen und nichts Gesetzwidriges enthalten, nicht minder, ob die einzutragenden Beschlüsse in gültiger Weise gefaßt worden sind.

Personenvereine, deren Zweck sich auf öffentliche Angelegenheiten bezieht, dürfen nur dann in das Genossenschaftsregister eingetragen werden, wenn das Ministerium des Innern hiezu ausdrücklich seine Genehmigung erteilt hat. Das Gleiche gilt von späteren Abänderungen der Statuten solcher Vereine.

§ 73. Dem Ermessen des Gerichts bleibt es überlassen, für das Statut und Statutenänderungen gerichtliche oder notarielle Beurkundung zu verlangen. Zum Beitritte der einzelnen Mitglieder genügt jede rechtsverbindliche Erklärung.

§ 74. Nach dem Eintrage einer neu errichteten Genossenschaft ist auf deren Kosten im Amtsblatte und in der Leipziger Zeitung bekannt zu machen, daß die Genossenschaft als juristische Person eingetragen worden ist.

§ 75. Das Gericht kann juristische Personen und deren Vertreter zu Befolgung der ihnen obliegenden Verpflichtungen durch Ordnungsstrafen bis zum Betrage von 50 Thalern, welche im Falle des Ungehorsams angemessen zu erhöhen sind, anhalten.

Dasselbe ist berechtigt, die bei der Genossenschaft nach § 25 in Verbindung mit § 11 Nr. 8 aufgenommenen Niederschriften jederzeit einzusehen.

§ 76. Wenn und so lange eine juristische Person keine gehörig legitimierten Vertreter haben sollte, kann das § 16 gedachte Gericht solche auf Kosten der ersteren bestellen. Es ist jedoch diesfalls stets auf baldthunliche Herstellung der statutenmäßigen Vertretung hinzuwirken.

§ 77. Der Vorstand einer Genossenschaft hat, wenn es das Gericht anordnet, eine Genossenschaftsversammlung zu berufen.

Ist kein Vorstand vorhanden oder kommt letzterer der Anordnung nicht sofort nach, so kann das Gericht auf Kosten der Genossenschaft selbst die Generalversammlung zusammenberufen und mit dem Vorsitze in derselben ein geeignetes Mitglied der

Genossenschaft, oder, wenn ein solches nicht sofort zu erlangen, einen Beamten oder Notar beauftragen.

§ 78. Die Entziehung des Rechtes der Persönlichkeit kann durch das Gericht dann erfolgen, wenn

1. eine juristische Person ihre Wirksamkeit auf gesetzwidrige Zwecke oder, ohne die § 72 Abs. 2 erforderte Genehmigung, auf öffentliche Angelegenheiten richtet,
2. wenn sich die Zahlungsunfähigkeit der juristischen Person ergibt.

Hinsichtlich der Stiftungen bewendet es bei den Bestimmungen im § 60 der Verfassungsurkunde.

§ 79. Gegen die vom Gerichte nach diesem Gesetze gefaßten Entschließungen kann eine Beschwerde zunächst an das Appellationsgericht, als Aufsichtsbehörde, gegen dessen Entschließung weiter an das Ministerium der Justiz eingewendet werden.

§ 80. Jede Entziehung des Rechtes der Persönlichkeit ist auf Kosten der juristischen Person im Amtsblatte des § 16 gedachten Gerichts, in der Leipziger Zeitung und in den durch das Statut etwa bestimmten anderen Blättern bekannt zu machen.

§ 81. Ist für den Fall der Auflösung einer Genossenschaft über die Verteilung oder sonstige Verwendung ihres Vermögens statutarische Bestimmung getroffen, so ist derselben auch in den § 78 unter 1 gedachten Fällen nachzugehen und, soweit nötig, vom Gerichte auf Kosten der Genossenschaft das erforderliche zu verfügen.

## Schlußbestimmung.

§ 82. Auf die bei Erlaß des gegenwärtigen Gesetzes bereits bestehenden juristischen Personen leidet in Bezug auf den von ihnen bereits geführten Namen § 12 keine Anwendung, auch wird die Fortdauer ihrer juristischen Persönlichkeit nicht durch die Befolgung der über deren Erwerb in gegenwärtigem Gesetze enthaltenen Vorschriften bedingt, und treten für sie § 18 Abs. 3, § 20 Abs. 2, und § 67 erst ein Jahr nach Beginn der Wirksamkeit des Gesetzes in Kraft.

Genossenschaften dieser Art haben die § 16 Abs. 3, und § 66 vorgeschriebenen Anzeigen zum ersten Male binnen vier Wochen nach Inkrafttreten dieses Gesetzes zu erstatten,[1]) auch in derselben Frist der Vorschrift im § 16 Abs. 1 nachzukommen, und sind nach dessen Erfolg in das Genossenschaftsregister einzutragen.

Endlich bleiben Abweichungen von § 4 und § 11 Nr. 2, ebenso wie von den Vorschriften im § 42 Satz 2, und § 44 auf Grund eines vor Erlassung gegenwärtigen Gesetzes abgeschlossenen Gesellschaftsvertrags, selbst wenn die Genossenschaft erst später die juristische Persönlichkeit erlangt, so lange in Geltung, bis das Statut in dieser Beziehung geändert wird.

Insoweit in Statuten, welche vor Erlassung dieses Gesetzes errichtet sind, zu Abänderung derselben oder zur Auflösung der Genossenschaft die ausdrückliche Genehmigung der Staatsregierung erfordert wird, ist dennoch auch in dieser Beziehung nur den Vorschriften dieses Gesetzes nachzugehen. Es kann jedoch durch solche Statutenänderung eine der Genossenschaft etwa bewilligte und dem öffentlichen Rechte angehörige Begünstigung z. B. die Ausgabe unzinsbarer Noten, Befreiung von der Stempelsteuer u. s. w., ohne ausdrückliche staatliche Genehmigung weder verlängert noch verändert werden.

## Beil. Nr. III

zu Art. 37 des Ges. v. 29./IV. 1869, Gesetz die privatrechtliche Stellung von Vereinen betr.

§ 24. Die in dem Königreiche bestehenden drei christlichen Glaubens-Konfessionen sind als öffentliche Kirchen-Gesellschaften mit gleichen bürgerlichen und politischen Rechten, nach den unten folgenden näheren Bestimmungen anerkannt.

---

[1]) Diese Anzeigen sind stempelfrei, die Einträge gebührenfrei: Sächs. Ausf.-Ver. v. 23. Juli 1868 § 13.

§ 25. Den nicht christlichen Glaubens-Genossen ist zwar nach §§ 1 und 2 eine vollkommene Religions- und Gewissens-freiheit gestattet; als Religions-Gesellschaften und in Beziehung auf Staatsbürgerrecht aber sind sie nach den über ihre bürgerlichen Verhältnisse bestehenden besonderen Gesetzen und Verordnungen zu behandeln.

§ 26. Religions- oder Kirchen-Gesellschaften, die nicht zu den bereits gesetzlich aufgenommenen gehören, dürfen ohne ausdrückliche Königliche Genehmigung nicht eingeführt werden.

§ 27. Sie müssen vor der Aufnahme ihre Glaubensformeln und innere kirchliche Verfassung zur Einsicht und Prüfung dem Staatsministerium des Innern vorlegen.

§ 28. Die mit ausdrücklicher Königlicher Genehmigung aufgenommenen Kirchen-Gesellschaften genießen die Rechte öffentlicher Korporationen.

§ 44. Die in dem Königreiche als öffentliche Korporationen aufgenommenen Kirchen sind berechtigt, Eigentum zu besitzen, und nach den hierüber bestehenden Gesetzen auch künftig zu erwerben.

§ 45. Die Eigentumsfähigkeit der nicht öffentlichen Kirchen-Gesellschaften wird nach ihrer Aufnahmsurkunde, oder wenn in dieser darüber nichts festgesetzt ist, nach den Rechten der Privat-Gesellschaften bestimmt.

§ 76. Unter Gegenständen gemischter Natur werden diejenigen verstanden, welche zwar geistlich sind, aber die Religion nicht wesentlich betreffen, und zugleich irgend eine Beziehung auf den Staat und das weltliche Wohl der Einwohner desselben haben.

Dahin gehören:

a. alle Anordnungen über den äußern Gottesdienst, dessen Ort, Zeit, Zahl ꝛc.;

b. Beschränkung oder Aufhebung der nicht zu den wesentlichen Teilen des Kultus gehörigen Feierlichkeiten, Prozessionen, Nebenandachten, Ceremonien, Kreuzgänge und Bruderschaften;

c. Errichtung geistlicher Gesellschaften und sonstiger Institute und Bestimmung ihrer Gelübde;
d. organische Bestimmungen über geistliche Bildungs-, Verpflegs- und Straf-Anstalten;
e. Einteilung der Diözesen, Dekanats- und Pfarr-Sprengel;
f. alle Gegenstände der Gesundheitspolizei, insoweit diese kirchliche Anstalten mit berühren.

§ 77. Bei diesen Gegenständen dürfen von der Kirchengewalt ohne Mitwirkung der weltlichen Obrigkeit keine einseitigen Anordnungen geschehen.

## Beilage Nr. IV.

Zu Art. 26, 28 u. 31 des Ges. v. 29./IV. 1869 die privatrechtl. Stellung v. Vereinen betr.

### a. Einführungs-Gesetz zur Konkursordnung v. 10. Febr. 1877.

§ 6. Die Bestimmungen der §§ 193, 194, 196, 214 der Konkursordnung finden auf Vereine und registrierte Gesellschaften, welche auf Grund des bayerischen Gesetzes vom 29. April 1869, betreffend die privatrechtliche Stellung der Vereine sowie der Erwerbs- und Wirtschafts-Gesellschaften bestehen, entsprechende Anwendung.

### b. Konkursordnung für das Deutsche Reich v. 10. Febr. 1877.

§ 97. Der Antrag eines Gläubigers auf Eröffnung des Verfahrens ist zuzulassen, wenn die Forderung des Gläubigers und die Zahlungsunfähigkeit des Gemeinschuldners glaubhaft gemacht werden.

Wird der Antrag zugelassen, so hat das Gericht den Schuldner zu hören und, sofern dieser nicht seine Zahlungsunfähigkeit oder Zahlungseinstellung einräumt, die erforderlichen Ermittelungen anzuordnen.

Die Anhörung des Schuldners kann unterbleiben, wenn sie eine öffentliche Zustellung, oder eine Zustellung im Auslande erfordert; in diesem Falle ist, soweit thunlich, ein Vertreter oder Angehöriger des Schuldners zu hören.

§ 193. Über das Vermögen einer Aktiengesellschaft findet das Konkursverfahren außer dem Falle der Zahlungsunfähigkeit in dem Falle der Überschuldung statt.

Nach Auflösung einer Aktiengesellschaft ist die Eröffnung des Verfahrens so lange zulässig, als die Verteilung des Vermögens nicht vollzogen ist.

§ 194. Zu dem Antrage auf Eröffnung des Verfahrens ist außer den Konkursgläubigern jedes Mitglied des Vorstandes und jeder Liquidator berechtigt.

Wird der Antrag nicht von allen Mitgliedern des Vorstandes oder allen Liquidatoren gestellt, so ist derselbe zuzulassen, wenn die Zahlungsunfähigkeit oder Überschuldung glaubhaft gemacht wird. Das Gericht hat die übrigen Mitglieder oder Liquidatoren nach Maßgabe des § 97 Abs. 2, 3 zu hören.

§ 196. Die Genossenschaft wird durch den Vorstand oder die Liquidatoren vertreten.

Ein Zwangsvergleich findet nicht statt.

§ 209. Schuldner, welche ihre Zahlungen eingestellt haben, oder über deren Vermögen das Konkursverfahren eröffnet worden ist, werden wegen betrüglichen Bankerutts mit Zuchthaus bestraft, wenn sie in der Absicht, ihre Gläubiger zu benachteiligen

1. Vermögensstücke verheimlicht, oder beiseite geschafft haben,

2. Schulden oder Rechtsgeschäfte anerkannt oder aufgestellt haben, welche ganz oder teilweise erdichtet sind,

3. Handelsbücher zu führen unterlassen haben, deren Führung ihnen gesetzlich oblag, oder

4. ihre Handelsbücher vernichtet oder verheimlicht, oder so geführt oder verändert haben, daß dieselben keine Übersicht des Vermögenszustandes gewähren.

Sind mildernde Umstände vorhanden, so tritt Gefängnisstrafe nicht unter drei Monaten ein.

§ 210. Schuldner, welche ihre Zahlungen eingestellt haben, oder über deren Vermögen das Konkursverfahren eröffnet worden ist, werden wegen einfachen Bankerutts mit Gefängnis bis zu zwei Jahren bestraft, wenn sie

1. durch Aufwand, Spiel oder Differenzhandel mit Waren oder Börsenpapieren übermäßige Summen verbraucht haben oder schuldig geworden sind,

2. Handelsbücher zu führen unterlassen haben, deren Führung ihnen gesetzlich oblag, oder dieselben verheimlicht, vernichtet, oder so unordentlich geführt haben, daß sie keine Übersicht ihres Vermögenszustandes gewähren, oder

3. es gegen die Bestimmung des Handelsgesetzbuches unterlassen haben, die Bilanz ihres Vermögens in der vorgeschriebenen Zeit zu ziehen.

§ 211. Schuldner, welche ihre Zahlungen eingestellt haben, oder über deren Vermögen das Konkursverfahren eröffnet worden ist, werden mit Gefängnis bis zu zwei Jahren, bestraft, wenn sie, obwohl sie ihre Zahlungsunfähigkeit kannten, einem Gläubiger in der Absicht, ihn vor den übrigen Gläubigern zu begünstigen, eine Sicherung oder Befriedigung gewährt haben, welche derselbe nicht, oder nicht in der Art, oder nicht zu der Zeit zu beanspruchen hätte.

## c. Strafgesetzbuch für das Deutsche Reich.

§ 360. Mit Geldstrafe bis zu einhundertundfünfzig Mark oder mit Haft wird bestraft . . . Ziff. 9. Wer gesetzlichen Bestimmungen zuwider ohne Genehmigung der Staatsbehörde Aussteuer-, Sterbe- oder Witwenkassen, Versicherungsanstalten oder andere dergleichen Gesellschaften oder Anstalten errichtet, welche bestimmt sind, gegen Zahlung eines Einkaufsgeldes oder gegen Leistung von Geldbeiträgen beim Eintritte gewisser Bedingungen oder Fristen, Zahlungen an Kapital oder Rente zu leisten.

§ 286. Wer ohne obrigkeitliche Erlaubnis öffentliche Lotterien veranstaltet, wird mit Gefängnis bis zu zwei Jahren oder mit Geldstrafe bis zu dreitausend Mark bestraft.

Den Lotterien sind öffentlich veranstaltete Ausspielungen beweglicher oder unbeweglicher Sachen gleich zu achten.

### d. Gesetz vom 26. Februar 1850, die Versammlungen und Vereine betr.

Artikel 19.

Jede Polizeistelle oder Behörde ist befugt, Vereine zu schließen, wenn dieselben

..... 5. die religiösen, sittlichen, gesellschaftlichen Grundlagen des Staates zu untergraben drohen, oder endlich

6. wenn ihre Zwecke oder Beschlüsse den Strafgesetzen zuwiderlaufen.

In dem letzteren Falle haben die Gerichte, welchen die verfügte Schließung des Vereins binnen acht Tagen anzuzeigen ist, über die Fortdauer der Schließung zu entscheiden.

Rekursen gegen Beschlüsse auf Schließung von Vereinen kommt ein Suspensiveffekt nicht zu. Die Schließung des Vereins ist öffentlich bekanntzumachen.

### e. Königliche Allerhöchste Verordnung vom 10. Juli 1867 (Reg.-Bl. S. 810), die Bewilligung zur Veranstaltung öffentlicher Lotterien und Ausspielungen und zur Aufstellung von Glücksbuden an öffentlichen Orten betr.

§ 1. Die Bewilligung zu öffentlichen Lotterien oder Ausspielungen beweglicher Sachen oder zur Aufstellung von Glücksbuden an öffentlichen Orten wird erteilt:

1. von der einschlägigen Kreisregierung, Kammer des Innern, wenn der Absatz der Lose sich nur auf den Regierungsbezirk erstreckt,

2. von dem Staatsministerium des Innern, wenn dieser Absatz auf mehrere oder alle Regierungsbezirke ausgedehnt, oder die Bewilligung zu periodisch wiederkehrenden Lotterien oder Ausspielungen nachgesucht wird.

Bei Erteilung der Bewilligung zur Veranstaltung öffentlicher, aus Anlaß von Jahrmärkten, Kirchweihen oder Volksfesten unternommenen Lotterien oder Ausspielungen unbedeutender Gegenstände ohne Geldgewinnste und gegen geringen Einsatz ist die Zustimmung der betreffenden Ortspolizeibehörden vorzubehalten.

§ 2. Von den Bestimmungen des § 1 sind die in Wirtshäusern veranstalteten Lotterien oder Ausspielungen von Eßwaren ausgenommen, zu welchen die Bewilligung von der Ortspolizeibehörde, in der Haupt- und Residenzstadt München von der Polizeidirektion erteilt wird.

§ 3. Unsere allerhöchste Bewilligung ist erforderlich:

1. zu öffentlichen Lotterien oder Ausspielungen von unbeweglichen und denselben gleich geachteten Sachen,
2. zu Lotterieanlehen,
3. zur Zulassung von Lotterien, Ausspielungen oder Lotterieanlehen des Auslandes.

Auf auswärtige Staatsanlehen, sowie auf im Auslande mit Genehmigung der betreffenden Staatsregierung negozierte Privat-Geldanlehen, deren Verzinsung und Tilgung mit einer Verlosung und mit Prämien verbunden ist, findet die vorstehende Bestimmung nicht Anwendung; vielmehr ist der An- und Verkauf der Lose solcher auswärtiger Anlehen im Königreiche gestattet, sofern nicht von Unseren Staatsministerien des Innern und des Handels und der öffentlichen Arbeiten bezüglich des Verkehrs mit Losen einzelner solcher Lotterieanlehen Verbote oder beschränkende Bestimmungen erlassen wurden.

§ 4. Gegenwärtige Verordnung, durch welche die Verordnung vom 24. Juni 1862 (R.-Bl. v. J. 1862 S. 1426 2c.) aufgehoben wird, tritt mit dem Tage ihrer Verkündung für den ganzen Umfang des Königreiches in Wirksamkeit.

### Beilage Nr. V.

## Satzungen
## des Vereines für freiwillige Armenpflege
(Anerkannter Verein)
in München.

### Name, Sitz und Zweck des Vereines.

§ 1. Der „Verein für freiwillige Armenpflege in München“ (anerkannter Verein) stellt sich die Aufgabe, neben und mit der öffentlichen Armenpflege und sonstigen Wohlthätigkeits-Vereinen arme und hilfsbedürftige Personen, welche sich in München aufhalten, ohne Rücksicht auf deren Heimat zu unterstützen und der Verarmung wie dem Haus- und Straßenbettel im Stadtbezirke entgegen zu wirken.

Zur Erfüllung dieser Zwecke wird der Verein die nötigen Mittel durch freiwillige Spenden zu beschaffen und den Wohlthätigkeitssinn zu wecken und rege zu erhalten bemüht sein.

### Art der Unterstützung.

§ 2. Der Verein gewährt nur dann Unterstützung, wenn die Hilfsbedürftigkeit in verläßiger Weise ermittelt ist.

Die Ermittelung der Hilfsbedürftigkeit hat auf eine schonende, das Ehrgefühl der Bedürftigen nicht verletzende Art zu geschehen.

Verschämte Arme werden besonders berücksichtigt.

Die Unterstützung geschieht in Geld und Naturalien (Lebensmitteln, Brennmaterial, Kleidung, Werkzeugen, Gewährung von ärztlicher Hilfe und Arzneien, Unterbringung in Heilanstalten u. s. w.).

Außerdem wird der Verein dahin trachten, Arbeitsgelegenheit zu ermitteln und nach Möglichkeit verwaiste und arme Kinder in Anstalten und Familien, in Dienst- und Lehrplätzen unterzubringen.

Der vom Vereine Unterstützte hat jede ihm zugewiesene, seiner körperlichen Beschaffenheit entsprechende Arbeit anzunehmen, gleichviel ob sie seinem früheren Berufe entspricht oder nicht.

Verweigerung der Arbeit schließt von der Unterstützung des Vereines aus.

Die Unterstützungen bestehen in dauernden und vorübergehenden.

Sie erfolgen entweder an Einzelpersonen nach Maßgabe ihrer persönlichen Verhältnisse (Einzelunterstützungen) oder an Familien nach Maßgabe der Gesamtlage ihrer Mitglieder (Familienunterstützungen).

### Mitgliedschaft.

§ 3. Mitglied des Vereines kann jede unbescholtene Person sein, welche nicht selbst vom Vereine Unterstützung bezieht.

Die Beitrittserklärung hat schriftlich zu geschehen.

Der Austritt kann jederzeit erklärt werden.

Als ausgetreten wird auch jenes Mitglied erachtet, welches mit drei Monatsbeiträgen im Rückstande geblieben ist und trotz geschehener Mahnung innerhalb vier Wochen keine Zahlung geleistet hat.

### Pflichten und Rechte der Mitglieder.

§ 4. Jedes Mitglied verpflichtet sich zu einem Monatsbeitrage von mindestens zwanzig Pfennigen D. R.-W.

Jedem Mitgliede steht es zu, Unterstützungsanträge zu stellen.

Jedes volljährige Mitglied ist wahlfähig, wählbar und stimmberechtigt.

### Organe des Vereines.

§ 5. Die Organe des Vereines sind:

1. die Generalversammlung,
2. der Vorstand und Verwaltungsrat und
3. der Rechnungs-Revident.

### Vorstand und Verwaltungsrat.

§ 6. Der Verwaltungsrat besteht aus 30 Mitgliedern.

Die Wahl desselben erfolgt gemäß § 9 der Satzungen durch die Generalversammlung auf die Dauer eines Jahres.

Die früheren Mitglieder sind wieder wählbar; Abgänge ersetzt der Verwaltungsrat durch Kooptation für die Dauer seiner Wahlperiode.

Der Verwaltungsrat ist berechtigt, sich zu verstärken:

a) durch Kooptation von $^1/_3$ seiner gewählten Mitglieder für die Dauer der Wahlperiode;

b) durch Kooptation von je einer, mit dem Unterstützungswesen des Vereines betrauten Person aus jedem Stadtbezirke für die Dauer dieser Vereinsfunktion.

Die kooptierten Mitglieder haben Sitz und Stimme im Verwaltungsrate.

Der Verwaltungsrat ist bei Anwesenheit von $^1/_3$ seiner Mitglieder beschlußfähig.

Der Verwaltungsrat wählt aus seiner Mitte ein Direktorium, bestehend aus einem ersten und zweiten Vorsitzenden, einem Schriftführer, einem Kassier, einem Kontrolleur und einem Materialverwalter.

Der erste Vorsitzende ist zugleich der Vorstand des Vereines, der zweite dessen Stellvertreter.

Zum Wirkungskreise des Verwaltungsrates gehört die Besorgung der Vereinsangelegenheiten.

Im besonderen liegen ihm ob:

1. die Besorgung und Regelung des Unterstützungswesens, die

Aufstellung, Änderung, Ergänzung und Aufhebung von Hilfsorganen hiefür sowie die Bestimmung ihrer Zuständigkeit;

2. die Verwaltung des Vereinsvermögens;
3. die Einhebung der Mitgliederbeiträge;
4. die Regelung der Unterstützungen nach deren Größe, Dauer und Art, dann die Gewährung und Versagung derselben;
5. die Herstellung der Voranschläge;
6. die Verabreichung sämtlicher Unterstützungen;
7. die Herstellung der Jahresrechnung sowie die Aufstellung des Jahresberichtes und der Rechnungsergebnisse;
8. die Herstellung und Richtigerhaltung der Mitgliederlisten wie der Listen der Unterstützten;
9. die Anstellung und Entlassung der Bediensteten;
10. die Berufung der Generalversammlungen sowie der Vollzug der Beschlüsse derselben;
11. die Entscheidung über Beanstandungen bezüglich der Mitgliedschaft;
12. die Entscheidung von Differenzen zwischen den verschiedenen Vereinsorganen;
13. die Überwachung der Aufrechthaltung der Vereinsatzungen und
14. die Erteilung allgemeiner, die Geschäftsordnung und den Vollzug der Satzungen betreffenden Vorschriften.

Der Verwaltungsrat kann die Besorgung einzelner Geschäfte oder Geschäftssparten dem Direktorium übertragen, auch hiefür Kommissionen oder einzelne Mitglieder aus seiner Mitte bestellen.

Die Beschlüsse des Verwaltungsrates sind in ein Protokollbuch einzutragen.

Die Unterzeichnung erfolgt durch den Vorsitzenden und den Schriftführer.

Über die Wahlen des Direktoriums sind gesonderte Protokolle zu führen, welche vom Vorsitzenden und dem Schriftführer sowie von drei weiteren Mitgliedern des Verwaltungsrates zu unterzeichnen sind.

Diese Wahlprotokolle bilden die Legitimation des Vorstandes und seines Stellvertreters.

Der erste Vorstand, in dessen Verhinderung sein Stellvertreter, leitet und repräsentiert den ganzen Verein, vertritt denselben nach außen im amtlichen und außeramtlichen Verkehre, zeichnet für denselben, vollzieht die Beschlüsse des Verwaltungsrates, führt den Vorsitz in den Generalversammlungen wie in den Verwaltungsrats-Sitzungen.

Der Schriftführer hat die Protokolle zu führen sowie die sonstigen schriftlichen Arbeiten zu besorgen.

Der Kassier besorgt die Kassegeschäfte, nimmt die Gelder in Empfang, quittiert hierüber und stellt Rechnung.

Der Kontrolleur überwacht die Kasse und Buchführung und wirkt bei der Rechnungsstellung mit.

Der Materialverwalter besorgt die Empfangnahme, Unterbringung sowie die Abgabe von Naturalspenden, bewirkt die Lieferungsabschlüsse, überwacht das Vereinsmagazin und stellt Rechnung.

### Rechnungs-Revident.

§ 7. Dem Rechnungs-Revidenten liegt die Prüfung der Vereins-Rechnungen sowie der gutachtliche Antrag hierüber an die Generalversammlung ob.

Der Rechnungs-Revident wird alljährlich neu gewählt.

### Vereins-Vermögen.

§ 8. Das Vermögen des Vereines scheidet sich:

1. in ein Stammkapital und
2. in Unterstützungsmittel.

Dem Stammkapitale fließen alle dem Vereine mit der Auflage der Kapitalisierung zugehenden Schenkungen, Erbschaften und sonstigen Spenden zu.

Die Unterstützungsmittel bilden:

1. die Renten des Stammkapitales,
2. die Mitgliederbeiträge und
3. alle sonstigen Einnahmen des Vereines.

### Generalversammlung.

§ 9. Die ordentliche Generalversammlung des Vereines findet alljährlich in den ersten vier Monaten des Jahres statt.

Dieselbe wählt den Verwaltungsrat und einen Rechnungs-Revidenten, nimmt den Rechenschaftsbericht des Verwaltungsrates entgegen und beschließt über den gutachtlichen Antrag des Rechnungs-Revidenten über die Vereinsrechnungen.

Außerordentliche Generalversammlungen können vom Verwaltungsrate anberaumt, müssen jedoch von ihm berufen werden, wenn mindestens hundert Mitglieder schriftlich unter Angabe des Zweckes und der Gründe darauf antragen.

Der Zweck der Generalversammlung muß bei deren Berufung bekannt gemacht werden.

Andere Anträge können nur dann auf die Tagesordnung kommen, wenn dieselben, unterstützt von zwanzig Mitgliedern, wenigstens drei Tage vor der Generalversammlung schriftlich bei dem Vorstande eingereicht wurden. Dieselben sind noch vor der Versammlung vom Vorstande zu veröffentlichen.

Beschlüsse über Leitung der Versammlung sowie über Anträge auf Berufung einer außerordentlichen Generalversammlung sind von dieser Bestimmung ausgenommen.

Die Einladung zu den Generalversammlungen erfolgt durch den Vorstand in zwei hiesigen Blättern.

Die Berufung der Generalversammlung muß mindestens acht Tage vor der Abhaltung derselben veröffentlicht werden.

Die Beschlüsse der Generalversammlung sind in ein Protokollbuch einzutragen; die Unterzeichnung erfolgt durch den Vorsitzenden und den Schriftführer sowie durch drei weitere Mitglieder der Generalversammlung.

Vorstehende Bestimmungen kommen nur soweit in Anwendung, als der § 11 nicht Abweichungen enthält.

## Wahl- und Abstimmungs-Weise.

§ 10. Bei den Wahlen entscheidet die relative, bei den übrigen Abstimmungen vorbehaltlich der Bestimmungen im § 11 die absolute Stimmenmehrheit.

Die Wahl- und Abstimmungsweise richtet sich nach den jeweiligen Beschlüssen der bezüglichen Versammlung.

## Abänderung der Satzungen und Auflösung des Vereines.

§ 11. Eine Generalversammlung zur Vereinsauflösung und zur Änderung der Satzungen muß 14 Tage vor ihrer Abhaltung mittelst zweimaliger Inserierung einberufen werden.

Weitere Anträge auf Änderung der Satzungen müssen acht Tage vor der hiezu berufenen Generalversammlung gestellt werden.

Eine Abänderung der Satzungen oder die Vereinsauflösung gelten als beschlossen, wenn sich hiefür zwei Dritteile der Abstimmenden ausgesprochen haben.

Im Falle der Auflösung fällt das vorhandene Vereinsvermögen, soferne die Generalversammlung nicht anders beschließt, der Stadtgemeinde München für deren öffentliche Armenpflege mit allen hierauf ruhenden Lasten und Verbindlichkeiten zu.

Beschlossen durch die Generalversammlung.

München am 29. April 1882.

# Beilage VI.

# Statuten

## des Kaufmännischen Vereines, a. V., München,

gegründet im Jahre 1873.

### I. Name und Sitz.

§ 1. Der Verein führt den Namen „Kaufmännischer Verein“ anerkannter Verein, und hat seinen Sitz in München.

### II. Zweck und Mittel zum Zweck.

§ 2. Der Verein bezweckt:

1) Kaufmännische und wissenschaftliche Fortbildung.
2) Förderung der Interessen des Handelsstandes im allgemeinen und der Mitglieder im besonderen.
3) Förderung des kollegialen Sinnes.

§ 3. Als Mittel zur Erreichung dieser Zwecke dienen vorzugsweise:

Vorträge und Vorlesungen;
Besprechungen von kaufmännischen und allgemein wissenschaftlichen Gegenständen;
Unterrichts- und Übungskurse, insbesondere für fremde Sprachen;
Bibliothek und Lesezimmer;
Eine Anstalt für Stellenvermittelung;
Unterstützung stellenloser Mitglieder;
Rechtsschutz;
Zusammenkünfte und gesellige Unterhaltungen.

§ 4. Gegenstände politischer und religiöser Natur sind von der Vereinsthätigkeit ausgeschlossen.

### III. Mitgliedschaft.

§ 5. Der Verein besteht aus:

1. Aktiven,
2. Passiven,
3. Unterstützenden und
4. Ehrenmitgliedern.

§ 6. Aktive und passive Mitglieder können nur Kaufleute, Handlungsgehilfen und kaufmännische Beamte werden.

Als unterstützende Mitglieder können außer Kaufleuten solche Personen aufgenommen werden, welche die Zwecke des Vereines in irgend einer Weise zu fördern vermögen.

Zu Ehrenmitgliedern können Personen ernannt werden, welche sich besondere Verdienste um den Verein erworben haben.

§ 7. Die aktiven Mitglieder genießen alle Rechte und Vorteile, welche der Verein bietet; sie sind stimmberechtigt und wählbar, mit Ausnahme der in letzerer Beziehung durch § 15 gegebenen Einschränkung.

Über die Aufnahme entscheidet die Vorstandschaft, nachdem die Anmeldung vierzehn Tage vorher im Vereinslokale durch Anschlag bekannt gegeben war. Etwaige Einsprache seitens der Mitglieder ist innerhalb dieser Frist zu erheben.

Das Aufnahmegesuch muß schriftlich unter Angabe von Referenzen eingereicht werden. Die Angemeldeten haben bis zur Entscheidung über ihr Gesuch freien Zutritt zu den Vereinslokalitäten und sind gehalten, mindestens dreimal daselbst zu erscheinen, um sich einem Mitgliede der Vorstandschaft vorzustellen.

§ 8. Die unterstützenden Mitglieder genießen dieselben Rechte wie die aktiven, mit Ausnahme der Wählbarkeit; ihre Aufnahme erfolgt nach ihrer schriftlichen Beitrittserklärung durch Beschluß der Vorstandschaft.

§ 9. Die passiven Mitglieder sind lediglich berechtigt, die Vereinslokalitäten zu besuchen, das Lesezimmer und die Bibliothek zu benützen und der Krankenkassa beizutreten.

Sie sind weder stimmberechtigt, noch wählbar. Bezüglich ihrer Aufnahme gilt das zu § 7 Gesagte.

§ 10. Die Ehrenmitglieder haben alle Rechte der aktiven Mitglieder, dagegen nur selbstauferlegte Verpflichtungen. Ihre Ernennung erfolgt auf Antrag der Vorstandschaft durch Beschluß einer Generalversammlung.

§ 11. 1) Die Aufnahmsgebühr beträgt 3 Mark.

Von der Entrichtung der Aufnahmsgebühr befreit sind frühere Mitglieder des Vereines, deren Austritt wegen Domizilveränderung erfolgte, ferner diejenigen, welche sich bei der Anmeldung als bisherige Mitglieder eines anderen, gleiche Zwecke fördernden, kaufmännischen Vereines ausweisen, wenn letzterer unseren Mitgliedern dieselbe Begünstigung gewährt.

2) Der jährliche Beitrag beträgt 12 Mark, welcher von aktiven Mitgliedern vierteljährlich, von unterstützenden Mitgliedern jährlich im voraus zu entrichten ist.

Passive Mitglieder zahlen einen jährlichen, vorauszahlbaren Beitrag von 3 Mark.

Außerhalb des Stadtbezirkes wohnende aktive Mitglieder bezahlen einen jährlichen Beitrag von 3 Mark, welcher im voraus erhoben wird.

Aktive Mitglieder, welche ohne Unterbrechung während 10 Jahre dem Vereine angehört haben, zahlen vom 11. Jahre ab die Hälfte des jährlichen Beitrages.

§ 12. Der Austritt, welcher der Vorstandschaft schriftlich anzuzeigen ist, kann jederzeit erfolgen, doch bleibt der Austretende zur Zahlung des etwa noch unerhobenen, ihn nach Maßgabe des § 11 treffenden Beitrages verpflichtet.

Die Vorstandschaft hat das Recht, gegen ein Mitglied, welches ihre Anordnungen in gröblicher Weise mißachtet, eine Rüge und im Wiederholungsfalle eine Suspensation von 30 Tagen auszusprechen.

Ein Mitglied, welches sich des Verbleibens im Vereine unwürdig macht, kann durch einstimmigen Beschluß der Vorstandschaft zum Austritte aufgefordert oder ausgeschlossen werden. Gegen den Ausschluß, welcher dem Betreffenden schriftlich mitzuteilen ist, steht diesem innerhalb einer mit der Zustellung des Beschlusses beginnenden Frist von 30 Tagen die Berufung an ein Schiedsgericht zu. Das Schiedsgericht wird zusammengesetzt aus fünf Mitgliedern, von welchen zwei durch die Vorstandschaft, zwei durch die Ausgeschlossenen und der Obmann von diesen vier gewählt werden. Der Beschluß des Schiedsgerichtes ist unanfechtbar. Die Berufung, welche durch Einreichung einer Beschwerdeschrift erfolgt, hat jedoch keine aufschiebende Wirkung.

Wer mit einem Beitrage trotz wiederholter Aufforderung seitens der Vorstandschaft zwei Quartale im Rückstande bleibt, kann unbeschadet seiner Verpflichtung von der Vorstandschaft der Mitgliedschaft verlustig erklärt werden.

§ 13. Jedem Mitgliede steht die Einführung von Nichtmitgliedern frei, doch sind dieselben in das Fremdenbuch einzutragen.

In München wohnende Personen dürfen nur dreimal eingeführt werden, doch ist die Vorstandschaft berechtigt, in besonderen Fällen Ausnahmen zu machen.

Handlungslehrlingen kann die Teilnahme an einzelnen Zweigen der Vereinsthätigkeit durch die Vorstandschaft gestattet werden.

## IV. Vereinsleitung.

§ 14. Die Vereinsangelegenheiten werden besorgt:

a) von der Vorstandschaft,
b) von der Generalversammlung,
c) von der Vereinsversammlung.

### A. Die Vorstandschaft.

§ 15. Die Vorstandschaft besteht aus 15 volljährigen, aktiven oder Ehrenmitgliedern des Vereines und zwar:

1. dem Vorsitzenden,
2. dessen Stellvertreter,

3. dem I. Schriftführer,
4. dem II. Schriftführer,
5. dem III. Schriftführer,
6. dem Kassier,
7. dem Bibliothekar,
8. dem Vorstande der Unterrichts- und Übungskurse,
9. dem Verwalter,
10. dem Leiter der Stellenvermittlung,
11.—15. fünf Beisitzern.

§ 16. Die Vorstandschaftsmitglieder werden, und zwar je 1—5 Mitglieder in einem eigenen Wahlgange in der ordentlichen Generalversammlung mit absoluter Stimmenmehrheit für die Zeit bis zur nächsten ordentlichen Generalversammlung gewählt.

Wird beim ersten Wahlgange eine absolute Mehrheit nicht erreicht, so findet zwischen den beiden Kandidaten, welche die meisten Stimmen erhalten haben, Stichwahl statt.

Bei vorkommender Stimmengleichheit entscheidet das Los. Die Wiederwahl bisheriger Vorstandsmitglieder ist zulässig.

§ 17. Scheidet im Laufe des Vereinsjahres ein Vorstandschaftsmitglied aus, so hat für den Vorsitzenden eine innerhalb vier Wochen zu berufende außerordentliche Generalversammlung, für die übrigen Vorstandschaftsmitglieder die nächste Vereinsversammlung Ersatz zu schaffen.

§ 18. Zur Legitimation der Vorstandschaft dient das Wahlprotokoll der Generalversammlung, bezw. das Protokoll über den Beschluß der Vereinsversammlung, durch welche die Ersatzwahl erfolgt ist.

§ 19. Zur Beschlußfähigkeit der Vorstandschaft ist die Einladung sämtlicher und die Anwesenheit von mindestens sechs Mitgliedern notwendig. Die Beschlüsse sind, abgesehen von dem in § 12 vorgesehenen Falle nach einfacher Stimmenmehrheit zu fassen.

Bei Stimmengleichheit entscheidet die Stimme des Vorsitzenden bezw. dessen Stellvertreters. Über jede Sitzung wird ein Protokoll geführt.

§ 20. Der Vorstandschaft obliegt die Leitung und Verwaltung aller inneren Vereinsangelegenheiten.

Insbesondere obliegt ihr:

1. Die Rechnungsablage gegenüber der Generalversammlung;
2. die Einberufung der General- und Vereinsversammlungen;
3. die Entgegennahme, Vorberatung und Vorbereitung der Anträge an die Generalversammlung;
4. die Ausführung der Beschlüsse der Generalversammlung;
5. die Vermögensverwaltung;
6. die Vertretung des Vereines nach außen, in allen Angelegenheiten streitiger und nicht streitiger Natur obliegt dem Vorsitzenden, bezw. Stellvertreter und sind diese insbesondere zur

Vornahme aller den Verein betreffenden Rechtshandlungen befugt.

Bei Rechtsgeschäften jedoch, bei welchen der Verein verpflichtet werden soll, ist zu deren Rechtswirksamkeit notwendig, daß dieselben zugleich von einem zweiten Vorstandschaftsmitgliede abgeschlossen werden, mit Ausnahme der nach § 34 getroffenen Bestimmung und haben also namentlich auch die diesbezüglichen verpflichtenden Urkunden nur dann für den Verein verbindliche Kraft, falls sie vom Vorsitzenden, bezw. dessen Stellvertreter und einem zweiten Vorstandschaftsmitgliede gezeichnet sind.

Dem Vereine gegenüber sind übrigens der Vorsitzende, bezw. dessen Stellvertreter, sowie das zweite Vorstandschaftsmitglied bei Vermeidung alleiniger und solidarischer Haftung verpflichtet, bei allen den Verein belastenden Rechtshandlungen die Genehmigung der Gesamtvorstandschaft und soweit die Beschlußfassung der Generalversammlung erforderlich ist, diese einzuholen. Die Zeichnung für den Verein geschieht in der Weise, daß die Zeichnenden zu dem Gesamtnamen des Vereines ihre Unterschrift nebst ihrer Eigenschaft als Vorstandschaftsmitglieder hinzufügen.

§ 21. Das Amt der Vorstandschaftsmitglieder ist ein Ehrenamt und von der Generalversammlung jederzeit widerruflich.

### B. Die Generalversammlung.

§ 22. Die Generalversammlung repräsentiert die Gesamtheit der aktiven, unterstützenden und Ehrenmitglieder des Vereines. Sie wird berufen durch die Vorstandschaft mittels Ausschreibung in zwei Münchener Blättern und zwar in den „Neuesten Nachrichten“ und im „Fremdenblatt“ und Bekanntgabe derselben im Jahresberichte.

Die Ausschreibung hat spätestens 14 Tage vor dem Versammlungstage unter Bekanntmachung der Tagesordnung zu erfolgen.

Über Gegenstände, deren Verhandlung nicht in der Tagesordnung angekündigt ist, kann mit Ausnahme der Beschlüsse, über Leitung der Versammlung, sowie über Berufung einer außerordentlichen Generalversammlung zwar verhandelt, aber nicht Beschluß gefaßt werden. Es ist dem Vorstande überlassen, für die Berufung der Generalversammlung neben der Ausschreibung in öffentlichen Blättern sich noch weiterer Formen zu bedienen.

§ 23. Alljährlich einmal und zwar innerhalb der ersten sechs Wochen des Vereinsjahres findet die ordentliche General-Versammlung statt. Außerordentliche Generalversammlungen sind zu berufen, sobald die Vorstandschaft es für nötig erachtet oder mindestens 50 Mitglieder bei der Vorstandschaft schriftlich unter Angabe des Zweckes und der Gründe dafür antragen.

§ 24. Zum ausschließlichen Geschäftskreise der Generalversammlung gehören folgende Angelegenheiten:

1. Die Entgegennahme des Rechenschaftsberichtes, des Berichtes der Rechnungsrevisoren und Entlastung der Vorstandschaft;
2. die Wahl der neuen Vorstandschaft;
3. die Erledigung etwaiger Beschwerden;
4. die Absetzung eines Vorstandsmitgliedes (§ 22);
5. die Beratung und event. Beschlußfassung über Anträge der Vorstandschaft oder der Vereinsmitglieder;
6. die Ernennung von Ehrenmitgliedern;
7. die Vornahme der Ersatzwahl für den im Laufe des Vereinsjahres ausscheidenden Vorsitzenden;
8. der Voranschlag der Einnahmen und Ausgaben für das kommende Vereinsjahr;
9. die Bestimmung des Bankinstitutes gemäß § 33;
10. die Beschlußfassung nach § 32 b;
11. die Bevollmächtigung der Vorstandschaft zum Erwerb oder Verkauf von Grundbesitz, zur Vornahme von Neubauten und baulichen Veränderungen, sowie zur Aufnahme von Darlehen;
12. die Abänderung der Statuten;
13. die Auflösung des Vereines.

§ 25. Abgesehen von den Fällen der §§ 16, 27 und 39 werden die Beschlüsse der Generalversammlung mit einfacher Stimmenmehrheit gefaßt.

Jedes aktive, unterstützende und Ehrenmitglied hat eine Stimme.

Bei Stimmengleichheit entscheidet in Bezug auf Wahlen das Los, sonst die Stimme des Vorsitzenden bezw. dessen Stellvertreters.

Die Abstimmung erfolgt bei Wahlen durch geschlossene Stimmzettel, sonst in einer vom Vorsitzenden zu bestimmenden Weise, falls nicht die Generalversammlung sich für eine andere Abstimmungsart entscheidet.

§ 26. Zur Beschlußfähigkeit einer Generalversammlung ist, den Fall des § 39 ausgenommen, die Anwesenheit von 50 Mitgliedern erforderlich. Sollte die Zahl der aktiven Vereinsmitglieder unter 250 herabsinken, so genügt die Anwesenheit des fünften Teiles derselben. Sollte die nötige Anzahl nicht erscheinen, so kann binnen 30 Tagen eine neue Generalversammlung stattfinden, welche ohne Rücksicht auf die Zahl der Anwesenden beschlußfähig ist.

§ 27. Zu Beschlüssen über eine Statutenänderung bedarf es einer Zweidrittelmajorität der Erschienenen.

§ 28. Die Beschlüsse der Generalversammlung sind in ein Protokollbuch einzutragen, dessen Einsicht jedem Vereinsmitgliede gestattet ist. Die Unterzeichnung erfolgt durch den Vorsitzenden und den Schriftführer.

## C. Die Vereinsversammlung.

§ 29. Zur Besprechung und Beschlußfassung über alle nicht ausdrücklich der Generalversammlung zugewiesenen Vereinsangelegenheiten, insbesondere auch zur Beschlußfassung nach §§ 17 und 35 und zur Wahlvornahme nach § 36 werden von der Vorstandschaft nach deren Ermessen oder auf schriftliches Verlangen von wenigstens 20 Vereinsmitgliedern mittelst Anschlag im Vereinslokale Vereinsversammlungen einberufen, welche ohne Rücksicht auf die Zahl der anwesenden Mitglieder beschlußfähig sind. Im Verlaufe von je zwei Monaten soll wenigstens eine Vereinsversammlung stattfinden.

§ 30. Die Leitung der Vereinsversammlung obliegt dem Vorsitzenden der Vorstandschaft, bezw. dessen Stellvertreter; die Protokollführung einem der Schriftführer.

Bezüglich der Beschlußfassung und Abstimmung gilt das zu § 24 Gesagte mit dem Abmaße, daß sich die Vereinsversammlung auch für eine andere Wahlart, als die durch Stimmzettel entscheiden kann.

## V. Vermögen.

§ 31. Das Vermögen des Vereines, dessen Verwaltung der Vorstandschaft übertragen ist, zerfällt in:

1. Kapitalfond;
2. Einrichtung und Bibliothek;
3. Verwendungsfond.

§ 32. Der Kapitalfond wird gebildet:

a) aus Schenkungen und Vermächtnissen, welche dem Verein ohne besondere Bestimmung zugewendet wurden;
b) aus den Beträgen, welche durch Beschluß der ordentlichen Generalversammlung aus den Jahresüberschüssen des Verwendungsfonds dazu bestimmt werden;
c) aus den jährlichen Zinsen des Kapitalsfond unter Einrechnung der jeweiligen Wertveränderungen.

Einrichtung und Bibliothek umfassen alles bewegliche Vereinsvermögen, welches nicht dem Kapital- oder Verwendungsfond angehört.

Die Mittel zu Neuanschaffungen und Reparaturen werden dem Verwendungsfond entnommen.

Zum Verwendungsfond fließen:

a) Die Eintrittsgelder;
b) die Jahresbeiträge;
c) alle sonstigen Einkünfte des Vereines, die dem Kapitalfond nicht zugewiesen sind.

§ 33. Der Kapitalfond muß in Schuldverschreibungen des deutschen Reiches, deutscher Bundesstaaten oder solchen der Stadt München angelegt werden. Diese Wertpapiere sind bei einem hiesigen, jeweils von der ordentlichen Generalversammlung zu bestimmenden Bankinstitute zu deponieren, solange der Kapitalfond nicht die Höhe erreicht, welche es ermöglicht, für den Verein ein Gebäude zu erwerben, das allen

Erfordernissen desselben entspricht Der Depositenschein bleibt in Verwahrung des Vorsitzenden.

§ 34. Zur Erhebung der deponierten Werte ist die Zeichnung des Vorsitzenden, des I. Schriftführers und des Kassiers, eventuell deren Stellvertreter nötig.

§ 35. Die Vorstandschaft verfügt über die Mittel des Vereines nach einem Voranschlage, welcher durch die ordentliche Generalversammlung festzustellen ist.

Zur Überschreitung einzelner Ausgabe-Positionen des Voranschlages um mehr als den zehnten Teil bedarf es eines besonderen Beschlusses einer Vereinsversammlung.

§ 36. Rechnungsablage findet in der ordentlichen General-Versammlung statt.

Zur Prüfung der Rechnung und des Vermögens werden spätestens vier Wochen vor Ablauf des Vereinsjahres, welches mit dem 1. April beginnt und mit dem 31. März endigt, durch eine Vereinsversammlung drei, nicht zur Vorstandschaft gehörige Mitglieder gewählt, welche der Generalversammlung über den Befund Bericht zu erstatten haben.

§ 37. Das Vermögen ist Gemeingut des Vereines und kann auf dasselbe von keinem Mitgliede als solches Anspruch erhoben werden.

§ 38. Für Festlichkeiten darf die Vereinskassa nicht in Anspruch genommen werden.

## VI. Auflösung des Vereines.

§ 39. Die Auflösung des Vereines erfolgt auf einstimmig gefaßten Beschluß der Generalversammlung, wenn in derselben drei Vierteile aller Mitglieder vorhanden sind.

Außerdem ist der Verein aufzulösen, wenn sich die Mitgliederzahl auf 12 reduzieren sollte.

§ 40. Das bei Auflösung des Vereines vorhandene Vermögen fällt der Stadtgemeinde München zu und ist an den Stadtmagistrat München hinauszugeben. Derselbe hat das Vermögen nutzbringend anzulegen und dessen Renten nach Abzug der etwa durch die Verwaltung entstehenden Kosten für kaufmännische Bildungszwecke zu verwenden.

Sollte jedoch innerhalb 30 Jahren nach Auflösung des Vereines ein neuer Kaufmännischer Verein in München entstehen, der vorliegende Statuten im wesentlichen, speziell aber die §§ 37, 38, 40 und 41 angenommen hat, und welcher mindestens 100 Mitglieder zählt, so hat die Stadtgemeinde diesem Vereine das vorhandene Vermögen zum Eigentum auszuhändigen.

§ 41. Nachdem der Magistrat der Stadt München und das Kollegium der Gemeindebevollmächtigten laut Beschluß vom 22. resp.

30. Januar 1878 dem Inhalte des § 40 ihre Zustimmung gegeben haben, so kann derselbe durch einseitigen Beschluß des Vereines niemals abgeändert werden.

## VII. Schlußbestimmung.

§ 42. Für alle in diesen Statuten nicht ausdrücklich geregelten Verhältnisse des Vereines sind zunächst die Vorschriften des Gesetzes vom 29. April 1869, die privatrechtliche Stellung von Vereinen betreffend, maßgebend.

# Alphabetisches Register.

Die Zahlen bedeuten die Seiten.

Abänderung 22, 54, 66, 90.
Abschriften 22, 81, 84, 91.
Abweichungen 85.
Abwickelung 148.
Akt, beglaubigter 83.
Aktiengesellschaft 43.
Aktivvermögen 147.
Amortisationsgesetz 157.
Androhung 154.
Anerkannte Vereine 15, 36, 94.
Anerkennung 40.
Angaben 156.
Angelegenheiten, öffentliche 138.
Ankündigung 26, 139.
Anmeldung 67, 83, 115, 123.
Anteilscheine 72, 108, 153.
Antrag 136, 137.
Anzeige 4, 22, 28, 54, 55, 57, 91, 155.
Association 6.
Aufgabe 79.
Aufkündigung 151.
Auflösung 26, 146.
Auflösungsgründe 141.
Aufnahme 67.
Aufsichtsrat 26, 75, 126.
Aufstehen 78.
Auftrag 114
Ausfertigungen 82.
Auslegungsmaterialien 37.
Ausscheiden 26.
Ausschließung 61, 69, 113, 152.
Ausschlußfrist 147.
Ausschuß 75, 126.
Aussteuerkassen 57.
Austritt 17, 61, 66, 68, 151.
Austrittsgeld 153.

Ballotage 37, 38.
Bayern 18.
Beamte 131.
Bedingungen 48, 61, 66, 86.
Beglaubigung 83.
Beiträge 61, 70, 107, 152.
Beitritt 60.
Bekanntmachung 143, 146.
Berggesetz 12.
Berufsgenossenschaft 10, 12.
Berufung 152.
Berufungsinstanz 103, 135.
Beschluß 26, 62, 141.
Beschwerde 23, 90, 92, 155.
— einfache 93.
— sofortige 155.
— weitere 93, 155.
Besoldung 112.
Bestätigung 40, 87.
Bestellung 61, 110, 111, 112.
Bevollmächtigte 148.
Bezirksgericht 22, 82.
Bilanz 79, 144.
Brüderschaften 5, 24, 57.
Bürgermeister 56.

Chef 112.
Code civil 7.
Cooptation 111.

Decharge 126.
Deliktsfähigkeit 21.
Deutschland 5.
Direktor 112.
Direktorium 76.
Distriktsverwaltungsbehörde 56.
Domizil 70.

Ehrenrechte, bürgerliche 69, 151.
Eide 121.
Eigentum 106.
Einführungsgesetz 50.
Einreichung der Statuten 83.
Einsicht 97, 140.
Einspruch 89, 155.
Eintragung 40, 67, 87, 97.
Eintritt 17, 61, 66, 67.
Eintrittsgeld 153.
Entstehungen 17.
Entwurf, II. Lesung 33.
Erben 151, 153.
Erfinderrechte 106.
Erfordernisse, gesetzliche 62.
Erklärung, schriftliche 52, 119.
Ersatzansprüche 109.
Erwerb 36, 47.
Erwerbsgenossenschaften 36, 44.
Essentialien 52, 62.
Exekutivorgan 73.

Familienrechte 106.
Feststellungsklage 138.
Firma 58.
Fiskus 15, 42.
Förderung des Kredits 45.
Formen 62, 67, 77.
— beglaubigte 84.
— der Anmeldung 115.
— der Beitrittserklärung 54.
Freiheit 55.
Frist 138.

Gant 26.
Gebührenäquivalent 42.
Gebührenfreiheit 42.
Gebührengesetz 156.
Gelegenheitsgesellschaft 43.
Gemeinden 16, 42.
Gemeingut 108.
Genehmigung, staatliche 22, 36, 40, 41, 52, 54, 87.
General-Gesetz 14, 39, 62, 100.
Generalversammlung 26, 62, 79, 91, 101, 130.
— außerordentliche 137.
Generalversammlungs-Berufung 137.
Generalversammlungs-Wesen 134.
Generalversammlung, Zuständigkeit 102.
Generalversammlungs-Zweck 137.
Generalvollmacht 74, 119.
Genossenschaften 5, 10.
Genossenschaftsregister 11.
Gerichtsbeschluß 92.
Gerichtsstand 27, 66, 106, 148.
Gesamtname 22, 39, 52, 58, 106.
Geschäftsbetrieb 36, 46, 47.
Geschäftsbevollmächtigte 76.
Geschäftsordnung 130.
Geschäftszweige 76, 131, 132.
Geschichte 5.
Gesellschaft, civilrechtliche 57.
Gesellschaften, ethische 36, 51.
— religiöse 57.
Gesellschaftsvertrag 51, 53.
Gesetzentwurf 20.
Gewinn 36, 47.
Gilden 5.
Grundgesetz 54.
Grundprinzipien 20.
Grundrechte 8.
Gründung 17, 51, 52.
Grundzweck 64.

Haftung 107, 125.
Handelsgesellschaft 17, 26, 43.
Handlungsbevollmächtigte 132.
Hauptsitz 63.
Hauptzweck 46, 64.

Hilfskassen 10, 11.
Hypothekenwesen 118.

Jahresrechnungen 103.
Individualrechte 102.
Inhalt 17, 20.
Innungen 10, 11.
Innungsverbände 43.
Insuffizienz 145.
Interesse 98.
Judenedikt 16, 43.
juristische Person 5, 19, 24, 39, 48, 58, 76, 95, 105.

Kassier 71.
Kirche 42.
Kirchengesellschaften 16, 42.
Klagerecht 129.
Knappschaftsvereine 13.
Kolonialgesellschaften 43.
Kommanditgesellschaft 43.
Kompetenz-Konflikt 82.
Konkurs 23, 27, 150.
Konkurseröffnung 141.
Konkursordnung 44.
Kontrollorgan 75, 127.
Konzessionssystem 10.
Kopfzahl 146.
Körperschaft 5.
Korporationen, öffentliche 36, 42.
Kosten 41.
Kraft, rückwirkende 96.
Krankenkassen 10, 11.
Kredit 45.
Kreditpapiere 56.
Kreditvereine 45.
Kreisregierung 48.
Kündigungsfrist 68.

Landesgericht, oberstes 155.
Landesgesetze 50, 51.
Landgericht 22, 81, 82.
Landrecht, badisches 7.
— bayerisches 7.
Landtagsabschied 42.

Lebensversicherung 43.
Legat 106.
Legitimation 61, 73, 82, 118, 130.
Leistungen 70.
Leitung 137.
Liquidation 27, 145, 149.
Los 37, 111.

Mißbrauch 144.
Mitglieder 38, 76.
Mitgliedschaftsrechte 102.
Mitgliedverzeichnis 54, 81, 82.
Mitgliederzahl, nicht geschlossene 37.
Mittelalter 5.
Mobiliarfeuerversicherungs-Gesellschaft 43, 57.
Motive 49, 50.

Name 58, 61, 63.
Nebenzweck 64.
Neuwahl 122.
Normativbestimmungen 10, 14, 20, 62.
Normen, zwingende 100.
Notar 83.

Oberlandesgericht 155.
Öffentliches Recht 1, 15.
Oesterreich 8.
Ordnungsstrafen 92, 154, 156.
Organe 25, 61, 75.
Originalstatuten 81.
Ortspolizeibehörde 55, 56.

Personaländerungen 122.
Pflichten des Vorstandes 114.
Polizeidirektion 56.
Polizeigesetz 30. 54.
Polizeistaat 6.
Präsident 112.
Preuß. Allgem. Landrecht 7.
— Verfassungs-Urkunde 7.
Privatgesellschaft, erlaubte 7.
Privatrecht 1.
Privilegium 31, 105.

Prokuristen 132.
Protokollbuch 26, 139.
Protokolle 62.
Prozesse 106, 113, 120, 128.
Prozeßfähigkeit. 29.
Prüfung 84.
Publikation 19, 89.
Publizität 98.

Rechte 101.
Rechtsfähigkeit 17, 21.
Rechtsmittel 120.
Rechtsverhältnisse 23, 100.
Register öffentliches 40.
Reichs-Civilrecht 32.
Reichsgesetzgebung 33.
Reichsverfassung 32.
Reservefond 71.
Rhederei 43.
Rohstoffvereine 45.
Römisches Recht 5.
Rückgabe des Statuts 94.

Sachsen 10, 49, 60, 80, 88, 93, 99, 114.
Sanktion 19, 40.
Satzungen 55.
Schadenersatz 126, 153.
Schließung 27, 97, 141.
Selbständigkeit, vermögensrechtliche 105.
Sitz 17, 22, 56, 61, 63, 82.
Sitzenbleiben 78.
Societas 9, 29.
Sonderansprüche 153.
Sonderrechte 108.
Spezial-Gesetz 14, 31, 38, 39.
Spezialvollmacht 74, 119.
Staatsbehörde 23.
Staatsgenehmigung 29.
Staatsinteresse 9.
Stammkapital 108.
Statut 21, 24, 51, 144.
Statuten-Abänderung 135.
Stellvertreter 61, 73, 122, 129.
Sterbekassenvereine 29, 57.
Steuerpflichten 110.
Stichentscheid 78.
Stiftung 5.
Stimmen-Mehrheit 26.
Stimmrecht 24, 62, 77, 78, 103.
Strafbestimmungen 57.
Strafgelder 70.
Strafgericht 17.
Strafgesetz 31.
Strafgesetzbuch 28.
Strafverfolgung 107.
Suspensiveffekt 93.

Tod 69, 151.

Überschuldung 150.
Überschuß 71, 146.
Umgehung 38
Ungiltigkeit 28.
Universitas 9.
Unrichtigkeiten 155.
Unterbevollmächtigte 120.
Unterlassung der Anmeldung 116.
Unterschrift 116.
Unterzeichnung 52, 139.
Urheberrechte 106.
Urkundenfälschung 119.

Veräußerung 148.
Verbindlichkeiten 104, 107.
Vereine 3.
— nicht anerkannte 40.
— nichtpolitische 55.
— politische 55.
— rechtliche Natur 106.
Vereinigungen, freie gewerbliche 47, 48.
— zulässige 35, 36.
Vereinsangelegenheiten, innere 74.
Vereinskasse 61, 108.
Vereinsleiter 112.
Vereinsorgane 110.
Vereinspflichten 69.
Vereinsregister 88.

Vereinsstatuten 53.
Vereinsvermögen 24, 39, 107, 144, 153.
Vereinszwecke 71.
Verfassungs-Änderung 147.
Verfassungsurkunde 42, 157.
Verfügungsfähigkeit 84.
Vergleiche 120.
Verkündigung 157.
Verlosungen 109.
Vermögensbilanz 28.
Vermögenssubjekt 40.
Versagung 86, 93.
Versicherungsgesellschaft 17, 36, 43, 57.
Versteigerung 148.
Verteilung 146.
Vertrag 53, 54, 128.
Vertragsnormen 53.
Vertreter, gesetzlicher 111.
Vertretung 112.
Vertretungsorgan 73.
Verurteilung 68.
Verwaltungsbehörde 89.
Verwaltungsrat 75.
Verwaltungsstreitverfahren 33.
Verzeichnis 25, 124.
Vidimation 81.
Vollmachten 61, 117, 131, 132.
Vollmachtsbeschränkungen 79.
Voraussetzungen 37.
Vorladungen 120.
Vormerkungen 156.
Vorschußvereine 45.
Vorsitzender 111.
Vorstand 25, 61, 72, 110.
Vorstandsmitglieder 82.

Wahl 111.
Widerruflichkeit 80, 112.
Wiederwahl 122.
Willenserklärungen 116.
Willensorgan 101, 134.
Wirkung, konstitutive 95.
Wirtschaftsgenossenschaften 36, 44.
Witwenkassen 57.

Zahl 2, 3.
Zahlungsunfähigkeit 150.
Zeichnung 58, 116.
Zeitablauf 26, 141.
Zeitdauer 65.
Zeugnis 118, 120.
Zusätze 59.
Zusammenberufung 77.
Zuständigkeit 62, 79.
Zustellungen 113, 120.
Zustimmung 67.
Zwang 48.
Zweck 30, 39, 52, 56, 61, 63.
Zweckmäßigkeit 84.
Zweigverein 133.

FSC
www.fsc.org
MIX
Papier | Fördert
gute Waldnutzung
FSC® C083411

Kolibri 360 GmbH
Ferdinand-Jühlke-Straße 7
99095 Erfurt, Deutschland
produktsicherheit@kolibri360.de